TRANZLATY

Sprache ist für alle da
Kieli kuuluu kaikille

Der Ruf der Wildnis

Erämaan kutsu

Jack London

Deutsch / Suomi

Copyright © 2025 Tranzlaty
All rights reserved
Published by Tranzlaty
ISBN: 978-1-80572-802-3
Original text by Jack London
The Call of the Wild
First published in 1903
www.tranzlaty.com

Ins Primitive
Alkeelliseen maailmaan

Buck las keine Zeitungen
Buck ei lukenut sanomalehtiä.
Hätte er die Zeitung gelesen, hätte er gewusst, dass Ärger im Anzug war.
Jos hän olisi lukenut sanomalehtiä, hän olisi tiennyt, että ongelmia oli kytemässä.
Nicht nur er selbst, sondern jeder einzelne Tidewater-Hund bekam Ärger.
Ongelmia oli paitsi hänellä itsellään, myös jokaisella vuorovesikoiralla.
Jeder Hund mit starken Muskeln und warmem, langem Fell würde in Schwierigkeiten geraten.
Jokainen lihaksikas ja lämmin, pitkäkarvainen koira joutuisi pulaan.
Von Puget Bay bis San Diego konnte kein Hund dem entkommen, was auf ihn zukam.
Puget Baystä San Diegoon yksikään koira ei voinut paeta sitä, mitä oli tulossa.
Männer, die in der arktischen Dunkelheit herumtasteten, hatten ein gelbes Metall gefunden.
Arktisen pimeyden keskellä hapuillen miehet olivat löytäneet keltaista metallia.
Dampfschiff- und Transportunternehmen waren auf der Jagd nach der Entdeckung.
Höyrylaiva- ja kuljetusyhtiöt jahtasivat löytöä.
Tausende von Männern strömten ins Nordland.
Tuhannet miehet ryntäsivät Pohjolaan.
Diese Männer wollten Hunde, und die Hunde, die sie wollten, waren schwere Hunde.
Nämä miehet halusivat koiria, ja koirat, joita he halusivat, olivat painavia koiria.
Hunde mit starken Muskeln, die sie zum Arbeiten brauchen.
Koirat, joilla on vahvat lihakset raatamiseen.
Hunde mit Pelzmantel, der sie vor Frost schützt.

Koirat, joilla on karvainen turkki suojaksi pakkaselta.

Buck lebte in einem großen Haus im sonnenverwöhnten Santa Clara Valley.
Buck asui suuressa talossa auringon suutelemassa Santa Claran laaksossa.
Der Ort, an dem Richter Miller wohnte, wurde sein Haus genannt.
Tuomari Millerin paikka, hänen taloaan kutsuttiin.
Sein Haus stand etwas abseits der Straße, halb zwischen den Bäumen versteckt.
Hänen talonsa seisoi hieman syrjässä tiestä, puoliksi piilossa puiden joukossa.
Man konnte einen Blick auf die breite Veranda erhaschen, die rund um das Haus verläuft.
Talon ympäri kulkevasta leveästä verannasta saattoi nähdä vilauksia.
Die Zufahrt zum Haus erfolgte über geschotterte Zufahrten.
Taloa lähestyttiin sorapäällysteisiä ajoväyliä pitkin.
Die Wege schlängelten sich durch weitläufige Rasenflächen.
Polut kiemurtelivat laajojen nurmikoiden halki.
Über ihnen waren die ineinander verschlungenen Zweige hoher Pappeln.
Yläpuolella lomittuivat korkeiden poppelien oksat.
Auf der Rückseite des Hauses ging es noch geräumiger zu.
Talon takaosassa oli vieläkin tilavampaa.
Es gab große Ställe, in denen ein Dutzend Stallknechte plauderten
Siellä oli suuria talleja, joissa tusina sulhasta jutteli
Es gab Reihen von weinbewachsenen Dienstbotenhäusern
Siellä oli rivejä viiniköynnösten peittämiä palvelijoiden mökkejä
Und es gab eine endlose und ordentliche Reihe von Toilettenhäuschen
Ja siellä oli loputon ja järjestetty joukko ulkorakennuksia
Lange Weinlauben, grüne Weiden, Obstgärten und Beerenfelder.

Pitkät viiniköynnösmetsät, vihreät laitumet, hedelmätarhat ja marjapellot.
Dann gab es noch die Pumpanlage für den artesischen Brunnen.
Sitten oli arteesisen kaivon pumppaamo.
Und da war der große Zementtank, der mit Wasser gefüllt war.
Ja siellä oli iso sementtisäiliö täynnä vettä.
Hier nahmen die Jungs von Richter Miller ihr morgendliches Bad.
Tässä tuomari Millerin pojat ottivat aamupulahduksensa.
Und auch dort kühlten sie sich am heißen Nachmittag ab.
Ja ne viilentyivät siellä myös kuumana iltapäivänä.
Und über dieses große Gebiet herrschte Buck über alles.
Ja tätä suurta aluetta hallitsi Buck kokonaan.
Buck wurde auf diesem Land geboren und lebte hier sein ganzes vierjähriges Leben.
Buck syntyi tällä maalla ja asui täällä kaikki neljä vuotta.
Es gab zwar noch andere Hunde, aber die spielten keine wirkliche Rolle.
Oli kyllä muitakin koiria, mutta niillä ei oikeastaan ollut väliä.
An einem so riesigen Ort wie diesem wurden andere Hunde erwartet.
Muita koiria odotettiin näin valtavassa paikassa.
Diese Hunde kamen und gingen oder lebten in den geschäftigen Zwingern.
Nämä koirat tulivat ja menivät, tai asuivat kiireisissä kenneleissä.
Manche Hunde lebten versteckt im Haus, wie Toots und Ysabel.
Jotkut koirat asuivat piilossa talossa, kuten Toots ja Ysabel.
Toots war ein japanischer Mops, Ysabel ein mexikanischer Nackthund.
Toots oli japanilainen mopsi, Ysabel meksikolainen karvaton koira.
Diese seltsamen Kreaturen verließen das Haus kaum.
Nämä oudot olennot harvoin astuivat ulos talosta.

Sie berührten weder den Boden noch schnüffelten sie draußen an der frischen Luft.
Ne eivät koskeneet maahan eivätkä nuuhkineet ulkoilmaa.
Außerdem gab es Foxterrier, mindestens zwanzig an der Zahl.
Siellä oli myös kettuterriereitä, ainakin kaksikymmentä.
Diese Terrier bellten Toots und Ysabel im Haus wild an.
Nämä terrierit haukkuivat rajusti Tootsille ja Ysabelille sisällä.
Toots und Ysabel blieben hinter Fenstern, in Sicherheit.
Toots ja Ysabel pysyttelivät ikkunoiden takana turvassa.
Sie wurden von Hausmädchen mit Besen und Wischmopps bewacht.
Heitä vartioivat kotiapulaiset luudilla ja mopeilla.
Aber Buck war kein Haushund und auch kein Zwingerhund.
Mutta Buck ei ollut mikään sisäkoira, eikä se ollut myöskään kennelkoira.
Das gesamte Anwesen gehörte Buck als seinem rechtmäßigen Reich.
Koko omaisuus kuului Buckille hänen laillisena valtakuntanaan.
Buck schwamm im Becken oder ging mit den Söhnen des Richters auf die Jagd.
Buck ui akvaariossa tai kävi metsästämässä tuomarin poikien kanssa.
Er ging in den frühen oder späten Morgenstunden mit Mollie und Alice spazieren.
Hän käveli Mollien ja Alicen kanssa aamuvarhain tai myöhään.
In kalten Nächten lag er mit dem Richter vor dem Kaminfeuer der Bibliothek.
Kylminä öinä hän makasi kirjaston takan ääressä tuomarin kanssa.
Buck ließ die Enkel des Richters auf seinem starken Rücken herumreiten.
Buck ratsasti tuomarin pojanpojille vahvalla selällään.

Er wälzte sich mit den Jungen im Gras und bewachte sie genau.
Hän kieriskeli ruohikossa poikien kanssa ja vartioi heitä tarkasti.
Sie wagten sich bis zum Brunnen und sogar an den Beerenfeldern vorbei.
He uskaltautuivat suihkulähteelle ja jopa marjapeltojen ohi.
Unter den Foxterriern lief Buck immer mit königlichem Stolz.
Kettuterrierien joukossa Buck käveli aina kuninkaallisen ylpeänä.
Er ignorierte Toots und Ysabel und behandelte sie, als wären sie Luft.
Hän jätti Tootsin ja Ysabelin huomiotta ja kohteli heitä kuin ilmaa.
Buck herrschte über alle Lebewesen auf Richter Millers Land.
Buck hallitsi kaikkia eläviä olentoja tuomari Millerin mailla.
Er herrschte über Tiere, Insekten, Vögel und sogar Menschen
Hän hallitsi eläimiä, hyönteisiä, lintuja ja jopa ihmisiä.
Bucks Vater Elmo war ein großer und treuer Bernhardiner gewesen.
Buckin isä Elmo oli ollut valtava ja uskollinen bernhardiinikoira.
Elmo wich dem Richter nie von der Seite und diente ihm treu.
Elmo ei koskaan jättänyt tuomarin viertä ja palveli häntä uskollisesti.
Buck schien bereit, dem edlen Beispiel seines Vaters zu folgen.
Buck näytti olevan valmis seuraamaan isänsä jaloa esimerkkiä.
Buck war nicht ganz so groß und wog hundertvierzig Pfund.
Buck ei ollut aivan yhtä suuri, painoi sata neljäkymmentä paunaa.
Seine Mutter Shep war eine schöne schottische Schäferhündin gewesen.

Hänen äitinsä, Shep, oli ollut hieno skotlanninpaimenkoira.
Aber selbst mit diesem Gewicht hatte Buck eine königliche Ausstrahlung.
Mutta jopa tuosta painosta huolimatta Buck käveli majesteettisesti.
Dies kam vom guten Essen und dem Respekt, der ihm immer entgegengebracht wurde.
Tämä johtui hyvästä ruoasta ja siitä kunnioituksesta, jota hän aina sai.
Vier Jahre lang hatte Buck wie ein verwöhnter Adliger gelebt.
Neljä vuotta Buck oli elänyt kuin hemmoteltu aatelismies.
Er war stolz auf sich und sogar ein wenig egoistisch.
Hän oli ylpeä itsestään ja jopa hieman itsekeskeinen.
Diese Art von Stolz war bei den Herren abgelegener Landstriche weit verbreitet.
Tuollainen ylpeys oli yleistä syrjäisten maaseudun herrojen keskuudessa.
Doch Buck hat es vermieden, ein verwöhnter Haushund zu werden.
Mutta Buck säästi itsensä joutumasta hemmotelluksi kotikoiraksi.
Durch die Jagd und das Training blieb er schlank und stark.
Hän pysyi hoikkana ja vahvana metsästyksen ja liikunnan avulla.
Er liebte Wasser zutiefst, wie Menschen, die in kalten Seen baden.
Hän rakasti vettä syvästi, kuten ihmiset, jotka kylpevät kylmissä järvissä.
Diese Liebe zum Wasser hielt Buck stark und sehr gesund.
Tämä rakkaus veteen piti Buckin vahvana ja erittäin terveenä.
Dies war der Hund, zu dem Buck im Herbst 1897 geworden war.
Tämä oli koira, joksi Buckista oli tullut syksyllä 1897.
Als der Klondike-Angriff die Menschen in den eisigen Norden trieb.
Kun Klondiken isku veti miehet jäiseen pohjoiseen.

Menschen aus aller Welt strömten in das kalte Land.
Ihmiset ryntäsivät kaikkialta maailmasta kylmään maahan.
Buck las jedoch weder die Zeitungen noch verstand er Nachrichten.
Buck ei kuitenkaan lukenut lehtiä eikä ymmärtänyt uutisia.
Er wusste nicht, dass es nicht gut war, Zeit mit Manuel zu verbringen.
Hän ei tiennyt, että Manuelin seurassa oli huono olla.
Manuel, der im Garten half, hatte ein großes Problem.
Manuelilla, joka auttoi puutarhassa, oli syvä ongelma.
Manuel war spielsüchtig nach der chinesischen Lotterie.
Manuel oli riippuvainen uhkapelaamisesta kiinalaisessa lottopelissä.
Er glaubte auch fest an ein festes System zum Gewinnen.
Hän uskoi myös vahvasti kiinteään voittojärjestelmään.
Dieser Glaube machte sein Scheitern sicher und unvermeidlich.
Tuo uskomus teki hänen epäonnistumisestaan varmaa ja väistämätöntä.
Um ein System zu spielen, braucht man Geld, und das fehlte Manuel.
Systeemin pelaaminen vaatii rahaa, jota Manuelilta puuttui.
Sein Gehalt reichte kaum zum Überleben seiner Frau und seiner vielen Kinder.
Hänen palkkansa tuskin riitti elättämään hänen vaimoaan ja monia lapsiaan.
In der Nacht, in der Manuel Buck verriet, war alles normal.
Sinä yönä, jona Manuel petti Buckin, kaikki oli normaalia.
Der Richter war bei einem Treffen der Rosinenanbauervereinigung.
Tuomari oli rusinaviljelijöiden yhdistyksen kokouksessa.
Die Söhne des Richters waren damals damit beschäftigt, einen Sportverein zu gründen.
Tuomarin pojat olivat tuolloin kiireisiä perustamassa urheiluseuraa.
Niemand sah, wie Manuel und Buck durch den Obstgarten gingen.

Kukaan ei nähnyt Manuelia ja Buckia poistumassa hedelmätarhan kautta.
Buck dachte, dieser Spaziergang sei nur ein einfacher nächtlicher Spaziergang.
Buck luuli tämän kävelyn olevan vain yksinkertainen yöllinen kävelyretki.
Sie trafen nur einen Mann an der Flaggenstation im College Park.
He tapasivat vain yhden miehen lippuasemalla College Parkissa.
Dieser Mann sprach mit Manuel und sie tauschten Geld aus.
Tuo mies puhui Manuelille, ja he vaihtoivat rahaa.
„Verpacken Sie die Waren, bevor Sie sie ausliefern", schlug er vor
"Pakkaa tavarat ennen kuin toimitat ne", hän ehdotti.
Die Stimme des Mannes war rau und ungeduldig, als er sprach.
Miehen ääni oli kähcä ja kärsimätön hänen puhuessaan.
Manuel band Buck vorsichtig ein dickes Seil um den Hals.
Manuel sitoi varovasti paksun köyden Buckin kaulaan.
„Verdreh das Seil, und du wirst ihn gründlich erwürgen"
"Väännä köyttä, niin kuristat hänet kunnolla"
Der Fremde gab ein Grunzen von sich und zeigte damit, dass er gut verstanden hatte.
Muukalainen murahti osoittaen ymmärtävänsä hyvin.
Buck nahm das Seil an diesem Tag mit ruhiger und stiller Würde an.
Buck otti köyden vastaan tyynesti ja hiljaisen arvokkaasti sinä päivänä.
Es war eine ungewöhnliche Tat, aber Buck vertraute den Männern, die er kannte.
Se oli epätavallinen teko, mutta Buck luotti miehiin, jotka hän tunsi.
Er glaubte, dass ihre Weisheit weit über sein eigenes Denken hinausging.
Hän uskoi, että heidän viisautensa ylitti hänen oman ajattelunsa rajat.

Doch dann wurde das Seil in die Hände des Fremden gegeben
Mutta sitten köysi annettiin muukalaisen käsiin.
Buck stieß ein leises, warnendes und zugleich bedrohliches Knurren aus.
Buck murahti matalasti, varoittaen hiljaisella uhkauksella.
Er war stolz und gebieterisch und wollte seinen Unmut zum Ausdruck bringen.
Hän oli ylpeä ja käskevä, ja aikoi osoittaa tyytymättömyytensä.
Buck glaubte, seine Warnung würde als Befehl verstanden werden.
Buck uskoi, että hänen varoituksensa ymmärrettäisiin käskyksi.
Zu seinem Entsetzen zog sich das Seil schnell um seinen dicken Hals zusammen.
Hänen järkytykseksensä köysi kiristyi tiukasti hänen paksun kaulansa ympärille.
Ihm blieb die Luft weg und er begann in plötzlicher Wut zu kämpfen.
Hänen ilmansa salpautui ja hän alkoi äkillisesti raivoissaan taistella.
Er sprang auf den Mann zu, der Buck schnell mitten in der Luft traf.
Hän hyökkäsi miehen kimppuun, joka kohtasi nopeasti Buckin ilmassa.
Der Mann packte Buck am Hals und drehte ihn geschickt in der Luft.
Mies tarttui Buckin kurkkuun ja väänsi tätä taitavasti ilmassa.
Buck wurde hart zu Boden geworfen und landete flach auf dem Rücken.
Buck paiskautui kovaa maahan selälleen.
Das Seil würgte ihn nun grausam, während er wild um sich trat.
Köysi kuristi häntä nyt julmasti hänen potkiessaan villisti.
Seine Zunge fiel heraus, seine Brust hob und senkte sich, doch er bekam keine Luft.

Hänen kielensä putosi ulos, rintakehä kohosi, mutta hän ei saanut henkeä.
Noch nie in seinem Leben war er mit solcher Gewalt behandelt worden.
Häntä ei ollut koskaan elämässään kohdeltu niin väkivaltaisesti.
Auch war er noch nie zuvor von solch tiefer Wut erfüllt gewesen.
Hän ei myöskään ollut koskaan aiemmin tuntenut niin syvää raivoa.
Doch Bucks Kraft schwand und seine Augen wurden glasig.
Mutta Buckin voima hiipui ja hänen silmänsä lasittuivat.
Er wurde ohnmächtig, als in der Nähe ein Zug angehalten wurde.
Hän pyörtyi juuri kun lähistöllä olevaa junaa pysäytettiin.
Dann warfen ihn die beiden Männer schnell in den Gepäckwagen.
Sitten kaksi miestä heittivät hänet nopeasti matkatavaravaunuun.
Das nächste, was Buck spürte, war ein Schmerz in seiner geschwollenen Zunge.
Seuraavaksi Buck tunsi kipua turvonneessa kielellään.
Er bewegte sich in einem wackelnden Wagen und war nur schwach bei Bewusstsein.
Hän liikkui tärisevissä kärryissä, vain hämärästi tajuissaan.
Das schrille Pfeifen eines Zuges verriet Buck seinen Standort.
Junan pillin terävä kirkaisu kertoi Buckille hänen sijaintinsa.
Er war oft mit dem Richter mitgefahren und kannte das Gefühl.
Hän oli usein ratsastanut Tuomarin kanssa ja tiesi tunteen.
Es war der einzigartige Schock, wieder in einem Gepäckwagen zu reisen.
Se oli ainutlaatuinen järkytys matkustaa jälleen matkatavaravaunussa.
Buck öffnete die Augen und sein Blick brannte vor Wut.
Buck avasi silmänsä ja hänen katseensa paloi raivosta.

Dies war der Zorn eines stolzen Königs, der vom Thron gejagt wurde.
Tämä oli ylpeän kuninkaan viha, joka syöstiin valtaistuimeltaan.
Ein Mann wollte ihn packen, doch stattdessen schlug Buck zuerst zu.
Mies ojensi kätensä tarttuakseen häneen, mutta Buck iski ensin.
Er versenkte seine Zähne in der Hand des Mannes und hielt sie fest.
Hän upotti hampaansa miehen käteen ja puristi sitä lujasti.
Er ließ nicht los, bis er ein zweites Mal ohnmächtig wurde.
Hän ei päästänyt irti ennen kuin menetti tajuntansa toisen kerran.
„Ja, hat Anfälle", murmelte der Mann dem Gepäckträger zu.
"Jep, saa kouristuskohtauksia", mies mutisi matkatavaramiehelle.
Der Gepäckträger hatte den Kampf gehört und war näher gekommen.
Matkatavaramies oli kuullut kamppailun ja tullut lähemmäs.
„Ich bringe ihn für den Chef nach Frisco", erklärte der Mann.
– Vien hänet Friscoon pomon luo, mies selitti.
„Dort gibt es einen tollen Hundearzt, der sagt, er könne sie heilen."
"Siellä on hyvä koiralääkäri, joka sanoo voivansa parantaa ne."
Später in der Nacht gab der Mann seinen eigenen ausführlichen Bericht ab.
Myöhemmin samana iltana mies antoi oman täyden kertomuksensa.
Er sprach aus einem Schuppen hinter einem Saloon am Hafen.
Hän puhui vajasta sataman saluunan takaa.
„Ich habe nur fünfzig Dollar bekommen", beschwerte er sich beim Wirt.
"Minulle annettiin vain viisikymmentä dollaria", hän valitti saluunanpitäjälle.

„Ich würde es nicht noch einmal tun, nicht einmal für tausend Dollar in bar."
"En tekisi sitä uudestaan, en edes tuhannesta eurosta käteisenä."
Seine rechte Hand war fest in ein blutiges Tuch gewickelt.
Hänen oikea kätensä oli tiukasti veriseen kankaaseen kääritty.
Sein Hosenbein war vom Knie bis zum Fuß weit aufgerissen.
Hänen housunlahkeensa oli repeytynyt auki polvesta varpaaseen.
„Wie viel hat der andere Trottel verdient?", fragte der Wirt.
"Paljonko se toinen muki sai palkkaa?" kysyi kapakkamies.
„Hundert", antwortete der Mann, „einen Cent weniger würde er nicht nehmen."
– Sata, mies vastasi, hän ei ottaisi senttiäkään vähempää.
„Das macht hundertfünfzig", sagte der Kneipenmann.
– Se tekee sataviisikymmentä, sanoi kapakkamies.
„Und er ist das alles wert, sonst bin ich nicht besser als ein Dummkopf."
"Ja hän on kaiken sen arvoinen, tai en ole yhtään idioottia parempi."
Der Mann öffnete die Verpackung, um seine Hand zu untersuchen.
Mies avasi kääreet tutkiakseen kättään.
Die Hand war stark zerrissen und mit getrocknetem Blut verkrustet.
Käsi oli pahasti repeytynyt ja kuivuneen veren peitossa.
„Wenn ich keine Tollwut bekomme ...", begann er zu sagen.
"Jos en saa hydrofobiaa..." hän aloitti sanomaan.
„Das liegt wohl daran, dass du zum Hängen geboren wurdest", ertönte ein Lachen.
"Se johtuu siitä, että olet syntynyt hirttäytymään", kuului nauru.
„Komm und hilf mir, bevor du gehst", wurde er gebeten.
"Tule auttamaan minua ennen kuin lähdet", häntä pyydettiin.
Buck war von den Schmerzen in seiner Zunge und seinem Hals benommen.

Buck oli täysin sekaisin kielen ja kurkun kivusta.
Er war halb erwürgt und konnte kaum noch aufrecht stehen.
Hän oli puoliksi kuristunut, eikä pystynyt juurikaan seisomaan pystyssä.
Dennoch versuchte Buck, den Männern gegenüberzutreten, die ihm so viel Leid zugefügt hatten.
Silti Buck yritti kohdata miehet, jotka olivat satuttaneet häntä niin paljon.
Aber sie warfen ihn nieder und würgten ihn erneut.
Mutta he heittivät hänet alas ja kuristivat hänet uudelleen.
Erst dann konnten sie sein schweres Messinghalsband absägen.
Vasta sitten he saattoivat sahata irti hänen raskaan messinkikauluksensa.
Sie entfernten das Seil und stießen ihn in eine Kiste.
He irrottivat köyden ja työnsivät hänet laatikkoon.
Die Kiste war klein und hatte die Form eines groben Eisenkäfigs.
Laatikko oli pieni ja muodoltaan kuin karkea rautahäkki.
Buck lag die ganze Nacht dort, voller Zorn und verletztem Stolz.
Buck makasi siinä koko yön, täynnä vihaa ja haavoittunutta ylpeyttä.
Er konnte nicht einmal ansatzweise verstehen, was mit ihm geschah.
Hän ei voinut alkaa ymmärtää, mitä hänelle tapahtui.
Warum hielten ihn diese fremden Männer in dieser kleinen Kiste fest?
Miksi nämä oudot miehet pitivät häntä tässä pienessä häkissä?
Was wollten sie von ihm und warum diese grausame Gefangenschaft?
Mitä he häneltä halusivat, ja miksi hän oli näin julma vankeudessa?
Er spürte einen dunklen Druck, das Gefühl, dass das Unglück näher rückte.
Hän tunsi synkän paineen; lähestyvän katastrofin tunteen.
Es war eine vage Angst, die ihn jedoch schwer belastete.

Se oli epämääräinen pelko, mutta se painautui voimakkaasti hänen mieleensä.
Mehrmals sprang er auf, als die Schuppentür klapperte.
Useita kertoja hän hyppäsi ylös, kun vajan ovi helisi.
Er erwartete, dass der Richter oder die Jungen erscheinen und ihn retten würden.
Hän odotti tuomarin tai poikien ilmestyvän ja pelastavan hänet.
Doch jedes Mal lugte nur das dicke Gesicht des Wirts hinein.
Mutta joka kerta vain kapakonpitäjän paksu naama kurkisti sisään.
Das Gesicht des Mannes wurde vom schwachen Schein einer Talgkerze erhellt.
Miehen kasvoja valaisi talikynttilän himmeä valo.
Jedes Mal verwandelte sich Bucks freudiges Bellen in ein leises, wütendes Knurren.
Joka kerta Buckin iloinen haukunta muuttui matalaksi, vihaiseksi murahdukseksi.

Der Wirt ließ ihn für die Nacht allein in der Kiste zurück
Kapakanpitäjä jätti hänet yksin yöksi häkkiin
Aber als er am Morgen aufwachte, kamen noch mehr Männer.
Mutta kun hän aamulla heräsi, lisää miehiä oli tulossa.
Vier Männer kamen und hoben die Kiste vorsichtig und wortlos auf.
Neljä miestä tuli ja nosti varovasti laatikon sanomatta sanaakaan.
Buck wusste sofort, in welcher Situation er sich befand.
Buck tajusi heti, missä tilanteessa hän oli.
Sie waren weitere Peiniger, die er bekämpfen und fürchten musste.
Ne olivat lisää kiusaajia, joita vastaan hänen täytyi taistella ja pelätä.
Diese Männer sahen böse, zerlumpt und sehr ungepflegt aus.

Nämä miehet näyttivät ilkeiltä, repaleisilta ja erittäin huonosti hoidetuilta.
Buck knurrte und stürzte sich wild durch die Gitterstäbe auf sie.
Buck murahti ja syöksyi raivokkaasti heidän kimppuunsa kaltereiden välistä.
Sie lachten nur und stießen mit langen Holzstöcken nach ihm.
He vain nauroivat ja tökkivät häntä pitkillä puisilla kepeillä.
Buck biss in die Stöcke, dann wurde ihm klar, dass es das war, was ihnen gefiel.
Buck puri keppejä ja tajusi sitten, että siitä ne pitivät.
Also legte er sich ruhig hin, mürrisch und vor stiller Wut brennend.
Niinpä hän makasi hiljaa maassa, synkkänä ja hiljaisesta raivosta hehkuen.
Sie hoben die Kiste auf einen Wagen und fuhren mit ihm weg.
He nostivat laatikon vankkureihin ja ajoivat hänen kanssaan pois.
Die Kiste mit Buck darin wechselte oft den Besitzer.
Laatikko, jonka sisällä Buck oli lukittuna, vaihtoi usein omistajaa.
Express-Büroangestellte übernahmen die Leitung und kümmerten sich kurz um ihn.
Pikatoimiston virkailijat ottivat ohjat käsiinsä ja hoitivat hänet lyhyesti.
Dann transportierte ein anderer Wagen Buck durch die laute Stadt.
Sitten toiset vankkurit kuljettivat Buckin meluisan kaupungin poikki.
Ein Lastwagen brachte ihn mit Kisten und Paketen auf eine Fähre.
Kuorma-auto vei hänet laatikoiden ja pakettien kanssa lautalle.
Nach der Überquerung lud ihn der Lastwagen an einem Bahndepot ab.

Ylityksen jälkeen kuorma-auto purki hänet rautatievarikolla.
Schließlich wurde Buck in einen wartenden Expresswagen gesetzt.
Viimein Buck sijoitettiin odottavaan pikajunaan.
Zwei Tage und Nächte lang zogen Züge den Schnellzug ab.
Kahden päivän ja yön ajan junat vetivät pikavaunua pois.
Buck hat während der gesamten schmerzhaften Reise weder gegessen noch getrunken.
Buck ei syönyt eikä juonut koko tuskallisen matkan aikana.
Als die Expressboten versuchten, sich ihm zu nähern, knurrte er.
Kun pikaviestijät yrittivät lähestyä häntä, hän murahti.
Sie reagierten, indem sie ihn verspotteten und grausam hänselten.
He vastasivat pilkkaamalla ja kiusoittelemalla häntä julmasti.
Buck warf sich schäumend und zitternd gegen die Gitterstäbe
Buck heittäytyi kaltereihin vaahtoaen ja täristen
Sie lachten laut und verspotteten ihn wie Schulhofschläger.
he nauroivat äänekkäästi ja pilkkasivat häntä kuin koulukiusaajat.
Sie bellten wie falsche Hunde und wedelten mit den Armen.
Ne haukkuivat kuin feikkikoirat ja räpyttelivät käsiään.
Sie krähten sogar wie Hähne, nur um ihn noch mehr aufzuregen.
Ne jopa kiekaisivat kuin kukot vain ärsyttääkseen häntä lisää.
Es war dummes Verhalten und Buck wusste, dass es lächerlich war.
Se oli typerää käytöstä, ja Buck tiesi sen olevan naurettavaa.
Doch das verstärkte seine Empörung und Scham nur noch.
Mutta se vain syvensi hänen häpeänsä ja närkästyksensä tunnetta.
Der Hunger plagte ihn während der Reise kaum.
Nälkä ei häntä matkan aikana juurikaan vaivannut.
Doch der Durst brachte starke Schmerzen und unerträgliches Leiden mit sich.

Mutta jano toi mukanaan terävää kipua ja sietämätöntä kärsimystä.
Sein trockener, entzündeter Hals und seine Zunge brannten vor Hitze.
Hänen kuiva, tulehtunut kurkkunsa ja kielensä polttivat kuumuudesta.
Dieser Schmerz schürte das Fieber, das in seinem stolzen Körper aufstieg.
Tämä kipu ruokki kuumetta, joka nousi hänen ylpeässä ruumiissaan.
Buck war während dieses Prozesses für eine einzige Sache dankbar.
Buck oli kiitollinen yhdestä asiasta tämän oikeudenkäynnin aikana.
Das Seil um seinen dicken Hals war entfernt worden.
Köysi oli poistettu hänen paksun kaulansa ympäriltä.
Das Seil hatte diesen Männern einen unfairen und grausamen Vorteil verschafft.
Köysi oli antanut noille miehille epäreilun ja julman edun.
Jetzt war das Seil weg und Buck schwor, dass es nie wieder zurückkommen würde.
Nyt köysi oli poissa, ja Buck vannoi, ettei se koskaan palaisi.
Er beschloss, sich nie wieder ein Seil um den Hals legen zu lassen.
Hän päätti, ettei hänen kaulansa ympärille enää koskaan kierrettäisi köyttä.
Zwei lange Tage und Nächte litt er ohne Essen.
Kaksi pitkää päivää ja yötä hän kärsi ilman ruokaa.
Und in diesen Stunden baute sich in ihm eine enorme Wut auf.
Ja noina tunteina hänessä kasvoi valtava raivo.
Seine Augen wurden vor ständiger Wut blutunterlaufen und wild.
Hänen silmänsä muuttuivat verestäväksi ja villiksi jatkuvasta vihasta.
Er war nicht mehr Buck, sondern ein Dämon mit schnappenden Kiefern.

Hän ei ollut enää Buck, vaan demoni napsuvine leukoineen.
Nicht einmal der Richter hätte dieses verrückte Wesen erkannt.
Edes tuomari ei olisi tunnistanut tätä hullua olentoa.
Die Expressboten atmeten erleichtert auf, als sie Seattle erreichten
Pikaviestimet huokaisivat helpotuksesta saapuessaan Seattleen
Vier Männer hoben die Kiste hoch und brachten sie in einen Hinterhof.
Neljä miestä nosti laatikon ja kantoi sen takapihalle.
Der Hof war klein und von hohen, massiven Mauern umgeben.
Piha oli pieni, korkeiden ja jykevien muurien ympäröimä.
Ein großer Mann in einem ausgeleierten roten Pullover kam heraus.
Iso mies astui ulos roikkuvassa punaisessa neulepaidassa.
Mit dicker, kühner Handschrift unterschrieb er das Lieferbuch.
Hän allekirjoitti toimituskirjan paksulla ja rohkealla käsialalla.
Buck spürte sofort, dass dieser Mann sein nächster Peiniger war.
Buck aavisti heti, että tämä mies oli hänen seuraava kiusaajansa.
Er stürzte sich heftig auf die Gitterstäbe, die Augen rot vor Wut.
Hän syöksyi rajusti kaltereita kohti, silmät raivosta punaisena.
Der Mann lächelte nur finster und holte ein Beil.
Mies vain hymyili synkästi ja meni hakemaan kirvestä.
Er brachte auch eine Keule in seiner dicken und starken rechten Hand mit.
Hän toi mukanaan myös mailan paksussa ja vahvassa oikeassa kädessään.
„Wollen Sie ihn jetzt rausholen?", fragte der Fahrer besorgt.
"Aiotko viedä hänet nyt?" kuljettaja kysyi huolestuneena.
„Sicher", sagte der Mann und rammte das Beil als Hebel in die Kiste.

– Totta kai, mies sanoi ja iski kirveen laatikkoon vivuksi.
Die vier Männer stoben sofort auseinander und sprangen auf die Hofmauer.
Neljä miestä hajaantuivat välittömästi ja hyppäsivät pihan muurille.
Von ihren sicheren Plätzen oben warteten sie, um das Spektakel zu beobachten.
Turvallisista paikoistaan ylhäältä he odottivat nähdäkseen näytelmän.
Buck stürzte sich auf das zersplitterte Holz, biss und zitterte heftig.
Buck syöksyi sirpaleisen puun kimppuun purren ja täristen rajusti.
Jedes Mal, wenn die Axt den Käfig traf, war Buck da, um ihn anzugreifen.
Joka kerta, kun kirves osui häkkiin, Buck oli paikalla hyökkäämässä sitä vastaan.
Er knurrte und schnappte vor wilder Wut und wollte unbedingt freigelassen werden.
Hän murahti ja tiuskaisi villin raivon vallassa, haluten päästä vapaaksi.
Der Mann draußen war ruhig und gelassen und konzentrierte sich auf seine Aufgabe.
Ulkona oleva mies oli rauhallinen ja vakaa, keskittynyt tehtäväänsä.
„Also gut, du rotäugiger Teufel", sagte er, als das Loch groß war.
"Niinpä sitten, punasilmäinen paholainen", hän sanoi, kun reikä oli jo suuri.
Er ließ das Beil fallen und nahm die Keule in die rechte Hand.
Hän pudotti kirveen ja otti pailan oikeaan käteensä.
Buck sah wirklich aus wie ein Teufel; seine Augen blutunterlaufen und lodernd.
Buck näytti todellakin paholaiselta; silmät verestävät ja hehkuvat.

Sein Fell sträubte sich, Schaum stand ihm vor dem Mund, seine Augen funkelten.
Hänen takkinsa pystyi, vaahtoa nousi suussa ja silmät loistivat.
Er spannte seine Muskeln an und sprang direkt auf den roten Pullover zu.
Hän jännitti lihaksensa ja ryntäsi suoraan punaisen villapaidan kimppuun.
Hundertvierzig Pfund Wut prasselten auf den ruhigen Mann zu.
Sata neljäkymmentä kiloa raivoa sinkoutui tyyntä miestä kohti.
Kurz bevor er die Zähne zusammenbiss, traf ihn ein schrecklicher Schlag.
Juuri ennen kuin hänen leukansa sulkeutuivat, häntä iski hirvittävä isku.
Seine Zähne schnappten zusammen, nur Luft war im Spiel.
Hänen hampaansa napsahtivat yhteen pelkästä ilmasta
ein Schmerz durchfuhr seinen Körper
tuskanjyrähdys kaikui hänen kehossaan
Er machte einen Überschlag in der Luft und stürzte auf dem Rücken und der Seite zu Boden.
Hän pyörähti ilmassa ja kaatui selälleen ja kyljelleen.
Er hatte noch nie zuvor einen Knüppelschlag gespürt und konnte ihn nicht begreifen.
Hän ei ollut koskaan ennen tuntenut pailan iskua eikä pystynyt tarttumaan siihen.
Mit einem kreischenden Knurren, das teils Bellen, teils Schreien war, sprang er erneut.
Kirkuvan murahduksen, osaksi haukkumisen, osaksi kirkaisun saattelemana se hyppäsi uudelleen.
Ein weiterer brutaler Schlag traf ihn und schleuderte ihn zu Boden.
Toinen raju isku osui häneen ja paiskasi hänet maahan.
Diesmal verstand Buck – es war die schwere Keule des Mannes.
Tällä kertaa Buck ymmärsi – se oli miehen painava nuija.

Doch die Wut machte ihn blind, und an einen Rückzug dachte er nicht.
Mutta raivo sokaisi hänet, eikä hän ajatellutkaan perääntymistä.
Zwölfmal stürzte er sich in die Luft, und zwölfmal fiel er.
Kaksitoista kertaa hän syöksyi karkuun ja kaksitoista kertaa putosi.
Der Holzknüppel traf ihn jedes Mal mit unbarmherziger, vernichtender Kraft.
Puinen nuija iski häntä joka kerta armottomalla, murskaavalla voimalla.
Nach einem heftigen Schlag kam er benommen und langsam wieder auf die Beine.
Yhden rajua iskua jälkeen hän horjahti jaloilleen, hämmentyneenä ja hitaasti.
Blut lief aus seinem Mund, seiner Nase und sogar seinen Ohren.
Verta valui hänen suustaan, nenästään ja jopa korvistaan.
Sein einst so schönes Fell war mit blutigem Schaum verschmiert.
Hänen kerran niin kaunis turkkinsa oli tahriintunut verisestä vaahdosta.
Dann trat der Mann vor und versetzte ihm einen heftigen Schlag auf die Nase.
Sitten mies astui esiin ja iski ilkeän iskun nenään.
Die Qualen waren schlimmer als alles, was Buck je gespürt hatte.
Tuska oli ankarampaa kuin mikään, mitä Buck oli koskaan tuntenut.
Mit einem Brüllen, das eher an ein Tier als an einen Hund erinnerte, sprang er erneut zum Angriff.
Karjuen, joka oli enemmän petomainen kuin koiran, hän hyppäsi jälleen hyökkäämään.
Doch der Mann packte seinen Unterkiefer und drehte ihn nach hinten.
Mutta mies otti kiinni alaleuastaan ja käänsi sen taaksepäin.

Buck überschlug sich kopfüber und stürzte erneut hart auf den Boden.
Buck pyörähti korviaan myöten ja kaatui jälleen rajusti.
Ein letztes Mal stürmte Buck auf ihn zu, jetzt konnte er kaum noch stehen.
Vielä kerran Buck hyökkäsi hänen kimppuunsa, nyt tuskin pystyen seisomaan.
Der Mann schlug mit perfektem Timing zu und versetzte den letzten Schlag.
Mies iski asiantuntevasti ajoitettuna ja antoi viimeisen iskun.
Buck brach bewusstlos und regungslos zusammen.
Buck lysähti kasaksi, tajuttomana ja liikkumattomana.
„Er ist kein Stümper im Hundezähmen, das sage ich", rief ein Mann.
"Hän ei ole mikään laiska koirien rikkomisessa, sitä minä sanon", mies huusi.
„Druther kann den Willen eines Hundes an jedem Tag der Woche brechen."
"Druther voi murtaa ajokoiran tahdon minä tahansa viikonpäivänä."
„Und zweimal an einem Sonntag!", fügte der Fahrer hinzu.
"Ja kahdesti sunnuntaina!" kuljettaja lisäsi.
Er stieg in den Wagen und ließ die Zügel knacken, um loszufahren.
Hän kiipesi vankkureihin ja napsautti ohjaksia lähteäkseen.
Buck erlangte langsam die Kontrolle über sein Bewusstsein zurück
Buck sai hitaasti tajuntansa hallintaansa takaisin.
aber sein Körper war noch zu schwach und gebrochen, um sich zu bewegen.
mutta hänen ruumiinsa oli vielä liian heikko ja rikki liikkuakseen.
Er blieb liegen, wo er hingefallen war, und beobachtete den Mann im roten Pullover.
Hän makasi siinä, mihin oli kaatunut, ja katseli punavillaista miestä.

„Er hört auf den Namen Buck", sagte der Mann und las laut vor.
– Hän vastaa nimelle Buck, mies sanoi lukiessaan ääneen.
Er zitierte aus der Notiz und den Einzelheiten, die mit Bucks Kiste geschickt wurden.
Hän lainasi Buckin laatikon mukana lähetettyä viestiä ja tietoja.
„Also, Buck, mein Junge", fuhr der Mann freundlich fort,
"No niin, Buck, poikani", mies jatkoi ystävälliseen sävyyn,
„Wir hatten unseren kleinen Streit, und jetzt ist es zwischen uns vorbei."
"Meillä oli pieni riitamme, ja nyt se on ohi meidän välillämme."
„Sie haben Ihren Platz kennengelernt und ich habe meinen kennengelernt", fügte er hinzu.
"Sinä olet oppinut paikkasi, ja minä olen oppinut omani", hän lisäsi.
„Sei brav, dann wird alles gut und das Leben wird angenehm sein."
"Ole kiltti, niin kaikki menee hyvin ja elämä on ihanaa."
„Aber wenn du böse bist, schlage ich dir die Seele aus dem Leib, verstanden?"
"Mutta ole tuhma, niin hakkaan sinut kuoliaaksi, ymmärrätkö?"
Während er sprach, streckte er die Hand aus und tätschelte Bucks schmerzenden Kopf.
Puhuessaan hän ojensi kätensä ja taputti Buckin kipeää päätä.
Bucks Haare stellten sich bei der Berührung des Mannes auf, aber er wehrte sich nicht.
Buckin hiukset nousivat pystyyn miehen kosketuksesta, mutta hän ei vastustellut.
Der Mann brachte ihm Wasser, das Buck in großen Schlucken trank.
Mies toi hänelle vettä, jota Buck joi suurin kulauksin.
Dann kam rohes Fleisch, das Buck Stück für Stück verschlang.
Sitten tuli raakaa lihaa, jota Buck ahmi pala palalta.

Er wusste, dass er geschlagen war, aber er wusste auch, dass er nicht gebrochen war.
Hän tiesi olevansa lyöty, mutta tiesi myös, ettei ollut murtunut.
Gegen einen mit einer Keule bewaffneten Mann hatte er keine Chance.
Hänellä ei ollut mitään mahdollisuuksia pamppua aseistautunutta miestä vastaan.
Er hatte die Wahrheit erfahren und diese Lektion nie vergessen.
Hän oli oppinut totuuden, eikä hän koskaan unohtanut sitä läksyä.
Diese Waffe war der Beginn des Gesetzes in Bucks neuer Welt.
Tuo ase oli lain alku Buckin uudessa maailmassa.
Es war der Beginn einer harten, primitiven Ordnung, die er nicht leugnen konnte.
Se oli alku ankaralle, alkeelliselle järjestykselle, jota hän ei voinut kieltää.
Er akzeptierte die Wahrheit; seine wilden Instinkte waren nun erwacht.
Hän hyväksyi totuuden; hänen villit vaistonsa olivat nyt hereillä.
Die Welt war härter geworden, aber Buck stellte sich ihr tapfer.
Maailma oli käynyt ankarammaksi, mutta Buck kohtasi sen rohkeasti.
Er begegnete dem Leben mit neuer Vorsicht, List und stiller Stärke.
Hän kohtasi elämän uudella varovaisuudella, oveluudella ja hiljaisella voimalla.
Weitere Hunde kamen an, an Seilen oder in Kisten festgebunden, so wie Buck.
Lisää koiria saapui, köysiin tai laatikoihin sidottuina, kuten Buck oli ollut.
Einige Hunde kamen ruhig, andere tobten und kämpften wie wilde Tiere.

Jotkut koirat tulivat rauhallisesti, toiset raivosivat ja taistelivat kuin villipedot.
Sie alle wurden der Herrschaft des Mannes im roten Pullover unterworfen.
Heidät kaikki saatettiin punavillaisen miehen vallan alle.
Jedes Mal sah Buck zu und sah, wie sich ihm die gleiche Lektion erschloss.
Joka kerta Buck katseli ja näki saman opetuksen avautuvan.
Der Mann mit der Keule war das Gesetz, ein Herr, dem man gehorchen musste.
Mies pamppuineen oli laki; isäntä, jota piti totella.
Er musste nicht gemocht werden, aber man musste ihm gehorchen.
Häntä ei tarvinnut pitää, mutta häntä piti totella.
Buck schmeichelte oder wedelte nie mit dem Schwanz, wie es die schwächeren Hunde taten.
Buck ei koskaan imarrellut tai heiluttanut itseään niin kuin heikommat koirat tekivät.
Er sah Hunde, die geschlagen wurden und trotzdem die Hand des Mannes leckten.
Hän näki hakattuja koiria, jotka silti nuolivat miehen kättä.
Er sah einen Hund, der überhaupt nicht gehorchte oder sich unterwarf.
Hän näki yhden koiran, joka ei totellut eikä alistunut lainkaan.
Dieser Hund kämpfte, bis er im Kampf um die Kontrolle getötet wurde.
Tuo koira taisteli, kunnes se kuoli vallasta käydyssä taistelussa.
Manchmal kamen Fremde, um den Mann im roten Pullover zu sehen.
Muukalaiset tulivat joskus katsomaan punavillaista miestä.
Sie sprachen in seltsamem Ton, flehten, feilschten und lachten.
He puhuivat oudolla äänellä, aneleen, neuvotellen ja nauraen.
Als das Geld ausgetauscht wurde, gingen sie mit einem oder mehreren Hunden.

Kun rahaa vaihdettiin, he lähtivät yhden tai useamman koiran kanssa.
Buck fragte sich, wohin diese Hunde gingen, denn keiner kam jemals zurück.
Buck ihmetteli, minne nämä koirat olivat menneet, sillä yksikään ei koskaan palannut.
Angst vor dem Unbekannten erfüllte Buck jedes Mal, wenn ein fremder Mann kam
Tuntemattoman pelko täytti Buckin joka kerta, kun vieras mies tuli
Er war jedes Mal froh, wenn ein anderer Hund mitgenommen wurde und nicht er selbst.
Hän oli iloinen joka kerta, kun otettiin joku toinen koira itsensä sijaan.
Doch schließlich kam Buck an die Reihe, als ein fremder Mann eintraf.
Mutta lopulta Buckin vuoro koitti oudon miehen saapuessa.
Er war klein, drahtig und sprach gebrochenes Englisch und fluchte.
Hän oli pieni, jäntevä ja puhui murteella englannilla ja kiroili.
„Heilig!", schrie er, als er Bucks Gestalt erblickte.
"Pyhä päivä!" hän huusi nähdessään Buckin rungon.
„Das ist aber ein verdammter Rüpel! Wie viel?", fragte er laut.
"Onpa tuo yksi pirun kiusaaja! Häh? Paljonko?" hän kysyi ääneen.
„Dreihundert, und für diesen Preis ist er ein Geschenk."
"Kolmesataa, ja hän on lahja tuolla hinnalla,"
„Da es sich um staatliche Gelder handelt, sollten Sie sich nicht beschweren, Perrault."
"Koska kyse on valtion rahasta, sinun ei pitäisi valittaa, Perrault."
Perrault grinste über den Deal, den er gerade mit dem Mann gemacht hatte.
Perrault virnisti juuri miehen kanssa tekemälleen sopimukselle.

Aufgrund der plötzlichen Nachfrage waren die Preise für Hunde in die Höhe geschossen.
Koirien hinnat olivat nousseet pilviin äkillisen kysynnän vuoksi.
Dreihundert Dollar waren für so ein tolles Tier nicht unfair.
Kolmesataa dollaria ei ollut epäreilua noin hienolle eläimelle.
Die kanadische Regierung würde bei dem Abkommen nichts verlieren
Kanadan hallitus ei menettäisi sopimuksessa mitään
Auch ihre offiziellen Depeschen würden während des Transports nicht verzögert.
Eivätkä heidän viralliset lähetyksensä viivästyisi kuljetuksen aikana.
Perrault kannte sich gut mit Hunden aus und erkannte, dass Buck etwas Seltenes war.
Perrault tunsi koirat hyvin ja näki Buckin olevan ainutlaatuinen.
„Einer von zehntausend", dachte er, als er Bucks Körperbau betrachtete.
"Yksi kymmenestä kymmenestätuhannesta", hän ajatteli tarkastellessaan Buckin vartaloa.
Buck sah, wie das Geld den Besitzer wechselte, zeigte sich jedoch nicht überrascht.
Buck näki rahojen vaihtavan omistajaa, mutta ei osoittanut yllätystä.
Bald wurden er und Curly, ein sanfter Neufundländer, weggeführt.
Pian hänet ja Kihara, lempeä newfoundlandinkoira, vietiin pois.
Sie folgten dem kleinen Mann aus dem Hof des roten Pullovers.
He seurasivat pientä miestä punaisen villapaidan pihalta.
Das war das letzte Mal, dass Buck den Mann mit der Holzkeule sah.
Se oli viimeinen kerta, kun Buck näki puisen kepin miehen.
Vom Deck der Narwhal aus beobachtete er, wie Seattle in der Ferne verschwand.

Narwhalin kannelta hän katseli Seattlen katoavan kaukaisuuteen.
Es war auch das letzte Mal, dass er das warme Südland sah.
Se oli myös viimeinen kerta, kun hän näki lämpimän Etelän.
Perrault brachte sie unter Deck und ließ sie bei François zurück.
Perrault vei heidät kannen alapuolelle ja jätti heidät François'n huostaan.
François war ein Riese mit schwarzem Gesicht und rauen, schwieligen Händen.
François oli mustakasvoinen jättiläinen, jolla oli karheat, kovettuneet kädet.
Er war dunkelhäutig und hatte eine dunkle Hautfarbe, ein französisch-kanadischer Mischling.
Hän oli tumma ja tummaihoinen; puoliverinen ranskalais-kanadalainen.
Für Buck waren diese Männer von einer Art, die er noch nie zuvor gesehen hatte.
Buckille nämä miehet olivat sellaisia, joita hän ei ollut koskaan ennen nähnyt.
Er würde in den kommenden Tagen viele solcher Männer kennenlernen.
Hän tulisi tutustumaan moniin tällaisiin miehiin tulevina päivinä.
Er konnte sie zwar nicht lieb gewinnen, aber er begann, sie zu respektieren.
Hän ei kiintynyt heihin, mutta hän oppi kunnioittamaan heitä.
Sie waren fair und weise und ließen sich von keinem Hund so leicht täuschen.
Ne olivat oikeudenmukaisia ja viisaita, eikä mikään koira voinut niitä helposti hämätä.
Sie beurteilten Hunde ruhig und bestraften sie nur, wenn es angebracht war.
He tuomitsivat koirat rauhallisesti ja rankaisivat vain ansaitusti.
Im Unterdeck der Narwhal trafen Buck und Curly zwei Hunde.

Narwhalin alakannella Buck ja Kihara tapasivat kaksi koiraa.
Einer war ein großer weißer Hund aus dem fernen, eisigen Spitzbergen.
Yksi oli suuri valkoinen koira kaukaisesta, jäisestä Huippuvuorten alueelta.
Er war einmal mit einem Walfänger gesegelt und hatte sich einer Erkundungsgruppe angeschlossen.
Hän oli kerran purjehtinut valaanpyyntialuksen kanssa ja liittynyt tutkimusryhmään.
Er war auf eine schlaue, hinterhältige und listige Art freundlich.
Hän oli ystävällinen ovelalla, salakavalalla ja viekkaalla tavalla.
Bei ihrer ersten Mahlzeit stahl er ein Stück Fleisch aus Bucks Pfanne.
Ensimmäisellä ateriallaan hän varasti palan lihaa Buckin pannulta.
Buck sprang, um ihn zu bestrafen, aber François' Peitsche schlug zuerst zu.
Buck hyppäsi rangaistakseen häntä, mutta François'n ruoska osui ensin.
Der weiße Dieb schrie auf und Buck holte sich den gestohlenen Knochen zurück.
Valkoinen varas kiljaisi, ja Buck sai varastetun luun takaisin.
Diese Fairness beeindruckte Buck und François verdiente sich seinen Respekt.
Tuo oikeudenmukaisuus teki vaikutuksen Buckiin, ja François ansaitsi hänen kunnioituksensa.
Der andere Hund grüßte nicht und wollte auch nichts zurück.
Toinen koira ei tervehtinyt eikä halunnutkaan tervehdystä vastapalvelukseen.
Er stahl weder Essen noch beschnüffelte er die Neuankömmlinge interessiert.
Hän ei varastanut ruokaa eikä nuuhkinut tulokkaita kiinnostuneena.

Dieser Hund war grimmig und ruhig, düster und bewegte sich langsam.
Tämä koira oli synkkä ja hiljainen, synkkä ja hidasliikkeinen.
Er warnte Curly, sich fernzuhalten, indem er sie einfach anstarrte.
Hän varoitti Kiharaa pysymään poissa tuijottamalla tätä vihaisesti.
Seine Botschaft war klar: Lass mich in Ruhe, sonst gibt es Ärger.
Hänen viestinsä oli selvä: jätä minut rauhaan tai tulee ongelmia.
Er hieß Dave und nahm seine Umgebung kaum wahr.
Häntä kutsuttiin Daveksi, ja hän tuskin huomasi ympäristöään.
Er schlief oft, aß ruhig und gähnte ab und zu.
Hän nukkui usein, söi hiljaa ja haukotteli silloin tällöin.

Das Schiff summte ständig, während unten der Propeller schlug.
Laiva humisi jatkuvasti alapuolellaan hakkaavan potkurin kanssa.
Die Tage vergingen, ohne dass sich viel änderte, aber das Wetter wurde kälter.
Päivät kuluivat lähes muuttumattomina, mutta sää kylmeni.
Buck spürte es in seinen Knochen und bemerkte, dass es den anderen genauso ging.
Buck tunsi sen luissaan ja huomasi muidenkin tekevän niin.
Dann blieb eines Morgens der Propeller stehen und alles war still.
Sitten eräänä aamuna potkuri pysähtyi ja kaikki oli tyyntä.
Eine Energie durchströmte das Schiff; etwas hatte sich verändert.
Energia pyyhkäisi läpi aluksen; jokin oli muuttunut.
François kam herunter, legte ihnen die Leinen an und brachte sie hoch.
François tuli alas, laittoi ne hihnaan ja nosti ne ylös.
Buck stieg aus und fand den Boden weich, weiß und kalt.

Buck astui ulos ja huomasi maan olevan pehmeä, valkoinen ja kylmä.

Er sprang erschrocken zurück und schnaubte völlig verwirrt.

Hän hyppäsi taaksepäin säikähtäneenä ja murahti täysin hämmentyneenä.

Seltsames weißes Zeug fiel vom grauen Himmel.

Harmaalta taivaalta putosi outoa valkoista ainetta.

Er schüttelte sich, aber die weißen Flocken landeten immer wieder auf ihm.

Hän ravisteli itseään, mutta valkoiset hiutaleet laskeutuivat yhä uudelleen hänen päälleen.

Er roch vorsichtig an dem weißen Zeug und leckte an ein paar eisigen Stückchen.

Hän nuuhki valkoista ainetta varovasti ja nuoli muutaman jäisen palan.

Das Pulver brannte wie Feuer und verschwand dann einfach von seiner Zunge.

Jauhe poltti kuin tuli ja katosi sitten suoraan hänen kielellään.

Buck versuchte es noch einmal und war verwirrt über die seltsame, verschwindende Kälte.

Buck yritti uudelleen, hämmentyneenä oudon katoavan kylmyyden vuoksi.

Die Männer um ihn herum lachten und Buck war verlegen.

Miehet hänen ympärillään nauroivat, ja Buck tunsi olonsa noloksi.

Er wusste nicht warum, aber er schämte sich für seine Reaktion.

Hän ei tiennyt miksi, mutta hän häpesi reaktiotaan.

Es war seine erste Erfahrung mit Schnee und es verwirrte ihn.

Se oli hänen ensimmäinen kokemuksensa lumen kanssa, ja se hämmensi häntä.

Das Gesetz von Keule und Fang
Keila ja kulmahammas -laki

Bucks erster Tag am Strand von Dyea fühlte sich wie ein schrecklicher Albtraum an.
Buckin ensimmäinen päivä Dyean rannalla tuntui kamalalta painajaiselta.
Jede Stunde brachte neue Schocks und unerwartete Veränderungen für Buck.
Jokainen tunti toi Buckille uusia yllätyksiä ja odottamattomia muutoksia.
Er war aus der Zivilisation gerissen und ins wilde Chaos gestürzt worden.
Hänet oli vedetty irti sivilisaatiosta ja heitetty villiin kaaokseen.
Dies war kein sonniges, faules Leben mit Langeweile und Ruhe.
Tämä ei ollut aurinkoista, laiskaa elämää tylsistyneenä ja levollisena.
Es gab keinen Frieden, keine Ruhe und keinen Moment ohne Gefahr.
Ei ollut rauhaa, ei lepoa, eikä hetkeäkään ilman vaaraa.
Überall herrschte Verwirrung und die Gefahr war immer in der Nähe.
Hämmennys hallitsi kaikkea, ja vaara oli aina lähellä.
Buck musste wachsam bleiben, denn diese Männer und Hunde waren anders.
Buckin täytyi pysyä valppaana, koska nämä miehet ja koirat olivat erilaisia.
Sie kamen nicht aus der Stadt, sie waren wild und gnadenlos.
He eivät olleet kotoisin kaupungeista; he olivat villejä ja armottomia.
Diese Männer und Hunde kannten nur das Gesetz der Keule und der Reißzähne.
Nämä miehet ja koirat tunsivat vain kepin ja hampaiden lain.

Buck hatte noch nie Hunde so kämpfen sehen wie diese wilden Huskys.
Buck ei ollut koskaan nähnyt koirien taistelevan niin kuin nämä villit huskyt.
Seine erste Erfahrung lehrte ihn eine Lektion, die er nie vergessen würde.
Ensimmäinen kokemus opetti hänelle läksyn, jota hän ei koskaan unohtaisi.
Er hatte Glück, dass er es nicht war, sonst wäre auch er gestorben.
Hän oli onnekas, ettei se ollut hän, tai hänkin olisi kuollut.
Curly war derjenige, der litt, während Buck zusah und lernte.
Kihara kärsi, kun taas Buck katseli ja oppi.
Sie hatten ihr Lager in der Nähe eines aus Baumstämmen gebauten Ladens aufgeschlagen.
He olivat pystyttäneet leirin hirsistä rakennetun varaston lähelle.
Curly versuchte, einem großen, wolfsähnlichen Husky gegenüber freundlich zu sein.
Kihara yritti olla ystävällinen suurelle, suden kaltaiselle huskylle.
Der Husky war kleiner als Curly, sah aber wild und böse aus.
Husky oli Kiharaa pienempi, mutta näytti villiltä ja ilkeältä.
Ohne Vorwarnung sprang er auf und schlug ihr ins Gesicht.
Yhtäkkiä hän hyppäsi ja viilsi naisen kasvot auki.
Seine Zähne schnitten in einer Bewegung von ihrem Auge bis zu ihrem Kiefer.
Hänen hampaansa leikkasivat yhdellä liikkeellä naisen silmästä leukaan.
So kämpften Wölfe: Sie schlugen schnell zu und sprangen weg.
Näin sudet taistelivat – iskivät nopeasti ja hyppäsivät karkuun.
Aber es gab mehr zu lernen als nur diesen einen Angriff.

Mutta opittavaa oli enemmän kuin vain tuosta yhdestä hyökkäyksestä.

Dutzende Huskys stürmten herein und bildeten einen stillen Kreis.

Kymmeniä huskyja ryntäsi sisään ja teki hiljaisen piirin.

Sie schauten aufmerksam zu und leckten sich hungrig die Lippen.

He katselivat tarkasti ja nuolivat huuliaan nälkäisinä.

Buck verstand weder ihr Schweigen noch ihre begierigen Blicke.

Buck ei ymmärtänyt heidän hiljaisuuttaan eikä heidän innokkaita katseitaan.

Curly stürzte sich ein zweites Mal auf den Husky, um ihn anzugreifen.

Kihara ryntäsi hyökkäämään huskyn kimppuun toisen kerran.

Mit einer kräftigen Bewegung seiner Brust warf er sie um.

Hän käytti rintaansa lyödäkseen hänet kumoon voimakkaalla liikkeellä.

Sie fiel auf die Seite und konnte nicht wieder aufstehen.

Hän kaatui kyljelleen eikä päässyt enää ylös.

Darauf hatten die anderen die ganze Zeit gewartet.

Sitähän muut olivat odottaneet koko ajan.

Die Huskies sprangen sie an und jaulten und knurrten wie wild.

Huskyt hyppäsivät hänen kimppuunsa raivokkaasti ulvoen ja muristen.

Sie schrie, als sie unter einem Haufen Hunde begruben.

Hän huusi, kun hänet haudattiin koirakasan alle.

Der Angriff erfolgte so schnell, dass Buck vor Schreck erstarrte.

Hyökkäys oli niin nopea, että Buck jähmettyi paikoilleen järkytyksestä.

Er sah, wie Spitz die Zunge herausstreckte, als würde er lachen.

Hän näki Spitzin työntävän kieltään ulos tavalla, joka kuulosti naurulta.

François schnappte sich eine Axt und rannte direkt in die Hundegruppe hinein.
François nappasi kirveen ja juoksi suoraan koiraparven kimppuun.
Drei weitere Männer halfen mit Knüppeln, die Huskies zu vertreiben.
Kolme muuta miestä käyttivät nuijia apunaan ajaakseen huskyt pois.
In nur zwei Minuten war der Kampf vorbei und die Hunde waren verschwunden.
Vain kahdessa minuutissa taistelu oli ohi ja koirat olivat poissa.
Curly lag tot im roten, zertrampelten Schnee, ihr Körper war zerfetzt.
Kihara makasi kuolleena punaisessa, tallatussa lumessa, hänen ruumiinsa oli revitty kappaleiksi.
Ein dunkelhäutiger Mann stand über ihr und verfluchte die brutale Szene.
Tummaihoinen mies seisoi hänen yläpuolellaan ja kirosi julmaa näkyä.
Die Erinnerung blieb bei Buck und verfolgte ihn nachts in seinen Träumen.
Muisto jäi Buckin mieleen ja kummitteli hänen unissaan öisin.
So war es hier: keine Fairness, keine zweite Chance.
Näin se täällä oli; ei reilua, ei toista mahdollisuutta.
Sobald ein Hund fiel, töteten die anderen ihn gnadenlos.
Kun koira kaatui, muut tappoivat sen armotta.
Buck beschloss damals, dass er niemals zulassen würde, dass er fällt.
Buck päätti silloin, ettei hän koskaan antaisi itsensä kaatua.
Spitz streckte erneut die Zunge heraus und lachte über das Blut.
Spitz työnsi taas kielensä ulos ja nauroi verelle.
Von diesem Moment an hasste Buck Spitz aus vollem Herzen.
Siitä hetkestä lähtien Buck vihasi Spitziä koko sydämestään.

Bevor Buck sich von Curlys Tod erholen konnte, passierte etwas Neues.
Ennen kuin Buck ehti toipua Kiharan kuolemasta, tapahtui jotain uutta.
François kam herüber und schnallte etwas um Bucks Körper.
François tuli paikalle ja sitoi jotakin Buckin ympärille.
Es war ein Geschirr wie das, das auf der Ranch für Pferde verwendet wurde.
Ne olivat samanlaiset valjaat kuin ne, joita käytetään hevosilla maatilalla.
Buck hatte gesehen, wie Pferde arbeiteten, und nun musste auch er arbeiten.
Niin kuin Buck oli nähnyt hevosten työskentelevän, nyt hänetkin pakotettiin työskentelemään.
Er musste François auf einem Schlitten in den nahegelegenen Wald ziehen.
Hänen täytyi vetää François reellä läheiseen metsään.
Anschließend musste er eine Ladung schweres Brennholz zurückziehen.
Sitten hänen täytyi vetää takaisin kuorma raskasta polttopuuta.
Buck war stolz und deshalb tat es ihm weh, wie ein Arbeitstier behandelt zu werden.
Buck oli ylpeä, joten häntä satutti, että häntä kohdeltiin kuin työeläintä.
Aber er war klug und versuchte nicht, gegen die neue Situation anzukämpfen.
Mutta hän oli viisas eikä yrittänyt taistella uutta tilannetta vastaan.
Er akzeptierte sein neues Leben und gab bei jeder Aufgabe sein Bestes.
Hän hyväksyi uuden elämän ja antoi kaikkensa jokaisessa tehtävässä.
Alles an der Arbeit war ihm fremd und ungewohnt.
Kaikki työssä oli hänelle outoa ja tuntematonta.
François war streng und verlangte unverzüglichen Gehorsam.

François oli tiukka ja vaati tottelevaisuutta viipymättä.
Seine Peitsche sorgte dafür, dass jeder Befehl sofort befolgt wurde.
Hänen ruoskansa varmisti, että jokaista käskyä noudatettiin välittömästi.
Dave war der Schlittenführer, der Hund, der dem Schlitten hinter Buck am nächsten war.
Dave oli reenkuljettaja, koira lähimpänä rekeä Buckin takana.
Dave biss Buck in die Hinterbeine, wenn er einen Fehler machte.
Dave puri Buckia takajalkoihin, jos tämä oli tehnyt virheen.
Spitz war der Leithund und in dieser Rolle geschickt und erfahren.
Spitz oli johtava koira, taitava ja kokenut roolissaan.
Spitz konnte Buck nicht leicht erreichen, korrigierte ihn aber trotzdem.
Spitz ei päässyt helposti Buckin luo, mutta oikaisi häntä silti.
Er knurrte barsch oder zog den Schlitten auf eine Art, die Buck etwas beibrachte.
Hän murahti karkeasti tai veti rekeä tavoilla, jotka opettivat Buckia.
Durch dieses Training lernte Buck schneller, als alle erwartet hatten.
Tämän koulutuksen avulla Buck oppi nopeammin kuin kukaan heistä odotti.
Er hat hart gearbeitet und sowohl von François als auch von den anderen Hunden gelernt.
Hän työskenteli ahkerasti ja oppi sekä François'lta että muilta koirilta.
Als sie zurückkamen, kannte Buck die wichtigsten Befehle bereits.
Palatessaan Buck oli jo osannut tärkeimmät komennot.
Von François hat er gelernt, beim Laut „ho" anzuhalten.
Hän oppi pysähtymään François'n kuullessa "ho".
Er lernte, wann er den Schlitten ziehen und rennen musste.
Hän oppi, kun hänen piti vetää rekeä ja juosta.

Er lernte, in den Kurven des Weges ohne Probleme weit abzubiegen.
Hän oppi kääntymään leveälle polun mutkissa ilman vaikeuksia.
Er lernte auch, Dave auszuweichen, wenn der Schlitten schnell bergab fuhr.
Hän oppi myös väistelemään Davea, kun kelkka meni nopeasti alamäkeen.
„Das sind sehr gute Hunde", sagte François stolz zu Perrault.
– Ne ovat oikein kilttejä koiria, François sanoi ylpeänä Perraultille.
„Dieser Buck zieht wie der Teufel – ich bringe ihm das so schnell bei, wie ich nur kann."
"Tuo Buck vetää kuin hemmetti – minä opetan hänelle kuin heinänteko."

Später am Tag kam Perrault mit zwei weiteren Huskys zurück.
Myöhemmin samana päivänä Perrault palasi kahden muun huskykoiran kanssa.
Ihre Namen waren Billee und Joe und sie waren Brüder.
Heidän nimensä olivat Billee ja Joe, ja he olivat veljeksiä.
Sie stammten von derselben Mutter, waren sich aber überhaupt nicht ähnlich.
He tulivat samasta äidistä, mutta eivät olleet lainkaan samanlaisia.
Billee war gutmütig und zu allen sehr freundlich.
Billee oli suloinen ja liian ystävällinen kaikkia kohtaan.
Joe war das Gegenteil – ruhig, wütend und immer am Knurren.
Joe oli päinvastainen – hiljainen, vihainen ja aina muriseva.
Buck begrüßte sie freundlich und blieb beiden gegenüber ruhig.
Buck tervehti heitä ystävällisesti ja oli rauhallinen molempia kohtaan.
Dave schenkte ihnen keine Beachtung und blieb wie üblich still.

Dave ei kiinnittänyt heihin huomiota ja pysyi hiljaa kuten tavallista.

Um seine Dominanz zu demonstrieren, griff Spitz zuerst Billee und dann Joe an.

Spitz hyökkäsi ensin Billeen ja sitten Joen kimppuun osoittaakseen ylivoimansa.

Billee wedelte mit dem Schwanz und versuchte, freundlich zu Spitz zu sein.

Billee heilutti häntäänsä ja yritti olla ystävällinen Spitzille.

Als das nicht funktionierte, versuchte er stattdessen wegzulaufen.

Kun sekään ei toiminut, hän yritti sen sijaan paeta.

Er weinte traurig, als Spitz ihn fest in die Seite biss.

Hän itki surullisesti, kun Spitz puri häntä lujaa kylkeen.

Aber Joe war ganz anders und ließ sich nicht einschüchtern.

Mutta Joe oli hyvin erilainen eikä antanut kiusaamisen tulla hoidetuksi.

Jedes Mal, wenn Spitz näher kam, drehte sich Joe schnell um, um ihm in die Augen zu sehen.

Joka kerta kun Spitz tuli lähelle, Joe pyörähti nopeasti häntä kohti.

Sein Fell sträubte sich, seine Lippen kräuselten sich und seine Zähne schnappten wild.

Hänen turkkinsa nousi pystyyn, huulet käpertyivät ja hampaat napsahtivat villisti.

Joes Augen glänzten vor Angst und Wut und forderten Spitz heraus, zuzuschlagen.

Joen silmät loistivat pelosta ja raivosta, kun hän uhkasi Spitziä iskemään.

Spitz gab den Kampf auf und wandte sich gedemütigt und wütend ab.

Spitz luovutti taistelun ja kääntyi poispäin, nöyryytettynä ja vihaisena.

Er ließ seine Frustration an dem armen Billee aus und jagte ihn davon.

Hän purkasi turhautumistaan raukkaan Billeeen ja ajoi tämän pois.

An diesem Abend fügte Perrault dem Team einen weiteren Hund hinzu.
Sinä iltana Perrault lisäsi joukkueeseen yhden koiran lisää.
Dieser Hund war alt, mager und mit Kampfnarben übersät.
Tämä koira oli vanha, laiha ja täynnä taisteluarpia.
Eines seiner Augen fehlte, doch das andere blitzte kraftvoll auf.
Toinen hänen silmästään puuttui, mutta toinen loisti voimakkaasti.
Der neue Hund hieß Solleks, was „der Wütende" bedeutet.
Uuden koiran nimi oli Solleks, joka tarkoitti Vihaista.
Wie Dave verlangte Solleks nichts von anderen und gab nichts zurück.
Daven tavoin Solleks ei pyytänyt mitään muilta eikä antanut mitään takaisin.
Als Solleks langsam ins Lager ging, blieb sogar Spitz fern.
Kun Solleks käveli hitaasti leiriin, jopa Spitz pysyi poissa.
Er hatte eine seltsame Angewohnheit, die Buck unglücklicherweise entdeckte.
Hänellä oli outo tapa, jonka Buck valitettavasti löysi.
Solleks hasste es, von der Seite angesprochen zu werden, auf der er blind war.
Solleks vihasi sitä, että häntä lähestyttiin siltä puolelta, jolla hän oli sokea.
Buck wusste das nicht und machte diesen Fehler versehentlich.
Buck ei tiennyt tätä ja teki tuon virheen vahingossa.
Solleks wirbelte herum und versetzte Buck einen schnellen, tiefen Schlag auf die Schulter.
Solleks pyörähti ympäri ja viilsi Buckin olkapäätä syvään ja nopeasti.
Von diesem Moment an kam Buck nie wieder in die Nähe von Solleks' blinder Seite.
Siitä hetkestä lähtien Buck ei koskaan päässyt Solleksin sokkopuolelle.
Für den Rest ihrer gemeinsamen Zeit gab es nie wieder Probleme.

Heillä ei ollut enää koskaan ongelmia loppuaikanaan yhdessä.
Solleks wollte nur in Ruhe gelassen werden, wie der ruhige Dave.
Solleks halusi vain olla rauhassa, kuten hiljainen Dave.
Doch Buck erfuhr später, dass jeder von ihnen ein anderes geheimes Ziel hatte.
Mutta Buck saisi myöhemmin tietää, että heillä molemmilla oli toinen salainen tavoite.
In dieser Nacht stand Buck vor einer neuen und beunruhigenden Herausforderung: Wie sollte er schlafen?
Sinä yönä Buck kohtasi uuden ja häiritsevän haasteen – miten nukkua.
Das Zelt leuchtete warm im Kerzenlicht auf dem schneebedeckten Feld.
Teltta hohti lämpimästi kynttilänvalossa lumisilla niityillä.
Buck ging hinein und dachte, er könnte sich dort wie zuvor ausruhen.
Buck käveli sisään ajatellen, että hän voisi levätä siellä kuten ennenkin.
Aber Perrault und François schrien ihn an und warfen Pfannen.
Mutta Perrault ja François huusivat hänelle ja heittelivät pannuja.
Schockiert und verwirrt rannte Buck in die eisige Kälte hinaus.
Järkyttyneenä ja hämmentyneenä Buck juoksi ulos jäätävään kylmyyteen.
Ein bitterkalter Wind stach ihm in die verletzte Schulter und ließ seine Pfoten erfrieren.
Karva tuuli kirpaisi hänen haavoittunutta olkapäätään ja jäädytti hänen tassunsa.
Er legte sich in den Schnee und versuchte, im Freien zu schlafen.
Hän makasi lumessa ja yritti nukkua ulkona.
Doch die Kälte zwang ihn bald, heftig zitternd wieder aufzustehen.

Mutta kylmyys pakotti hänet pian nousemaan takaisin ylös, täristen pahasti.
Er wanderte durch das Lager und versuchte, ein wärmeres Plätzchen zu finden.
Hän vaelteli leirin läpi yrittäen löytää lämpimämpää paikkaa.
Aber jede Ecke war genauso kalt wie die vorherige.
Mutta jokainen nurkka oli yhtä kylmä kuin edellinen.
Manchmal sprangen ihn wilde Hunde aus der Dunkelheit an.
Joskus villikoirat hyppäsivät hänen kimppuunsa pimeydestä.
Buck sträubte sein Fell, fletschte die Zähne und knurrte warnend.
Buck nosti turkkinsa pystyyn, paljasti hampaansa ja murahti varoittavasti.
Er lernte schnell und die anderen Hunde zogen sich schnell zurück.
Hän oppi nopeasti, ja muut koirat perääntyivät nopeasti.
Trotzdem hatte er keinen Platz zum Schlafen und keine Ahnung, was er tun sollte.
Silti hänellä ei ollut paikkaa nukkua, eikä aavistustakaan, mitä tehdä.
Endlich kam ihm ein Gedanke: Er sollte nach seinen Teamkollegen sehen.
Viimein hänelle tuli mieleen ajatus – tarkistaa joukkuetoverinsa.
Er kehrte in ihre Gegend zurück und war überrascht, dass sie verschwunden waren.
Hän palasi heidän alueelleen ja yllättyi huomatessaan heidän lähteneen.
Erneut durchsuchte er das Lager, konnte sie jedoch immer noch nicht finden.
Hän etsi leiriä uudelleen, mutta ei vieläkään löytänyt heitä.
Er wusste, dass sie nicht im Zelt sein durften, sonst wäre er auch dort gewesen.
Hän tiesi, etteivät he voisivat olla teltassa, tai hänkin olisi.
Wo also waren all die Hunde in diesem eisigen Lager geblieben?

Minne kaikki koirat olivat menneet tässä jäätyneessä leirissä?
Buck, kalt und elend, umrundete langsam das Zelt.
Kylmänä ja kurjana Buck kiersi hitaasti teltan ympäri.
Plötzlich sanken seine Vorderbeine in den weichen Schnee und er erschrak.
Yhtäkkiä hänen etujalkansa upposivat pehmeään lumeen ja säikäyttivät hänet.
Etwas zappelte unter seinen Füßen und er sprang ängstlich zurück.
Jokin värähti hänen jalkojensa alla, ja hän hyppäsi peloissaan taaksepäin.
Er knurrte und fauchte, ohne zu wissen, was sich unter dem Schnee verbarg.
Hän murahti ja ärähti tietämättä, mitä lumen alla oli.
Dann hörte er ein freundliches kleines Bellen, das seine Angst linderte.
Sitten hän kuuli ystävällisen pienen haukun, joka lievitti hänen pelkoaan.
Er schnüffelte in der Luft und kam näher, um zu sehen, was verborgen war.
Hän nuuhki ilmaa ja tuli lähemmäs nähdäkseen, mitä piilossa oli.
Unter dem Schnee lag, zu einer warmen Kugel zusammengerollt, der kleine Billee.
Lumen alla, lämpimäksi palloksi käpertyneenä, oli pieni Billee.
Billee wedelte mit dem Schwanz und leckte Bucks Gesicht zur Begrüßung.
Billee heilutti häntäänsä ja nuoli Buckin kasvoja tervehtiäkseen tätä.
Buck sah, wie Billee im Schnee einen Schlafplatz gebaut hatte.
Buck näki, kuinka Billee oli tehnyt nukkumapaikan lumeen.
Er hatte sich eingegraben und nutzte seine eigene Wärme, um sich warm zu halten.
Hän oli kaivanut alas ja käyttänyt omaa lämpöään pysyäkseen lämpimänä.

Buck hatte eine weitere Lektion gelernt – so schliefen die Hunde.
Buck oli oppinut taas läksyn – näin koirat nukkuivat.
Er suchte sich eine Stelle aus und begann, sein eigenes Loch in den Schnee zu graben.
Hän valitsi paikan ja alkoi kaivaa kuoppaa lumeen.
Anfangs bewegte er sich zu viel und verschwendete Energie.
Aluksi hän liikkui liikaa ja tuhlasi energiaa.
Doch bald erwärmte sein Körper den Raum und er fühlte sich sicher.
Mutta pian hänen kehonsa lämmitti tilan, ja hän tunsi olonsa turvalliseksi.
Er rollte sich fest zusammen und schlief bald fest.
Hän käpertyi tiukasti kasaan ja unessa pian.
Der Tag war lang und hart gewesen und Buck war erschöpft.
Päivä oli ollut pitkä ja raskas, ja Buck oli uupunut.
Er schlief tief und fest, obwohl seine Träume wild waren.
Hän nukkui sikeästi ja mukavasti, vaikka hänen unensa olivatkin villejä.
Er knurrte und bellte im Schlaf und wand sich im Traum.
Hän murisi ja haukkui unissaan, vääntäen itseään unissaan.

Buck wachte erst auf, als im Lager bereits Leben erwachte.
Buck ei herännyt ennen kuin leiri oli jo heräämässä eloon.
Zuerst wusste er nicht, wo er war oder was passiert war.
Aluksi hän ei tiennyt missä oli tai mitä oli tapahtunut.
Über Nacht war Schnee gefallen und hatte seinen Körper vollständig begraben.
Yön aikana satoi lunta, joka hautasi hänen ruumiinsa kokonaan alleen.
Der Schnee umgab ihn von allen Seiten dicht.
Lumi painautui tiukasti hänen ympärilleen joka puolelta.
Plötzlich durchfuhr eine Welle der Angst Bucks ganzen Körper.
Yhtäkkiä pelon aalto pyyhkäisi Buckin läpi koko kehon.
Es war die Angst, gefangen zu sein, eine Angst aus tiefen Instinkten.

Se oli pelko jäädä loukkuun, syvistä vaistoista kumpuava pelko.
Obwohl er noch nie eine Falle gesehen hatte, lebte die Angst in ihm.
Vaikka hän ei ollut koskaan nähnyt ansaa, pelko asui hänen sisällään.
Er war ein zahmer Hund, aber jetzt erwachten seine alten wilden Instinkte.
Hän oli kesy koira, mutta nyt hänen vanhat villit vaistonsa olivat heräämässä.
Bucks Muskeln spannten sich an und sein Fell stellte sich auf seinem ganzen Rücken auf.
Buckin lihakset jännittyivät ja hänen karvansa nousi pystyyn kaikkialle selkään.
Er knurrte wild und sprang senkrecht durch den Schnee nach oben.
Hän murahti raivokkaasti ja hyppäsi suoraan ylös lumen läpi.
Als er ins Tageslicht trat, flog Schnee in alle Richtungen.
Lumi lensi joka suuntaan hänen syöksyessään päivänvaloon.
Schon vor der Landung sah Buck das Lager vor sich ausgebreitet.
Jo ennen maihinnousua Buck näki leirin levittäytyvän edessään.
Er erinnerte sich auf einmal an alles vom Vortag.
Hän muisti kaiken edelliseltä päivältä, kaikki kerralla.
Er erinnerte sich daran, wie er mit Manuel spazieren gegangen war und an diesem Ort gelandet war.
Hän muisti kävelyretkensä Manuelin kanssa ja päätyneensä tähän paikkaan.
Er erinnerte sich daran, wie er das Loch gegraben hatte und in der Kälte eingeschlafen war.
Hän muisti kaivaneensa kuopan ja nukahtaneensa kylmään.
Jetzt war er wach und die wilde Welt um ihn herum war klar.
Nyt hän oli hereillä, ja villi maailma hänen ympärillään oli selkeä.

Ein Ruf von François begrüßte Bucks plötzliches Auftauchen.
François'n huuto tervehti Buckin äkillistä ilmestymistä.
„Was habe ich gesagt?", rief der Hundeführer Perrault laut zu.
"Mitä minä sanoin?" koirankuljettaja huusi äänekkäästi Perraultille.
„Dieser Buck lernt wirklich sehr schnell", fügte François hinzu.
"Tuo Buck oppii kyllä todella nopeasti", François lisäsi.
Perrault nickte ernst und war offensichtlich mit dem Ergebnis zufrieden.
Perrault nyökkäsi vakavasti, selvästi tyytyväisenä lopputulokseen.
Als Kurier für die kanadische Regierung beförderte er Depeschen.
Kanadan hallituksen kuriirina hän kuljetti lähetyksiä.
Er war bestrebt, die besten Hunde für seine wichtige Mission zu finden.
Hän halusi kovasti löytää parhaat koirat tärkeään tehtäväänsä varten.
Er war besonders erfreut, dass Buck nun Teil des Teams war.
Hän oli nyt erityisen iloinen siitä, että Buck oli osa joukkuetta.
Innerhalb einer Stunde kamen drei weitere Huskies zum Team hinzu.
Tunnin sisällä joukkueeseen lisättiin kolme huskya lisää.
Damit betrug die Gesamtzahl der Hunde im Team neun.
Tämä nosti joukkueen koirien kokonaismäärän yhdeksään.
Innerhalb von fünfzehn Minuten lagen alle Hunde im Geschirr.
Viidentoista minuutin kuluessa kaikki koirat olivat valjaissaan.
Das Schlittenteam schwang sich den Weg hinauf in Richtung Dyea Cañon.
Rekikunta keinui polkua pitkin kohti Dyea Cañonia.
Buck war froh, gehen zu können, auch wenn die Arbeit, die vor ihm lag, hart war.

Buck oli iloinen päästessään lähtemään, vaikka edessä oleva työ olikin raskasta.
Er stellte fest, dass er weder die Arbeit noch die Kälte besonders verabscheute.
Hän huomasi, ettei erityisesti halveksinut työtä tai kylmyyttä.
Er war überrascht von der Begeisterung, die das gesamte Team erfüllte.
Hän yllättyi innosta, joka täytti koko joukkueen.
Noch überraschender war die Veränderung, die bei Dave und Solleks vor sich ging.
Vielä yllättävämpää oli muutos, joka oli tapahtunut Davelle ja Solleksille.
Diese beiden Hunde waren völlig unterschiedlich, als sie ein Geschirr trugen.
Nämä kaksi koiraa olivat täysin erilaisia valjaina.
Ihre Passivität und Sorglosigkeit waren völlig verschwunden.
Heidän passiivisuutensa ja välinpitämättömyytensä olivat täysin kadonneet.
Sie waren aufmerksam und aktiv und bestrebt, ihre Arbeit gut zu machen.
He olivat valppaita ja aktiivisia ja innokkaita tekemään työnsä hyvin.
Sie reagierten äußerst verärgert über alles, was zu Verzögerungen oder Verwirrung führte.
He ärtyivät rajusti kaikesta, mikä aiheutti viivästystä tai hämmennystä.
Die harte Arbeit an den Zügeln stand im Mittelpunkt ihres gesamten Wesens.
Ohjien parissa tehty kova työ oli niiden koko olemuksen keskipiste.
Das Schlittenziehen schien das Einzige zu sein, was ihnen wirklich Spaß machte.
Pulkanveto tuntui olevan ainoa asia, josta he todella nauttivat.
Dave war am Ende der Gruppe und dem Schlitten am nächsten.
Dave oli ryhmän takana, lähimpänä itse rekeä.

Buck landete vor Dave und Solleks zog an Buck vorbei.
Buck asetettiin Daven eteen, ja Solleks veti Buckin edelle.
Die übrigen Hunde liefen in einer Reihe vorn.
Loput koirat ajettiin eteenpäin yhtenä jonona.
Die Führungsposition an der Spitze besetzte Spitz.
Johtoaseman eturintamassa täytti Spitz.
Buck war zur Einweisung zwischen Dave und Solleks platziert worden.
Buck oli asetettu Daven ja Solleksin väliin opetusta varten.
Er lernte schnell und sie waren strenge und fähige Lehrer.
Hän oppi nopeasti, ja he olivat lujia ja kyvykkäitä opettajia.
Sie ließen nie zu, dass Buck lange im Irrtum blieb.
He eivät koskaan antaneet Buckin pysyä harhakuvitelmissa pitkään.
Sie erteilten ihre Lektionen, wenn nötig, mit scharfen Zähnen.
He opettivat läksyjään terävillä hampailla tarvittaessa.
Dave war fair und zeigte eine ruhige, ernste Art von Weisheit.
Dave oli oikeudenmukainen ja osoitti hiljaista, vakavaa viisautta.
Er hat Buck nie ohne guten Grund gebissen.
Hän ei koskaan purrut Buckia ilman hyvää syytä.
Aber er hat es nie versäumt, zuzubeißen, wenn Buck eine Korrektur brauchte.
Mutta hän puri aina, kun Buck tarvitsi ojennusta.
François' Peitsche war immer bereit und untermauerte ihre Autorität.
François'n ruoska oli aina valmiina ja tuki heidän auktoriteettiaan.
Buck merkte bald, dass es besser war zu gehorchen, als sich zu wehren.
Buck huomasi pian, että oli parempi totella kuin taistella vastaan.
Einmal verhedderte sich Buck während einer kurzen Pause in den Zügeln.
Kerran lyhyen lepotauon aikana Buck sotkeutui ohjaksiin.

Er verzögerte den Start und brachte die Bewegungen des Teams durcheinander.
Hän viivästytti lähtöä ja sekoitti joukkueen liikkeen.
Dave und Solleks stürzten sich auf ihn und verprügelten ihn brutal.
Dave ja Solleks hyökkäsivät hänen kimppuunsa ja antoivat hänelle rajuja selkäsaunoja.
Das Gewirr wurde nur noch schlimmer, aber Buck lernte seine Lektion.
Tilanne vain paheni, mutta Buck oppi läksynsä hyvin.
Von da an hielt er die Zügel straff und arbeitete vorsichtig.
Siitä lähtien hän piti ohjat kireinä ja työskenteli huolellisesti.
Bevor der Tag zu Ende war, hatte Buck einen Großteil seiner Aufgabe gemeistert.
Ennen päivän päättymistä Buck oli jo hallinnut suuren osan tehtävästään.
Seine Teamkollegen hörten fast auf, ihn zu korrigieren oder zu beißen.
Hänen joukkuetoverinsa melkein lakkasivat korjaamasta tai puremasta häntä.
François' Peitsche knallte immer seltener durch die Luft.
François'n ruoska rätisi ilmassa yhä harvemmin.
Perrault hob sogar Bucks Füße an und untersuchte sorgfältig jede Pfote.
Perrault jopa nosti Buckin jalat ja tutki huolellisesti jokaista käpälää.
Es war ein harter Tageslauf gewesen, lang und anstrengend für alle.
Se oli ollut rankka juoksupäivä, pitkä ja uuvuttava heille kaikille.
Sie reisten den Cañon hinauf, durch Sheep Camp und an den Scales vorbei.
He kulkivat Cañonia ylös, Sheep Campin läpi ja Scalesin ohi.
Sie überquerten die Baumgrenze, dann Gletscher und meterhohe Schneeverwehungen.
He ylittivät metsänrajan, sitten jäätiköt ja monien metrien syvyiset kinokset.

Sie erklommen die große, kalte und unwirtliche Chilkoot-Wasserscheide.
He kiipesivät suuren kylmän ja luotaantyöntävän Chilkootin kuilun yli.
Dieser hohe Bergrücken lag zwischen Salzwasser und dem gefrorenen Landesinneren.
Tuo korkea harjanne seisoi suolaisen veden ja jäätyneen sisämaan välissä.
Die Berge bewachten den traurigen und einsamen Norden mit Eis und steilen Anstiegen.
Vuoret vartioivat surullista ja yksinäistä pohjoista jään ja jyrkkien nousujen avulla.
Sie kamen gut voran und erreichten eine lange Kette von Seen unterhalb der Wasserscheide.
He etenivät hyvää vauhtia pitkää järviketjua pitkin vedenjakajan alapuolella.
Diese Seen füllten die alten Krater erloschener Vulkane.
Nuo järvet täyttivät sammuneiden tulivuorten muinaiset kraatterit.
Spät in der Nacht erreichten sie ein großes Lager am Lake Bennett.
Myöhään sinä iltana he saapuivat suureen leiriin Bennett-järvellä.
Tausende Goldsucher waren dort und bauten Boote für den Frühling.
Tuhansia kullankaivajia oli siellä rakentamassa veneitä kevääksi.
Das Eis würde bald aufbrechen und sie mussten bereit sein.
Jäät lähtisivät pian, ja heidän oli oltava valmiita.
Buck grub sein Loch in den Schnee und fiel in einen tiefen Schlaf.
Buck kaivoi kuoppansa lumeen ja vaipui syvään uneen.
Er schlief wie ein Arbeiter, erschöpft von einem harten Arbeitstag.
Hän nukkui kuin työmies, uupunut raskaan työpäivän jälkeen.

Doch zu früh wurde er in der Dunkelheit aus dem Schlaf gerissen.
Mutta liian aikaisin pimeydessä hänet revittiin unesta.
Er wurde wieder mit seinen Kumpels angeschirrt und vor den Schlitten gespannt.
Hänet valjastettiin jälleen tovereidensa kanssa ja kiinnitettiin rekeen.
An diesem Tag legten sie sechzig Kilometer zurück, weil der Schnee festgetreten war.
Sinä päivänä he kulkivat neljäkymmentä mailia, koska lumi oli hyvin tallattua.
Am nächsten Tag und noch viele Tage danach war der Schnee weich.
Seuraavana päivänä ja monta päivää sen jälkeen lumi oli pehmeää.
Sie mussten den Weg selbst bahnen, härter arbeiten und langsamer vorankommen.
Heidän täytyi itse kulkea polku, työskennellä kovemmin ja liikkua hitaammin.
Normalerweise ging Perrault mit Schwimmhäuten an den Schneeschuhen vor dem Team her.
Yleensä Perrault käveli joukkueen edellä räpylöillä varustetuissa lumikengissä.
Seine Schritte verdichteten den Schnee und erleichterten so die Fortbewegung des Schlittens.
Hänen askeleensa pakkasivat lumen, mikä helpotti kelkan liikkumista.
François, der vom Steuerstand aus steuerte, übernahm manchmal die Kontrolle.
François, joka ohjasi ohjaustangosta, otti joskus ohjat käsiinsä.
Aber es kam selten vor, dass François die Führung übernahm
Mutta oli harvinaista, että François otti johdon
weil Perrault es eilig hatte, die Briefe und Pakete auszuliefern.
koska Perraultilla oli kiire toimittaa kirjeet ja paketit.

Perrault war stolz auf sein Wissen über Schnee und insbesondere Eis.
Perrault oli ylpeä lumen ja erityisesti jään tuntemuksestaan.
Dieses Wissen war von entscheidender Bedeutung, da das Eis im Herbst gefährlich dünn war.
Tuo tieto oli välttämätöntä, koska syksyn jää oli vaarallisen ohutta.
Wo das Wasser unter der Oberfläche schnell floss, gab es überhaupt kein Eis.
Siellä missä vesi virtasi nopeasti pinnan alla, ei ollut lainkaan jäätä.

Tag für Tag wiederholte sich endlos die gleiche Routine.
Päivästä toiseen sama rutiini toistui loputtomasti.
Buck arbeitete unermüdlich von morgens bis abends in den Zügeln.
Buck uurasti loputtomasti ohjaksissa aamusta iltaan.
Sie verließen das Lager im Dunkeln, lange bevor die Sonne aufgegangen war.
He lähtivät leiristä pimeässä, kauan ennen auringonnousua.
Als es Tag wurde, hatten sie bereits viele Kilometer zurückgelegt.
Päivän koittaessa oli jo monta kilometriä takana päin.
Sie schlugen ihr Lager nach Einbruch der Dunkelheit auf, aßen Fisch und gruben sich in den Schnee ein.
He pystyttivät leirin pimeän tultua, söivät kalaa ja kaivautuivat lumeen.
Buck war immer hungrig und mit seiner Ration nie wirklich zufrieden.
Buck oli aina nälkäinen eikä koskaan täysin tyytyväinen annokseensa.
Er erhielt jeden Tag anderthalb Pfund getrockneten Lachs.
Hän sai puolitoista paunaa kuivattua lohta joka päivä.
Doch das Essen schien in ihm zu verschwinden und ließ den Hunger zurück.
Mutta ruoka tuntui haihtuvan hänen sisältä, jättäen jälkeensä nälän.

Er litt unter ständigem Hunger und träumte von mehr Essen.
Hän kärsi jatkuvasta nälän tunteesta ja haaveili lisää ruoasta.
Die anderen Hunde haben nur ein Pfund abgenommen, sind aber stark geblieben.
Muut koirat saivat vain puoli kiloa ruokaa, mutta ne pysyivät vahvoina.
Sie waren kleiner und in das Leben im Norden hineingeboren.
He olivat pienempiä ja syntyneet pohjoiseen elämään.
Er verlor rasch die Sorgfalt, die sein früheres Leben geprägt hatte.
Hän menetti nopeasti sen pikkumaisuuden, joka oli leimannut hänen vanhaa elämäänsä.
Er war ein gieriger Esser gewesen, aber jetzt war das nicht mehr möglich.
Hän oli ollut herkkusuu, mutta nyt se ei ollut enää mahdollista.
Seine Kameraden waren zuerst fertig und raubten ihm seine noch nicht aufgegessene Ration.
Hänen toverinsa söivät ensin ja ryöstivät häneltä hänen keskeneräisen annoksensa.
Als sie einmal damit anfingen, gab es keine Möglichkeit mehr, sein Essen vor ihnen zu verteidigen.
Kun he olivat alkaneet, ei ollut mitään keinoa puolustaa hänen ruokaansa heiltä.
Während er zwei oder drei Hunde abwehrte, stahlen die anderen den Rest.
Hänen torjuessaan kaksi tai kolme koiraa, muut varastivat loput.
Um dies zu beheben, begann er, so schnell zu essen wie die anderen.
Korjatakseen tämän hän alkoi syödä yhtä nopeasti kuin muutkin.
Der Hunger trieb ihn so sehr an, dass er sogar Essen zu sich nahm, das ihm nicht gehörte.
Nälkä ajoi häntä niin kovasti, että hän otti jopa ruokaa, joka ei ollut hänen omaansa.

Er beobachtete die anderen und lernte schnell aus ihren Handlungen.
Hän tarkkaili muita ja oppi nopeasti heidän teoistaan.
Er sah, wie Pike, ein neuer Hund, Perrault eine Scheibe Speck stahl.
Hän näki Piken, uuden koiran, varastavan pekonisiivun Perraultilta.
Pike hatte gewartet, bis Perrault sich umdrehte, um den Speck zu stehlen.
Pike oli odottanut, kunnes Perrault olisi kääntänyt selkänsä, ennen kuin varasti pekonin.
Am nächsten Tag machte Buck es Pike nach und stahl das ganze Stück.
Seuraavana päivänä Buck matki Piken ja varasti koko möykyn.
Es folgte ein großer Aufruhr, doch Buck wurde nicht verdächtigt.
Seurasi suuri meteli, mutta Buckia ei epäilty.
Stattdessen wurde Dub bestraft, ein tollpatschiger Hund, der immer erwischt wurde.
Dub, kömpelö koira, joka aina jäi kiinni, rangaistiin sen sijaan.
Dieser erste Diebstahl machte Buck zu einem Hund, der in der Lage war, im Norden zu überleben.
Tuo ensimmäinen varkaus teki Buckin koiraksi, joka selviää Pohjoisessa.
Er zeigte, dass er sich an neue Bedingungen anpassen und schnell lernen konnte.
Hän osoitti kykynsä sopeutua uusiin olosuhteisiin ja oppia nopeasti.
Ohne diese Anpassungsfähigkeit wäre er schnell und auf schlimme Weise gestorben.
Ilman tällaista sopeutumiskykyä hän olisi kuollut nopeasti ja pahasti.
Es markierte auch den Zusammenbruch seiner moralischen Natur und seiner früheren Werte.
Se merkitsi myös hänen moraalisen luonteensa ja aiempien arvojensa romahtamista.

Im Südland hatte er nach dem Gesetz der Liebe und Güte gelebt.
Etelämaissa hän oli elänyt rakkauden ja ystävällisyyden lain alaisena.
Dort war es sinnvoll, Eigentum und die Gefühle anderer Hunde zu respektieren.
Siellä oli järkevää kunnioittaa omaisuutta ja muiden koirien tunteita.
Aber das Nordland befolgte das Gesetz der Keule und das Gesetz der Reißzähne.
Mutta Pohjola noudatti nuijan ja hampaiden lakia.
Wer hier alte Werte respektierte, war dumm und würde scheitern.
Se, joka täällä kunnioitti vanhoja arvoja, oli tyhmä ja epäonnistuisi.
Buck hat das alles nicht durchdacht.
Buck ei ollut miettinyt kaikkea tätä mielessään.
Er war fit und passte sich daher an, ohne darüber nachdenken zu müssen.
Hän oli hyvässä kunnossa, joten hän sopeutui ajattelematta.
Sein ganzes Leben lang war er noch nie vor einem Kampf davongelaufen.
Koko elämänsä aikana hän ei ollut koskaan paennut taistelua.
Doch die Holzkeule des Mannes im roten Pullover änderte diese Regel.
Mutta punapaitaisen miehen puinen nuija muutti tuon säännön.
Jetzt folgte er einem tieferen, älteren Code, der in sein Wesen eingeschrieben war.
Nyt hän noudatti syvempää, vanhempaa olemukseensa kirjoitettua koodia.
Er stahl nicht aus Vergnügen, sondern aus Hunger.
Hän ei varastanut nautinnosta, vaan nälän tuskasta.
Er raubte nie offen, sondern stahl mit List und Sorgfalt.
Hän ei koskaan ryöstänyt avoimesti, vaan varasti ovelasti ja varovasti.

Er handelte aus Respekt vor der Holzkeule und aus Angst vor dem Fangzahn.
Hän toimi kunnioituksesta puista nuijaa kohtaan ja pelosta hampaita kohtaan.

Kurz gesagt, er hat das getan, was einfacher und sicherer war, als es nicht zu tun.
Lyhyesti sanottuna hän teki sen, mikä oli helpompaa ja turvallisempaa kuin tekemättä jättäminen.

Seine Entwicklung – oder vielleicht seine Rückkehr zu alten Instinkten – verlief schnell.
Hänen kehityksensä – tai kenties paluunsa vanhoihin vaistoihinsa – oli nopeaa.

Seine Muskeln verhärteten sich, bis sie sich stark wie Eisen anfühlten.
Hänen lihaksensa kovettuivat, kunnes ne tuntuivat raudan vahvoilta.

Schmerzen machten ihm nichts mehr aus, es sei denn, sie waren ernst.
Hän ei enää välittänyt kivusta, ellei se ollut vakavaa.

Er wurde durch und durch effizient und verschwendete überhaupt nichts.
Hänestä tuli tehokas sekä sisäisesti että ulkoisesti, eikä hän tuhlannut mitään.

Er konnte Dinge essen, die scheußlich, verdorben oder schwer verdaulich waren.
Hän saattoi syödä pahaa, mätää tai vaikeasti sulavaa ruokaa.

Was auch immer er aß, sein Magen verbrauchte das letzte bisschen davon.
Mitä tahansa hän söi, hänen vatsansa käytti loppuun viimeisenkin arvokkaan palan.

Sein Blut transportierte die Nährstoffe weit durch seinen kräftigen Körper.
Hänen verensä kuljetti ravinteet pitkälle hänen voimakkaassa kehossaan.

Dadurch baute er starkes Gewebe auf, das ihm eine unglaubliche Ausdauer verlieh.

Tämä rakensi vahvoja kudoksia, jotka antoivat hänelle uskomattoman kestävyyden.
Sein Seh- und Geruchssinn wurden viel feiner als zuvor.
Hänen näkönsä ja hajuaistinsa herkistyivät huomattavasti.
Sein Gehör wurde so scharf, dass er im Schlaf leise Geräusche wahrnehmen konnte.
Hänen kuulonsa terävöityi niin paljon, että hän pystyi kuulemaan heikkoja ääniä unissaan.
In seinen Träumen wusste er, ob die Geräusche Sicherheit oder Gefahr bedeuteten.
Hän tiesi unissaan, merkitsivätkö äänet turvallisuutta vai vaaraa.
Er lernte, mit den Zähnen auf das Eis zwischen seinen Zehen zu beißen.
Hän oppi puremaan hampaillaan jäätä varpaidensa välissä.
Wenn ein Wasserloch zufror, brach er das Eis mit seinen Beinen.
Jos vesikuoppa jäätyi umpeen, hän rikkoi jään jaloillaan.
Er bäumte sich auf und schlug mit seinen steifen Vorderbeinen hart auf das Eis.
Hän nousi selkäänsä ja iski jäykillä etujaloillaan lujaa jäätä vasten.
Seine bemerkenswerteste Fähigkeit war die Vorhersage von Windänderungen über Nacht.
Hänen huomattavin kykynsä oli ennustaa tuulen muutoksia yön aikana.
Selbst bei Windstille suchte er sich windgeschützte Stellen aus.
Vaikka ilma oli tyyni, hän valitsi tuulelta suojaisia paikkoja.
Wo auch immer er sein Nest grub, der Wind des nächsten Tages strich an ihm vorbei.
Minne ikinä hän pesänsä kaivoikin, seuraavan päivän tuuli puhalsi hänen ohitseen.
Er landete immer gemütlich und geschützt, in Lee der Brise.
Hän päätyi aina mukavaan ja suojaiseen paikkaan, tuulensuojaan.

Buck hat nicht nur durch Erfahrung gelernt – auch seine Instinkte sind zurückgekehrt.
Buck ei oppinut ainoastaan kokemuksen kautta – myös hänen vaistonsa palasivat.
Die Gewohnheiten der domestizierten Generationen begannen zu verschwinden.
Kesytettyjen sukupolvien tavat alkoivat hiipua.
Er erinnerte sich vage an die alten Zeiten seiner Rasse.
Hän muisti hämärästi rotunsa menneet ajat.
Er dachte an die Zeit zurück, als wilde Hunde in Rudeln durch die Wälder rannten.
Hän muisteli aikaa, jolloin villikoirat juoksivat laumoina metsien halki.
Sie hatten ihre Beute gejagt und getötet, während sie sie verfolgten.
Ne olivat jahdanneet ja tappaneet saaliinsa juostessaan sitä pitkin.
Buck lernte leicht, mit Biss und Schnelligkeit zu kämpfen.
Buckin oli helppo oppia taistelemaan hampaiden ja nopeuden voimin.
Er verwendete Schnitte, Hiebe und schnelle Schnappschüsse, genau wie seine Vorfahren.
Hän käytti viiltoja, viiltoja ja nopeita iskuja aivan kuten esi-isänsä.
Diese Vorfahren regten sich in ihm und erweckten seine wilde Natur.
Nuo esi-isät liikkuivat hänen sisällään ja herättivät hänen villin luontonsa.
Ihre alten Fähigkeiten waren ihm durch die Blutlinie vererbt worden.
Heidän vanhat taitonsa olivat siirtyneet häneen suvun kautta.
Ihre Tricks gehörten ihm nun, ohne dass er üben oder sich anstrengen musste.
Heidän temppunsa olivat nyt hänen, ilman harjoittelua tai vaivannäköä.

In stillen, kalten Nächten hob Buck die Nase und heulte.

Tyyninä, kylminä öinä Buck nosti kuonoaan ja ulvoi.
Er heulte lang und tief, so wie es die Wölfe vor langer Zeit getan hatten.
Hän ulvoi pitkään ja syvään, aivan kuten sudet olivat tehneet kauan sitten.
Durch ihn streckten seine toten Vorfahren ihre Nasen und heulten.
Hänen kauttaan hänen kuolleet esi-isänsä osoittivat nenäänsä ja ulvoivat.
Sie heulten durch die Jahrhunderte mit seiner Stimme und Gestalt.
Ne ulvoivat läpi vuosisatojen hänen äänellään ja hahmollaan.
Seine Kadenzen waren ihre, alte Schreie, die von Kummer und Kälte erzählten.
Hänen rytminsä oli heidän, vanhoja huutoja, jotka kertoivat surusta ja kylmyydestä.
Sie sangen von Dunkelheit, Hunger und der Bedeutung des Winters.
He lauloivat pimeydestä, nälästä ja talven merkityksestä.
Buck bewies, wie das Leben von Kräften jenseits des eigenen Ichs geprägt wird.
Buck todisti, kuinka elämää muokkaavat ihmisen itsensä ulkopuolella olevat voimat,
Das uralte Lied stieg durch Buck auf und ergriff seine Seele.
Muinainen laulu kohosi Buckin läpi ja valtasi hänen sielunsa.
Er fand sich selbst, weil Menschen im Norden Gold gefunden hatten.
Hän löysi itsensä, koska miehet olivat löytäneet kultaa pohjoisesta.
Und er fand sich selbst, weil Manuel, der Gärtnergehilfe, Geld brauchte.
Ja hän huomasi olevansa tässä tilanteessa, koska puutarhurin apulainen Manuel tarvitsi rahaa.

Das dominante Urtier
Hallitseva alkukantainen peto

In Buck war das dominante Urtier so stark wie eh und je.
Hallitseva alkukantainen peto oli Buckissa yhtä vahva kuin aina ennenkin.
Doch das dominante Urtier hatte in ihm geschlummert.
Mutta hallitseva alkukantainen peto oli uinunut hänessä.
Das Leben auf dem Trail war hart, aber es stärkte das Tier in Buck.
Polkuelämä oli ankaraa, mutta se vahvisti Buckin sisällä olevaa petoa.
Insgeheim wurde das Biest von Tag zu Tag stärker.
Salaa peto vahvistui päivä päivältä vahvemmaksi ja vahvemmaksi.
Doch dieses innere Wachstum blieb der Außenwelt verborgen.
Mutta tuo sisäinen kasvu pysyi piilossa ulkomaailmalta.
In Buck baute sich eine stille und ruhige Urkraft auf.
Hiljainen ja tyyni alkukantainen voima rakentui Buckin sisällä.
Neue Gerissenheit verlieh Buck Gleichgewicht, Ruhe und Selbstbeherrschung.
Uusi viekkaus antoi Buckille tasapainoa, tyyneyttä ja itsevarmuutta.
Buck konzentrierte sich sehr auf die Anpassung und fühlte sich nie völlig entspannt.
Buck keskittyi kovasti sopeutumiseen, eikä koskaan tuntenut oloaan täysin rentoutuneeksi.
Er ging Konflikten aus dem Weg, fing nie Streit an und suchte auch nie Ärger.
Hän vältti konflikteja, ei koskaan aloittanut tappeluita eikä etsinyt ongelmia.
Jede Bewegung von Buck war von langsamer, stetiger Nachdenklichkeit geprägt.
Hidas, tasainen harkitsevaisuus muovasi Buckin jokaista liikettä.

Er vermied überstürzte Entscheidungen und plötzliche, rücksichtslose Entschlüsse.
Hän vältti harkitsemattomia valintoja ja äkkipikaisia, harkitsemattomia päätöksiä.
Obwohl Buck Spitz zutiefst hasste, zeigte er ihm gegenüber keine Aggression.
Vaikka Buck vihasi Spitziä syvästi, hän ei osoittanut hänelle aggressiivisuutta.
Buck hat Spitz nie provoziert und sein Verhalten zurückhaltend gehalten.
Buck ei koskaan provosoinut Spitziä ja piti toimintansa hillittyä.
Spitz hingegen spürte die wachsende Gefahr, die von Buck ausging.
Spitz puolestaan aisti Buckissa kasvavan vaaran.
Er sah in Buck eine Bedrohung und eine ernsthafte Herausforderung seiner Macht.
Hän näki Buckin uhkana ja vakavana haasteena vallalleen.
Er nutzte jede Gelegenheit, um zu knurren und seine scharfen Zähne zu zeigen.
Hän käytti jokaisen tilaisuuden murahtaakseen ja näyttääkseen terävät hampaansa.
Er versuchte, den tödlichen Kampf zu beginnen, der bevorstand.
Hän yritti aloittaa kuolettavan taistelun, jonka oli määrä tulla.
Schon zu Beginn der Reise wäre es beinahe zu einem Streit zwischen ihnen gekommen.
Matkan alussa heidän välilleen melkein puhkesi tappelu.
Doch ein unerwarteter Unfall verhinderte den Kampf.
Mutta odottamaton onnettomuus esti taistelun.
An diesem Abend schlugen sie ihr Lager am bitterkalten Lake Le Barge auf.
Sinä iltana he pystyttivät leirin purevan kylmälle Le Barge -järvelle.
Es schneite heftig und der Wind war schneidend wie ein Messer.
Lunta satoi kovaa ja tuuli viilsi kuin veitsi.

Die Nacht war zu schnell hereingebrochen und Dunkelheit umgab sie.
Yö oli tullut liian nopeasti, ja pimeys ympäröi heidät.
Sie hätten sich kaum einen schlechteren Ort zum Ausruhen aussuchen können.
He tuskin olisivat voineet valita huonompaa lepopaikkaa.
Die Hunde suchten verzweifelt nach einem Platz zum Hinlegen.
Koirat etsivät epätoivoisesti paikkaa, johon voisivat levätä.
Hinter der kleinen Gruppe erhob sich steil eine hohe Felswand.
Korkea kallioseinämä kohosi jyrkästi pienen ryhmän takana.
Das Zelt wurde in Dyea zurückgelassen, um die Last zu erleichtern.
Teltta oli jätetty Dyeaan kuorman keventämiseksi.
Ihnen blieb nichts anderes übrig, als das Feuer auf dem Eis selbst zu machen.
Heillä ei ollut muuta vaihtoehtoa kuin tehdä tuli itse jäälle.
Sie breiten ihre Schlafmäntel direkt auf dem zugefrorenen See aus.
He levittivät makuuvaatteensa suoraan jäätyneelle järvelle.
Ein paar Stücke Treibholz gaben ihnen ein wenig Feuer.
Muutama ajopuun oksa antoi heille hieman tulta.
Doch das Feuer wurde auf dem Eis entfacht und taute hindurch.
Mutta tuli tehtiin jään päälle ja sulatettiin sen läpi.
Schließlich aßen sie ihr Abendessen im Dunkeln.
Lopulta he söivät illallistaan pimeässä.
Buck rollte sich neben dem Felsen zusammen, geschützt vor dem kalten Wind.
Buck käpertyi kallion viereen suojaan kylmältä tuulelta.
Der Platz war so warm und sicher, dass Buck es hasste, wegzugehen.
Paikka oli niin lämmin ja turvallinen, että Buck vihasi muuttaa pois.
Aber François hatte den Fisch aufgewärmt und verteilte die Rationen.

Mutta François oli lämmittänyt kalat ja jakoi annoksia.
Buck aß schnell fertig und ging zurück in sein Bett.
Buck söi nopeasti loppuun ja palasi sänkyynsä.
Aber Spitz lag jetzt dort, wo Buck sein Bett gemacht hatte.
Mutta Spitz makasi nyt siinä paikassa, johon Buck oli tehnyt vuoteensa.
Ein leises Knurren warnte Buck, dass Spitz sich weigerte, sich zu bewegen.
Matala murahdus varoitti Buckia, että Spitz kieltäytyi liikkumasta.
Bisher hatte Buck diesen Kampf mit Spitz vermieden.
Tähän asti Buck oli vältellyt tätä taistelua Spitzin kanssa.
Doch tief in Bucks Innerem brach das Biest schließlich aus.
Mutta syvällä Buckin sisällä peto lopulta pääsi valloilleen.
Der Diebstahl seines Schlafplatzes war zu viel für ihn.
Hänen nukkumapaikkansa varastaminen oli liikaa siedettäväksi.
Buck stürzte sich voller Wut und Zorn auf Spitz.
Buck syöksyi Spitziä kohti täynnä vihaa ja raivoa.
Bis jetzt hatte Spitz gedacht, Buck sei bloß ein großer Hund.
Siihen asti Spitz oli pitänyt Buckia vain isona koirana.
Er glaubte nicht, dass Buck durch seinen Geist überlebt hatte.
Hän ei uskonut Buckin selvinneen hengissä.
Er erwartete Angst und Feigheit, nicht Wut und Rache.
Hän odotti pelkoa ja pelkuruutta, ei raivoa ja kostoa.
François starrte die beiden Hunde an, als sie aus dem zerstörten Nest stürmten.
François tuijotti, kun molemmat koirat syöksyivät ulos raunioituneesta pesästä.
Er verstand sofort, was den wilden Kampf ausgelöst hatte.
Hän ymmärsi heti, mikä oli aloittanut villin taistelun.
„Aa-ah!", rief François, um dem braunen Hund zuzujubeln.
"Aa-ah!" François huudahti ruskean koiran tueksi.
„Verprügelt ihn! Bei Gott, bestraft diesen hinterhältigen Dieb!"

"Antakaa hänelle selkäsauna! Jumalan nimeen, rankaiskaa tuota salakavalaa varasta!"

Spitz zeigte gleichermaßen Bereitschaft und wilden Kampfeswillen.

Spitz osoitti yhtäläistä taisteluvalmiutta ja villiä taisteluintoa.

Er schrie wütend auf, während er schnell im Kreis kreiste und nach einer Öffnung suchte.

Hän huusi raivoissaan kiertäen nopeasti ympäri etsien aukkoa.

Buck zeigte den gleichen Kampfeshunger und die gleiche Vorsicht.

Buck osoitti samaa taistelunhalua ja samaa varovaisuutta.

Auch er umkreiste seinen Gegner und versuchte, im Kampf die Oberhand zu gewinnen.

Hän kiersi myös vastustajansa ympäri yrittäen saada yliotteen taistelussa.

Dann geschah etwas Unerwartetes und veränderte alles.

Sitten tapahtui jotain odottamatonta ja muutti kaiken.

Dieser Moment verzögerte den letztendlichen Kampf um die Führung.

Tuo hetki viivästytti lopullista taistelua johtajuudesta.

Bis zum Ende warteten noch viele Meilen voller Mühe und Anstrengung.

Monta kilometriä polkua ja kamppailua odotti vielä ennen loppua.

Perrault stieß einen Fluch aus, als eine Keule auf Knochen schlug.

Perrault kirosi, kun nuija osui luuhun.

Es folgte ein scharfer Schmerzensschrei, dann brach überall Chaos aus.

Seurasi terävä tuskan kiljahdus, minkä jälkeen ympärillä räjähti kaaos.

Dunkle Gestalten bewegten sich im Lager; wilde Huskys, ausgehungert und wild.

Tummia hahmoja liikkui leirissä; villejä huskyjä, nälkäisiä ja raivokkaita.

Vier oder fünf Dutzend Huskys hatten das Lager von weitem erschnüffelt.
Neljä tai viisi tusinaa huskya oli nuuhkinut leirin kaukaa.
Sie hatten sich leise hineingeschlichen, während die beiden Hunde in der Nähe kämpften.
Ne olivat hiipineet sisään hiljaa kahden koiran tapellessa lähistöllä.
François und Perrault griffen an und schwangen Knüppel auf die Eindringlinge.
François ja Perrault hyökkäsivät hyökkääjiä kohti heilutellen nuijia.
Die ausgehungerten Huskies zeigten ihre Zähne und wehrten sich rasend.
Nälkäiset huskyt näyttivät hampaitaan ja taistelivat raivokkaasti takaisin.
Der Geruch von Fleisch und Brot hatte sie alle Angst vertreiben lassen.
Lihan ja leivän tuoksu oli ajanut heidät pois kaikesta pelosta.
Perrault schlug einen Hund, der seinen Kopf in der Fresskiste vergraben hatte.
Perrault hakkasi koiran, joka oli hautannut päänsä eväslaatikkoon.
Der Schlag war hart, die Schachtel kippte um und das Essen quoll heraus.
Isku oli kova, ja laatikko pyörähti ympäri ja ruoka läikkyi ulos.
Innerhalb von Sekunden rissen sich zwanzig wilde Tiere über das Brot und das Fleisch her.
Sekunneissa kymmenkunta villieläintä repi leipää ja lihaa.
Die Keulen der Männer landeten Schlag auf Schlag, doch kein Hund ließ nach.
Miesten mailat laskeutuivat isku iskun perään, mutta yksikään koira ei kääntynyt pois.
Sie schrien vor Schmerz, kämpften aber, bis kein Futter mehr übrig war.
Ne ulvoivat tuskissaan, mutta taistelivat, kunnes ruoka loppui.

Inzwischen waren die Schlittenhunde aus ihren verschneiten Betten gesprungen.
Sillä välin rekikoirat olivat hypänneet lumipeitteisiltä vuoteiltaan.
Sie wurden sofort von den bösartigen, hungrigen Huskys angegriffen.
Ilkeät, nälkäiset huskyt hyökkäsivät heidän kimppuunsa välittömästi.
Buck hatte noch nie zuvor so wilde und ausgehungerte Tiere gesehen.
Buck ei ollut koskaan ennen nähnyt niin villejä ja nälkäisiä olentoja.
Ihre Haut hing lose und verbarg kaum ihr Skelett.
Heidän ihonsa roikkui löysänä, peittäen tuskin heidän luurankojaan.
In ihren Augen brannte ein Feuer aus Hunger und Wahnsinn
Heidän silmissään oli tuli, nälästä ja hulluudesta
Sie waren nicht aufzuhalten, ihrem wilden Ansturm war kein Widerstand zu leisten.
Heitä ei voinut pysäyttää; heidän rajua rynnäkkyttäänsä ei voinut vastustaa.
Die Schlittenhunde wurden zurückgedrängt und gegen die Felswand gedrückt.
Rekikoirat työnnettiin taaksepäin ja painautuivat kallioseinämää vasten.
Drei Huskies griffen Buck gleichzeitig an und rissen ihm das Fleisch auf.
Kolme huskyä hyökkäsi Buckin kimppuun kerralla repimällä hänen lihaansa.
Aus den Schnittwunden an seinem Kopf und seinen Schultern strömte Blut.
Verta valui hänen päästään ja hartioistaan, joihin hän oli haavoittunut.
Der Lärm erfüllte das Lager: Knurren, Jaulen und Schmerzensschreie.
Melu täytti leirin; murinaa, kiljahduksia ja tuskanhuutoja.

Billee weinte wie immer laut, gefangen im Kampf und in der Panik.
Billee itki kovaan ääneen, kuten tavallista, hämmennyksen ja paniikin keskellä.
Dave und Solleks standen Seite an Seite, blutend, aber trotzig.
Dave ja Solleks seisoivat vierekkäin verta vuotaen mutta uhmakkaasti.
Joe kämpfte wie ein Dämon und biss alles, was ihm zu nahe kam.
Joe taisteli kuin demoni ja puri kaikkea lähelle tulevaa.
Mit einem brutalen Schnappen seines Kiefers zerquetschte er das Bein eines Huskys.
Hän murskasi huskyn jalan yhdellä raa'alla leukojen napsautuksella.
Pike sprang auf den verletzten Husky und brach ihm sofort das Genick.
Pike hyppäsi haavoittuneen huskyn selkään ja taitti sen niskansa välittömästi.
Buck packte einen Husky an der Kehle und riss ihm die Ader auf.
Buck otti koiran kurkusta kiinni ja repi sen suonen poikki.
Blut spritzte und der warme Geschmack trieb Buck in Raserei.
Verta suihkusi, ja lämmin maku sai Buckin raivon valtaan.
Ohne zu zögern stürzte er sich auf einen anderen Angreifer.
Hän hyökkäsi epäröimättä toisen hyökkääjän kimppuun.
Im selben Moment gruben sich scharfe Zähne in Bucks Kehle.
Samalla hetkellä terävät hampaat iskeytyivät Buckin omaan kurkkuun.
Spitz hatte von der Seite zugeschlagen und ohne Vorwarnung angegriffen.
Spitz oli iskenyt sivulta hyökännyt varoittamatta.
Perrault und François hatten die Hunde besiegt, die das Futter stahlen.

Perrault ja François olivat kukistaneet ruokaa varastaneet koirat.
Nun eilten sie ihren Hunden zu Hilfe, um die Angreifer abzuwehren.
Nyt he kiiruhtivat auttamaan koiriaan torjumaan hyökkääjät.
Die ausgehungerten Hunde zogen sich zurück, als die Männer ihre Keulen schwangen.
Nälkäiset koirat perääntyivät miesten heiluttaessa nuijiaan.
Buck konnte sich dem Angriff befreien, doch die Flucht war nur von kurzer Dauer.
Buck vapautui hyökkäyksestä, mutta pako oli lyhyt.
Die Männer rannten los, um ihre Hunde zu retten, und die Huskies kamen erneut zum Vorschein.
Miehet juoksivat pelastamaan koiriaan, ja huskyt parveilivat taas.
Billee, der aus Angst Mut fasste, sprang in die Hundemeute.
Pelästyneenä ja rohkeaksi muuttunut Billee hyppäsi koiralaumaan.
Doch dann floh er in blanker Angst und Panik über das Eis.
Mutta sitten hän pakeni jään yli, raa'an kauhun ja paniikin vallassa.
Pike und Dub folgten dicht dahinter und rannten um ihr Leben.
Pike ja Dub seurasivat aivan perässä juosten henkensä edestä.
Der Rest des Teams löste sich auf, zerstreute sich und folgte ihnen.
Loput joukkueesta hajosivat ja seurasivat heitä.
Buck nahm all seine Kräfte zusammen, um loszurennen, doch dann sah er einen Blitz.
Buck keräsi voimansa juostakseen, mutta näki sitten välähdyksen.
Spitz stürzte sich auf Buck und versuchte, ihn zu Boden zu schlagen.
Spitz syöksyi Buckin viereen ja yritti kaataa hänet maahan.
Unter dieser Meute von Huskys hätte Buck nicht entkommen können.
Tuon huskylauman alta Buckilla ei olisi ollut pakomatkaa.

Aber Buck blieb standhaft und wappnete sich für den Schlag von Spitz.
Mutta Buck seisoi lujana ja valmistautui Spitzin iskuun.
Dann drehte er sich um und rannte mit dem fliehenden Team auf das Eis hinaus.
Sitten hän kääntyi ja juoksi jäälle pakenevan joukkueen kanssa.

Später versammelten sich die neun Schlittenhunde im Schutz des Waldes.
Myöhemmin yhdeksän rekikoiraa kokoontui metsän suojaan.
Niemand verfolgte sie mehr, aber sie waren geschlagen und verwundet.
Kukaan ei enää ajanut heitä takaa, mutta he olivat ruhjoutuneita ja haavoittuneita.
Jeder Hund hatte Wunden; vier oder fünf tiefe Schnitte an jedem Körper.
Jokaisella koiralla oli haavoja; neljä tai viisi syvää haavaa jokaisen ruumiissa.
Dub hatte ein verletztes Hinterbein und konnte kaum noch laufen.
Dubilla oli takajalan vamma, ja hän pystyi nyt vaikeasti kävelemään.
Dolly, der neueste Hund aus Dyea, hatte eine aufgeschlitzte Kehle.
Dollylla, Dyean uusimmalla koiralla, oli viilto kurkku auki.
Joe hatte ein Auge verloren und Billees Ohr war in Stücke geschnitten
Joe oli menettänyt silmänsä ja Billeen korva oli palasina
Alle Hunde schrien die ganze Nacht vor Schmerz und Niederlage.
Kaikki koirat itkivät tuskissaan ja tappiostaan läpi yön.
Im Morgengrauen krochen sie wund und gebrochen zurück ins Lager.
Aamun koittaessa he hiipivät takaisin leiriin kipeinä ja rikkinäisinä.

Die Huskies waren verschwunden, aber der Schaden war angerichtet.
Huskyt olivat kadonneet, mutta vahinko oli jo tapahtunut.
Perrault und François standen schlecht gelaunt vor der Ruine.
Perrault ja François seisoivat pahalla tuulella raunioiden äärellä.
Die Hälfte der Lebensmittel war verschwunden und von den hungrigen Dieben geschnappt worden.
Puolet ruoasta oli mennyt, nälkäiset varkaat olivat ryöstäneet sen.
Die Huskies hatten Schlittenbindungen und Planen zerrissen.
Huskyt olivat repineet auki reen siteet ja purjekankaan.
Alles, was nach Essen roch, wurde vollständig verschlungen.
Kaikki, missä oli ruoan tuoksua, oli ahmittu täysin.
Sie aßen ein Paar von Perraults Reisestiefeln aus Elchleder.
He söivät parin Perraultin hirvennahkaiset matkasaappaat.
Sie zerkauten Lederreis und ruinierten Riemen, sodass sie nicht mehr verwendet werden konnten.
He pureskelivat nahkareikkejä ja pilasivat hihnat käyttökelvottomiksi.
François hörte auf, auf die zerrissene Peitsche zu starren, um nach den Hunden zu sehen.
François lakkasi tuijottamasta revittyä raipannarua tarkistaakseen koirat.
„Ah, meine Freunde", sagte er mit leiser, besorgter Stimme.
– Voi, ystäväni, hän sanoi matalalla ja huolestuneella äänellä.
„Vielleicht verwandeln euch all diese Bisse in tollwütige Tiere."
"Ehkä kaikki nämä puremat tekevät teistä hulluja petoja."
„Vielleicht alles tollwütige Hunde, heiliger Scheiß! Was meinst du, Perrault?"
"Ehkä kaikki hullut koirat, pyhä Jumala! Mitä mieltä sinä olet, Perrault?"
Perrault schüttelte den Kopf, seine Augen waren dunkel vor Sorge und Angst.

Perrault pudisti päätään, silmät synkkinä huolesta ja pelosta.
Zwischen ihnen und Dawson lagen noch sechshundertvierzig Kilometer.
Heidän ja Dawsonin välillä oli vielä neljäsataa mailia.
Der Hundewahnsinn könnte nun jede Überlebenschance zerstören.
Koirahulluus voi nyt tuhota kaikki selviytymismahdollisuudet.
Sie verbrachten zwei Stunden damit, zu fluchen und zu versuchen, die Ausrüstung zu reparieren.
He kiroilivat ja yrittivät korjata varusteita kaksi tuntia.
Das verwundete Team verließ schließlich gebrochen und besiegt das Lager.
Haavoittunut joukkue lähti lopulta leiristä murtuneena ja lyötynä.
Dies war der bisher schwierigste Weg und jeder Schritt war schmerzhaft.
Tämä oli tähän mennessä vaikein polku, ja jokainen askel oli tuskallinen.
Der Thirty Mile River war nicht zugefroren und rauschte wild.
Kolmenkymmenen mailin joki ei ollut jäätynyt ja virtasi villisti.
Nur an ruhigen Stellen und in wirbelnden Wirbeln konnte das Eis halten.
Jää pysyi pystyssä vain tyynissä paikoissa ja pyörteissä.
Sechs Tage harter Arbeit vergingen, bis die dreißig Meilen geschafft waren.
Kuusi päivää kovaa työtä kului, kunnes kolmekymmentä mailia oli ajettu.
Jeder Kilometer des Weges barg Gefahren und Todesgefahr.
Jokainen kilometri polulla toi mukanaan vaaran ja kuoleman uhan.
Die Männer und Hunde riskierten mit jedem schmerzhaften Schritt ihr Leben.
Miehet ja koirat vaaransivat henkensä jokaisella tuskallisella askeleella.

Perrault durchbrach ein Dutzend Mal dünne Eisbrücken.
Perrault murtautui ohuiden jääsiltojen läpi kymmenkunta eri kertaa.
Er trug eine Stange und ließ sie über das Loch fallen, das sein Körper hinterlassen hatte.
Hän kantoi seipäätä ja pudotti sen ruumiinsa tekemän reiän yli.
Mehr als einmal rettete diese Stange Perrault vor dem Ertrinken.
Useammin kuin kerran tuo seiväs pelasti Perraultin hukkumiselta.
Die Kältewelle hielt an, die Lufttemperatur lag bei minus fünfzig Grad.
Kylmä jakso pysyi voimissaan, ilma oli viisikymmentä astetta pakkasta.
Jedes Mal, wenn er hineinfiel, musste Perrault ein Feuer anzünden, um zu überleben.
Joka kerta kun Perrault putosi veteen, hänen täytyi sytyttää tuli selviytyäkseen.
Nasse Kleidung gefror schnell, also trocknete er sie in der Nähe der sengenden Hitze.
Märät vaatteet jäätyivät nopeasti, joten hän kuivasi ne paahtavan kuumassa paikassa.
Perrault hatte nie Angst und das machte ihn zu einem Kurier.
Pelko ei koskaan koskettanut Perraultia, ja se teki hänestä lähetin.
Er wurde für die Gefahr auserwählt und begegnete ihr mit stiller Entschlossenheit.
Hänet valittiin vaaraan, ja hän kohtasi sen hiljaisella päättäväisyydellä.
Er drängte sich gegen den Wind vorwärts, sein runzliges Gesicht war erfroren.
Hän painautui eteenpäin tuuleen, hänen kurttuiset kasvonsa paleltuneita.
Von der Morgendämmerung bis zum Einbruch der Nacht führte Perrault sie weiter.

Heikkosta aamunkoitosta iltaan Perrault johdatti heitä eteenpäin.

Er ging auf einer schmalen Eiskante, die bei jedem Schritt knackte.

Hän käveli kapealla jäänreunalla, joka halkeili joka askeleella.

Sie wagten nicht, anzuhalten – jede Pause hätte das Risiko eines tödlichen Zusammenbruchs bedeutet.

He eivät uskaltaneet pysähtyä – jokainen tauko uhkasi kuolettavaa romahdusta.

Einmal brach der Schlitten durch und zog Dave und Buck hinein.

Kerran reki murtui läpi ja veti Daven ja Buckin sisään.

Als sie freigezogen wurden, waren beide fast erfroren.

Siihen mennessä, kun heidät saatiin irti, molemmat olivat lähes jäässä.

Die Männer machten schnell ein Feuer, um Buck und Dave am Leben zu halten.

Miehet tekivät nopeasti tulen pitääkseen Buckin ja Daven hengissä.

Die Hunde waren von der Nase bis zum Schwanz mit Eis bedeckt und steif wie geschnitztes Holz.

Koirat olivat kuonosta hännänpäähän jään peitossa, jäykkinä kuin veistetty puu.

Die Männer ließen sie in der Nähe des Feuers im Kreis laufen, um ihre Körper aufzutauen.

Miehet pyörittivät niitä ympyrää tulen lähellä sulattaakseen niiden ruumiit.

Sie kamen den Flammen so nahe, dass ihr Fell versengt wurde.

Ne tulivat niin lähelle liekkejä, että niiden turkki kärventyi.

Als nächster durchbrach Spitz das Eis und zog das Team hinter sich her.

Seuraavaksi Spitz murtautui jään läpi vetäen joukkueen perässään.

Der Bruch reichte bis zu der Stelle, an der Buck zog.

Tauko ulottui aina siihen kohtaan, missä Buck veti.

Buck lehnte sich weit zurück, seine Pfoten rutschten und zitterten auf der Kante.
Buck nojasi lujaa taaksepäin, tassut lipsuivat ja tärisivät reunalla.
Dave streckte sich ebenfalls nach hinten, direkt hinter Buck auf der Leine.
Dave ponnisteli myös taaksepäin, aivan Buckin taakse linjalla.
François zog den Schlitten, seine Muskeln knackten vor Anstrengung.
François veti rekeä perässään, hänen lihaksensa naksuivat ponnisteluista.
Ein anderes Mal brach das Randeis vor und hinter dem Schlitten.
Toisella kerralla reunajää halkeili kelkan edessä ja takana.
Sie hatten keinen anderen Ausweg, als eine gefrorene Felswand zu erklimmen.
Heillä ei ollut muuta pakotietä kuin kiivetä jäätynyttä kallioseinämää pitkin.
Perrault schaffte es irgendwie, die Mauer zu erklimmen; wie durch ein Wunder blieb er am Leben.
Perrault jotenkin kiipesi muurin yli; ihme piti hänet hengissä.
François blieb unten und betete um dasselbe Glück.
François pysyi alhaalla ja rukoili samanlaista onnea.
Sie banden jeden Riemen, jede Zurrschnur und jede Leine zu einem langen Seil zusammen.
He sitoivat jokaisen hihnan, kiinnityslenkin ja narun yhdeksi pitkäksi köydeksi.
Die Männer zogen jeden Hund einzeln nach oben.
Miehet raahasivat koirat yksi kerrallaan ylös.
François kletterte als Letzter, nach dem Schlitten und der gesamten Ladung.
François kiipesi viimeisenä, reen ja koko kuorman jälkeen.
Dann begann eine lange Suche nach einem Weg von den Klippen hinunter.
Sitten alkoi pitkä etsintä polulle alas kallioilta.
Schließlich stiegen sie mit demselben Seil ab, das sie selbst hergestellt hatten.

Lopulta he laskeutuivat käyttäen samaa köyttä, jonka olivat tehneet.

Es wurde Nacht, als sie erschöpft und wund zum Flussbett zurückkehrten.

Yön laskeutuessa he palasivat joenuomaan uupuneina ja kipeinä.

Der ganze Tag hatte ihnen nur eine Viertelmeile Gewinn eingebracht.

He olivat käyttäneet kokonaisen päivän vain neljännesmailin taittamiseen.

Als sie das Hootalinqua erreichten, war Buck erschöpft.

Siihen mennessä kun he saapuivat Hootalinquaan, Buck oli uupunut.

Die anderen Hunde litten ebenso sehr unter den Bedingungen auf dem Trail.

Muut koirat kärsivät aivan yhtä pahasti polun olosuhteista.

Aber Perrault musste Zeit gutmachen und trieb sie jeden Tag weiter an.

Mutta Perraultin piti saada lisää aikaa, ja hän painosti heitä eteenpäin joka päivä.

Am ersten Tag reisten sie dreißig Meilen nach Big Salmon.

Ensimmäisenä päivänä he matkustivat viisikymmentä mailia Big Salmoniin.

Am nächsten Tag reisten sie fünfunddreißig Meilen nach Little Salmon.

Seuraavana päivänä he matkustivat viisikymmentäviisi mailia Little Salmoniin.

Am dritten Tag kämpften sie sich durch sechzig Kilometer lange, eisige Strecken.

Kolmantena päivänä he puskivat läpi neljäkymmentä pitkää, jäistä mailia.

Zu diesem Zeitpunkt näherten sie sich der Siedlung Five Fingers.

Siihen mennessä he olivat lähestymässä Viiden Sormen asutusta.

Bucks Füße waren weicher als die harten Füße der einheimischen Huskys.
Buckin jalat olivat pehmeämmät kuin paikallisten huskyjen kovat jalat.
Seine Pfoten waren im Laufe vieler zivilisierter Generationen zart geworden.
Hänen käpälänsä olivat käyneet herkiksi monien sivistyneiden sukupolvien aikana.
Vor langer Zeit wurden seine Vorfahren von Flussmännern oder Jägern gezähmt.
Kauan sitten jokimiehet tai metsästäjät olivat kesyttäneet hänen esi-isänsä.
Jeden Tag humpelte Buck unter Schmerzen und ging auf wunden, schmerzenden Pfoten.
Joka päivä Buck ontui tuskissa kävellen raaoilla, kipeillä tassuilla.
Im Lager fiel Buck wie eine leblose Gestalt in den Schnee.
Leiripaikalla Buck kaatui kuin eloton hahmo lumeen.
Obwohl Buck am Verhungern war, stand er nicht auf, um sein Abendessen einzunehmen.
Vaikka Buck oli nälkäinen, hän ei noussut syömään iltapalaansa.
François brachte Buck seine Ration und legte ihm Fisch neben die Schnauze.
François toi Buckille annoksensa ja asetti kaloja tämän kuonon kohdalta.
Jeden Abend massierte der Fahrer Bucks Füße eine halbe Stunde lang.
Joka ilta kuljettaja hieroi Buckin jalkoja puoli tuntia.
François hat sogar seine eigenen Mokassins zerschnitten, um daraus Hundeschuhe zu machen.
François jopa leikkasi omat mokkasiininsa koiran kenkien valmistamiseksi.
Vier warme Schuhe waren für Buck eine große und willkommene Erleichterung.
Neljä lämmintä kenkää toivat Buckille suuren ja tervetulleen helpotuksen.

Eines Morgens vergaß François die Schuhe und Buck weigerte sich aufzustehen.
Eräänä aamuna François unohti kengät, eikä Buck suostunut nousemaan.
Buck lag auf dem Rücken, die Füße in der Luft, und wedelte mitleiderregend damit herum.
Buck makasi selällään, jalat ilmassa, ja heilutti niitä säälittävästi.
Sogar Perrault grinste beim Anblick von Bucks dramatischer Bitte.
Perraultkin virnisti nähdessään Buckin dramaattisen pyynnön.
Bald wurden Bucks Füße hart und die Schuhe konnten weggeworfen werden.
Pian Buckin jalat kovettuivat, ja kengät voitiin heittää pois.
In Pelly stieß Dolly beim Angeschirrtwerden ein schreckliches Heulen aus.
Pellyn luona, valjaiden käyttöaikana, Dolly päästi hirvittävän ulvonnan.
Der Schrei war lang und voller Wahnsinn und erschütterte jeden Hund.
Huuto oli pitkä ja täynnä hulluutta, vapisten jokaista koiraa.
Jeder Hund zuckte vor Angst zusammen, ohne den Grund zu kennen.
Jokainen koira irvisti pelosta tietämättä syytä.
Dolly war verrückt geworden und stürzte sich direkt auf Buck.
Dolly oli tullut hulluksi ja heittäytynyt suoraan Buckin kimppuun.
Buck hatte noch nie Wahnsinn gesehen, aber sein Herz war von Entsetzen erfüllt.
Buck ei ollut koskaan nähnyt hulluutta, mutta kauhu täytti hänen sydämensä.
Ohne nachzudenken, drehte er sich um und floh in absoluter Panik.
Ajattelematta mitään hän kääntyi ja pakeni täydellisessä paniikissa.

Dolly jagte ihm hinterher, ihre Augen waren wild, Speichel spritzte aus ihrem Maul.
Dolly ajoi häntä takaa villit silmät, sylki valuen leuoista.
Sie blieb direkt hinter Buck, holte nie auf und fiel nie zurück.
Hän pysytteli aivan Buckin takana, ei koskaan saavuttanut eikä perääntynyt.
Buck rannte durch den Wald, die Insel hinunter und über zerklüftetes Eis.
Buck juoksi metsien läpi, alas saarta, yli rosoisen jään.
Er überquerte die Insel und erreichte eine weitere, bevor er im Kreis zurück zum Fluss ging.
Hän ylitti joen ensin saarelle, sitten toiselle ja kiersi takaisin joelle.
Dolly jagte ihn immer noch und knurrte ihn bei jedem Schritt an.
Dolly ajoi häntä yhä takaa, murina tiukasti kannoilla joka askeleella.
Buck konnte ihren Atem und ihre Wut hören, obwohl er es nicht wagte, zurückzublicken.
Buck kuuli hänen hengityksensä ja raivonsa, vaikka hän ei uskaltanut katsoa taakseen.
François rief aus der Ferne und Buck drehte sich in die Richtung der Stimme um.
François huusi kaukaa, ja Buck kääntyi ääntä kohti.
Immer noch nach Luft schnappend rannte Buck vorbei und setzte seine ganze Hoffnung auf François.
Yhä henkeä haukkoen Buck juoksi ohi pannen kaiken toivonsa Françoisiin.
Der Hundeführer hob eine Axt und wartete, während Buck vorbeiflog.
Koira-ajaja nosti kirveen ja odotti Buckin lentävän ohi.
Die Axt kam schnell herunter und traf Dollys Kopf mit tödlicher Wucht.
Kirves iski nopeasti ja osui Dollyn päähän tappavalla voimalla.

Buck brach neben dem Schlitten zusammen, keuchte und konnte sich nicht bewegen.
Buck lyyhistyi reen lähelle, hengitti hengästyneenä ja kykenemättömänä liikkumaan.
In diesem Moment hatte Spitz die Chance, einen erschöpften Gegner zu schlagen.
Tuo hetki antoi Spitzille tilaisuuden iskeä uupuneeseen viholliseen.
Zweimal biss er Buck und riss das Fleisch bis auf den weißen Knochen auf.
Hän puri Buckia kahdesti repien lihaa valkoista luuta myöten.
François' Peitsche knallte und traf Spitz mit voller, wütender Wucht.
François'n ruoska paukahti ja iski Spitziä täydellä, raivokkaalla voimalla.
Buck sah mit Freude zu, wie Spitz seine bisher härteste Tracht Prügel bekam.
Buck katseli ilolla, kun Spitz sai ankarimman selkäsaunan tähän mennessä.
„Er ist ein Teufel, dieser Spitz", murmelte Perrault düster vor sich hin.
"Hän on pirulainen tuo Spitz", mutisi Perrault synkästi itsekseen.
„Eines Tages wird dieser verfluchte Hund Buck töten – das schwöre ich."
"Jonain päivänä pian tuo kirottu koira tappaa Buckin – vannon sen."
„Dieser Buck hat zwei Teufel in sich", antwortete François mit einem Nicken.
– Tuossa Buckissa on kaksi paholaista, François vastasi nyökäten.
„Wenn ich Buck beobachte, weiß ich, dass etwas Wildes in ihm lauert."
"Kun katson Buckia, tiedän, että hänessä odottaa jotain hurjaa."
„Eines Tages wird er rasend vor Wut werden und Spitz in Stücke reißen."

"Jonain päivänä hän suuttuu kuin tuli ja repii Spitzin kappaleiksi."

„Er wird den Hund zerkauen und ihn auf den gefrorenen Schnee spucken."

"Hän pureskelee koiran ja sylkee sen jäätyneelle lumelle."

„Das weiß ich ganz sicher tief in meinem Innern."

"Tiedän tämän kyllä syvällä sisimmässäni, aivan varmasti."

Von diesem Moment an befanden sich die beiden Hunde im Krieg.

Siitä hetkestä lähtien koirat olivat sodassa keskenään.

Spitz führte das Team an und hatte die Macht, aber Buck stellte das in Frage.

Spitz johti joukkuetta ja piti valtaa hallussaan, mutta Buck haastoi sen.

Spitz sah seinen Rang durch diesen seltsamen Fremden aus dem Süden bedroht.

Spitz näki arvovaltansa uhattuna tämän oudon etelämaalaisen muukalaisen vuoksi.

Buck war anders als alle Südstaatenhunde, die Spitz zuvor gekannt hatte.

Buck oli erilainen kuin mikään etelän koira, jonka Spitz oli aiemmin tuntenut.

Die meisten von ihnen scheiterten – sie waren zu schwach, um Kälte und Hunger zu überleben.

Useimmat heistä epäonnistuivat – liian heikkoja selviytyäkseen kylmästä ja nälästä.

Sie starben schnell unter der harten Arbeit, dem Frost und der langsamen Hungersnot.

He kuolivat nopeasti työn, pakkasen ja nälänhädän hitaan polttamisen alle.

Buck stand abseits – mit jedem Tag stärker, klüger und wilder.

Buck erottui muista – päivä päivältä vahvempana, älykkäämpänä ja villimpänä.

Er gedieh trotz aller Härte und wuchs heran, bis er den nördlichen Huskies ebenbürtig war.

Hän viihtyi vaikeuksissa ja kasvoi pohjoisen huskyjen tasolle.

Buck hatte Kraft, wilde Geschicklichkeit und einen geduldigen, tödlichen Instinkt.
Buckilla oli voimaa, hurjaa taitoa ja kärsivällinen, tappava vaisto.
Der Mann mit der Keule hatte Buck die Unbesonnenheit ausgetrieben.
Mies pamppu kädessään oli lyönyt Buckin ulos harkitsemattomuudellaan.
Die blinde Wut war verschwunden und durch stille Gerissenheit und Kontrolle ersetzt worden.
Sokea raivo oli poissa, tilalle tuli hiljainen oveluus ja itsehillintä.
Er wartete ruhig und ursprünglich und wartete auf den richtigen Moment.
Hän odotti, tyynenä ja alkukantaisena, tähyillen oikeaa hetkeä.
Ihr Kampf um die Vorherrschaft wurde unvermeidlich und deutlich.
Heidän taistelunsa komennosta kävi väistämättömäksi ja selväksi.
Buck strebte nach einer Führungsposition, weil sein Geist es verlangte.
Buck halusi johtajuutta, koska hänen henkensä sitä vaati.
Er wurde von dem seltsamen Stolz getrieben, der aus der Jagd und dem Geschirr entstand.
Häntä ajoi eteenpäin omituinen ylpeys, joka syntyi polun ja valjaiden synnyttämästä vaelluksesta.
Dieser Stolz ließ die Hunde ziehen, bis sie im Schnee zusammenbrachen.
Tuo ylpeys sai koirat vetämään, kunnes ne lysähtivät lumeen.
Der Stolz verleitete sie dazu, all ihre Kraft einzusetzen.
Ylpeys houkutteli heidät antamaan kaiken voimansa.
Stolz kann einen Schlittenhund sogar in den Tod treiben.
Ylpeys voi houkutella rekikoiran jopa kuolemaan päin.
Der Verlust des Geschirrs ließ die Hunde gebrochen und ziellos zurück.
Valjaiden menettäminen jätti koirat rikkinäisiksi ja tarkoituksettomiksi.

Das Herz eines Schlittenhundes kann vor Scham brechen, wenn er in den Ruhestand geht.
Rekikoiran sydän voi murskata häpeästä, kun se jää eläkkeelle.
Dave lebte von diesem Stolz, während er den Schlitten hinter sich herzog.
Dave eli tuon ylpeyden vallassa vetäessään rekeä perässä.
Auch Solleks gab mit grimmiger Stärke und Loyalität alles.
Myös Solleks antoi kaikkensa synkän voimalla ja uskollisuudella.
Jeden Morgen verwandelte der Stolz ihre Verbitterung in Entschlossenheit.
Joka aamu ylpeys muutti heidät katkeruudesta päättäväisiksi.
Sie drängten den ganzen Tag und verstummten dann am Ende des Lagers.
He ponnistavat koko päivän ja hiljenivät sitten leirin päässä.
Dieser Stolz gab Spitz die Kraft, Drückeberger zur Räson zu bringen.
Tuo ylpeys antoi Spitzille voimaa pakottaa laiskottelijat ehtimään riviin.
Spitz fürchtete Buck, weil Buck denselben tiefen Stolz in sich trug.
Spitz pelkäsi Buckia, koska Buckilla oli sama syvä ylpeys.
Bucks Stolz wandte sich nun gegen Spitz, und er ließ nicht locker.
Buckin ylpeys nousi nyt Spitziä vastaan, eikä hän pysähtynyt.
Buck widersetzte sich Spitz' Macht und hinderte ihn daran, Hunde zu bestrafen.
Buck uhmasi Spitzin valtaa ja esti häntä rankaisemasta koiria.
Als andere versagten, stellte sich Buck zwischen sie und ihren Anführer.
Kun toiset epäonnistuivat, Buck astui heidän ja heidän johtajansa väliin.
Er tat dies mit Absicht und brachte seine Herausforderung offen und deutlich zum Ausdruck.
Hän teki tämän harkitusti, tehden haasteestaan avoimen ja selkeän.

In einer Nacht hüllte schwerer Schnee die Welt in tiefe Stille.
Yhtenä yönä rankka lumi peitti maailman syvään hiljaisuuteen.
Am nächsten Morgen stand Pike, faul wie immer, nicht zur Arbeit auf.
Seuraavana aamuna Pike, laiska kuten aina, ei noussut töihin.
Er blieb in seinem Nest unter einer dicken Schneeschicht verborgen.
Hän pysytteli piilossa pesässään paksun lumikerroksen alla.
François rief und suchte, konnte den Hund jedoch nicht finden.
François huusi ja etsi, mutta ei löytänyt koiraa.
Spitz wurde wütend und stürmte durch das schneebedeckte Lager.
Spitz raivostui ja ryntäsi läpi lumipeitteisen leirin.
Er knurrte und schnüffelte und grub wie verrückt mit flammenden Augen.
Hän murahti ja nuuhki, kaivaen raivokkaasti liekehtivin silmin.
Seine Wut war so heftig, dass Pike vor Angst unter dem Schnee zitterte.
Hänen raivonsa oli niin ankara, että Pike vapisi lumen alla pelosta.
Als Pike schließlich gefunden wurde, stürzte sich Spitz auf den versteckten Hund, um ihn zu bestrafen.
Kun Pike viimein löydettiin, Spitz hyökkäsi rankaisemaan piileskelevää koiraa.
Doch Buck sprang mit einer Wut zwischen sie, die Spitz' eigener ebenbürtig war.
Mutta Buck hyökkäsi heidän väliinsä yhtä raivokkaasti kuin Spitz.
Der Angriff erfolgte so plötzlich und geschickt, dass Spitz umfiel.
Hyökkäys oli niin äkillinen ja ovela, että Spitz putosi jaloiltaan.

Pike, der gezittert hatte, schöpfte aus diesem Trotz neuen Mut.
Pike, joka oli vapissut, sai rohkeutta tästä uhmakkuudesta.
Er sprang auf den gefallenen Spitz und folgte Bucks mutigem Beispiel.
Hän hyppäsi kaatuneen Spitzin selkään seuraten Buckin rohkeaa esimerkkiä.
Buck, der nicht länger an Fairness gebunden war, beteiligte sich am Angriff auf Spitz.
Buck, jota oikeudenmukaisuus ei enää sido, liittyi lakkoon Spitziä vastaan.
François, amüsiert, aber dennoch diszipliniert, schwang seine schwere Peitsche.
François, huvittuneena mutta kurinalaisesti lujana, heilautti raskasta ruoskaansa.
Er schlug Buck mit aller Kraft, um den Kampf zu beenden.
Hän löi Buckia kaikella voimallaan keskeyttääkseen taistelun.
Buck weigerte sich, sich zu bewegen und blieb auf dem gefallenen Anführer sitzen.
Buck kieltäytyi liikkumasta ja pysyi kaatuneen johtajan päällä.
Dann benutzte François den Griff der Peitsche und schlug Buck damit heftig.
Sitten François käytti ruoskan kahvaa ja löi Buckia lujaa.
Buck taumelte unter dem Schlag und fiel zurück.
Horjahtaen iskusta Buck kaatui takaisin hyökkäyksen alle.
François schlug immer wieder zu, während Spitz Pike bestrafte.
François iski yhä uudelleen, kun taas Spitz rankaisi Pikea.

Die Tage vergingen und Dawson City kam immer näher.
Päivät kuluivat, ja Dawson City lähestyi yhä lähemmäksi.
Buck mischte sich immer wieder ein und schlüpfte zwischen Spitz und andere Hunde.
Buck puuttui jatkuvasti asiaan ja livahti Spitzin ja muiden koirien väliin.
Er wählte seine Momente gut und wartete immer darauf, dass François ging.

Hän valitsi hetkensä hyvin ja odotti aina François'n lähtöä.
Bucks stille Rebellion breitete sich aus und im Team breitete sich Unordnung aus.
Buckin hiljainen kapina levisi, ja epäjärjestys juurtui joukkueeseen.
Dave und Solleks blieben loyal, andere jedoch wurden widerspenstig.
Dave ja Solleks pysyivät uskollisina, mutta toiset kävivät kurittomiksi.
Die Situation im Team wurde immer schlimmer – es wurde unruhig, streitsüchtig und geriet aus der Reihe.
Joukkue paheni – levoton, riitaisa ja riveistään poikkeava.
Nichts lief mehr reibungslos und es kam immer wieder zu Streit.
Mikään ei enää toiminut ongelmitta, ja tappeluista tuli yleisiä.
Buck blieb im Zentrum des Chaos und provozierte ständig Unruhe.
Buck pysyi levottomuuksien keskipisteenä ja lietsoi aina levottomuuksia.
François blieb wachsam, aus Angst vor dem Kampf zwischen Buck und Spitz.
François pysyi valppaana peläten Buckin ja Spitzin välistä tappelua.
Jede Nacht wurde er durch Rangeleien geweckt, aus Angst, dass es endlich losgehen würde.
Joka yö kahakat herättivät hänet pelätessään alun koittavan.
Er sprang aus seiner Robe, bereit, den Kampf zu beenden.
Hän hyppäsi viitastaan valmiina lopettamaan taistelun.
Aber der Moment kam nie und sie erreichten schließlich Dawson.
Mutta hetki ei koskaan koittanut, ja he saapuivat viimein Dawsoniin.
Das Team betrat die Stadt an einem trüben Nachmittag, angespannt und still.
Joukkue saapui kaupunkiin eräänä synkkänä iltapäivänä, jännittyneenä ja hiljaisena.

Der große Kampf um die Führung hing noch immer in der eisigen Luft.
Suuri taistelu johtajuudesta leijui yhä jäätyneessä ilmassa.
Dawson war voller Männer und Schlittenhunde, die alle mit der Arbeit beschäftigt waren.
Dawson oli täynnä miehiä ja rekikoiria, kaikki kiireisiä työssään.
Buck beobachtete die Hunde von morgens bis abends beim Lastenziehen.
Buck katseli koirien vetävän kuormia aamusta iltaan.
Sie transportierten Baumstämme und Brennholz und lieferten Vorräte an die Minen.
He kuljettivat tukkeja ja polttopuita, rahtasivat tarvikkeita kaivoksiin.
Wo früher im Süden Pferde arbeiteten, schufteten heute Hunde.
Siellä, missä hevoset ennen työskentelivät Etelämaassa, koirat tekivät nyt töitä.
Buck sah einige Hunde aus dem Süden, aber die meisten waren wolfsähnliche Huskys.
Buck näki joitakin etelän koiria, mutta useimmat olivat suden kaltaisia huskyjä.
Nachts erhoben die Hunde pünktlich zum ersten Mal ihre Stimmen zum Singen.
Yöllä, kuin kellontarkasti, koirat korottivat äänensä lauluun.
Um neun, um Mitternacht und erneut um drei begann der Gesang.
Yhdeksältä, keskiyöllä ja uudelleen kolmelta alkoi laulu.
Buck liebte es, in ihren unheimlichen Gesang einzustimmen, der wild und uralt klang.
Buck rakasti liittyä heidän aavemaiseen, villiin ja ikivanhaan ääneensä.
Das Polarlicht flammte, die Sterne tanzten und das Land war mit Schnee bedeckt.
Revontulet leimahtivat, tähdet tanssivat ja lumi peitti maan.
Der Gesang der Hunde erhob sich als Aufschrei gegen die Stille und die bittere Kälte.

Koirien laulu kohosi kuin huuto hiljaisuutta ja purevaa kylmyyttä vastaan.
Doch in jedem langen Ton ihres Heulens war Trauer und nicht Trotz zu hören.
Mutta heidän ulvontansa jokaisessa pitkässä sävelessä oli surua, ei uhmaa.
Jeder Klageschrei war voller Flehen; die Last des Lebens selbst.
Jokainen valitushuuto oli täynnä anelemista; itse elämän taakkaa.
Dieses Lied war alt – älter als Städte und älter als Feuer
Tuo laulu oli vanha – vanhempi kuin kaupungit ja vanhempi kuin tulipalot
Dieses Lied war sogar älter als die Stimmen der Menschen.
Tuo laulu oli jopa vanhempi kuin ihmisten äänet.
Es war ein Lied aus der jungen Welt, als alle Lieder traurig waren.
Se oli laulu nuoresta maailmasta, ajasta jolloin kaikki laulut olivat surullisia.
Das Lied trug den Kummer unzähliger Hundegenerationen in sich.
Laulu kantoi mukanaan lukemattomien koirasukupolvien surua.
Buck spürte die Melodie tief und stöhnte vor jahrhundertealtem Schmerz.
Buck tunsi melodian syvästi, voihkien ikiajoista tuskasta.
Er schluchzte aus einem Kummer, der so alt war wie das wilde Blut in seinen Adern.
Hän nyyhkytti surusta, joka oli yhtä vanha kuin hänen suonissaan virtaava villi veri.
Die Kälte, die Dunkelheit und das Geheimnisvolle berührten Bucks Seele.
Kylmyys, pimeys ja mysteeri koskettivat Buckin sielua.
Dieses Lied bewies, wie weit Buck zu seinen Ursprüngen zurückgekehrt war.
Tuo laulu todisti, kuinka pitkälle Buck oli palannut juurilleen.

Durch Schnee und Heulen hatte er den Anfang seines eigenen Lebens gefunden.
Lumen ja ulvonnan läpi hän oli löytänyt oman elämänsä alun.

Sieben Tage nach ihrer Ankunft in Dawson brachen sie erneut auf.
Seitsemän päivää Dawsoniin saapumisensa jälkeen he lähtivät jälleen matkaan.

Das Team verließ die Kaserne und fuhr hinunter zum Yukon Trail.
Joukkue laskeutui kasarmeilta Yukonin reitille.

Sie begannen die Rückreise nach Dyea und Salt Water.
He aloittivat matkan takaisin kohti Dyeaa ja Suolavettä.

Perrault überbrachte noch dringlichere Depeschen als zuvor.
Perrault kuljetti lähetyksiä entistä kiireellisempiä.

Auch ihn packte der Trail-Stolz, und er wollte einen Rekord aufstellen.
Hänet valtasi myös polkuylpeys ja hän pyrki tekemään ennätyksen.

Diesmal hatte Perrault mehrere Vorteile.
Tällä kertaa useita etuja oli Perraultin puolella.

Die Hunde hatten eine ganze Woche lang geruht und ihre Kräfte wiedererlangt.
Koirat olivat levänneet kokonaisen viikon ja keränneet voimansa takaisin.

Die Spur, die sie gebahnt hatten, wurde nun von anderen festgestampft.
Heidän raivaamansa polun olivat nyt muut tallanneet kovaksi.

An manchen Stellen hatte die Polizei Futter für Hunde und Menschen gelagert.
Poliisi oli paikoin varastoinut ruokaa sekä koirille että miehille.

Perrault reiste mit leichtem Gepäck und bewegte sich schnell, ohne dass ihn etwas belastete.
Perrault matkusti kevyesti ja nopeasti, eikä hänellä ollut juurikaan painoa mukanaan.

Sie erreichten Sixty-Mile, eine Strecke von achtzig Kilometern, noch in der ersten Nacht.
He saapuivat Sixty-Mileen, viidenkymmenen mailin juoksumatkan, ensimmäisenä yönä.

Am zweiten Tag eilten sie den Yukon hinauf nach Pelly.
Toisena päivänä he kiiruhtivat Yukonia pitkin kohti Pellyä.

Doch dieser tolle Fortschritt war für François mit vielen Strapazen verbunden.
Mutta tällainen hieno edistyminen toi mukanaan paljon rasitusta Françoisille.

Bucks stille Rebellion hatte die Disziplin des Teams zerstört.
Buckin hiljainen kapinointi oli murskannut joukkueen kurin.

Sie zogen nicht mehr wie ein Tier an den Zügeln.
Ne eivät enää vetäytyneet yhteen kuin yksi peto ohjaksissa.

Buck hatte durch sein mutiges Beispiel andere zum Trotz verleitet.
Buck oli rohkealla esimerkillään johtanut muita uhmaamaan.

Spitz' Befehl stieß weder auf Furcht noch auf Respekt.
Spitzin käskyyn ei enää suhtauduttu pelolla tai kunnioituksella.

Die anderen verloren ihre Ehrfurcht vor ihm und wagten es, sich seiner Herrschaft zu widersetzen.
Muut menettivät kunnioituksensa häntä kohtaan ja uskalsivat vastustaa hänen hallintoaan.

Eines Nachts stahl Pike einen halben Fisch und aß ihn vor Bucks Augen.
Eräänä yönä Pike varasti puoli kalaa ja söi sen Buckin silmän alla.

In einer anderen Nacht kämpften Dub und Joe gegen Spitz und blieben ungestraft.
Eräänä yönä Dub ja Joe taistelivat Spitzin kanssa rankaisematta.

Sogar Billee jammerte weniger süß und zeigte eine neue Schärfe.
Billeekin valitti vähemmän suloisesti ja osoitti uutta terävyyttä.

Buck knurrte Spitz jedes Mal an, wenn sich ihre Wege kreuzten.
Buck murahti Spitzille joka kerta, kun heidän tiensä kohtasivat.
Bucks Haltung wurde dreist und bedrohlich, fast wie die eines Tyrannen.
Buckin asenne muuttui rohkeaksi ja uhkaavaksi, melkein kuin kiusaajalla.
Mit stolzgeschwellter Brust und voller spöttischer Bedrohung schritt er vor Spitz auf und ab.
Hän käveli Spitzin edellä rehellisesti ja uhkaavasti.
Dieser Zusammenbruch der Ordnung breitete sich auch unter den Schlittenhunden aus.
Tuo järjestyksen romahdus levisi myös rekikoirien keskuuteen.
Sie stritten und stritten mehr denn je und erfüllten das Lager mit Lärm.
He tappelivat ja väittelivät enemmän kuin koskaan, täyttäen leirin melulla.
Das Lagerleben verwandelte sich jede Nacht in ein wildes, heulendes Chaos.
Leirielämä muuttui villiksi, ulvovaksi kaaokseksi joka yö.
Nur Dave und Solleks blieben ruhig und konzentriert.
Vain Dave ja Solleks pysyivät vakaina ja keskittyneinä.
Doch selbst sie wurden durch die ständigen Schlägereien ungehalten.
Mutta jopa heistä tuli äkkipikaisia jatkuvien tappeluiden vuoksi.
François fluchte in fremden Sprachen und stampfte frustriert auf.
François kirosi oudoilla kielillä ja tömisteli turhautuneena.
Er riss sich die Haare aus und schrie, während der Schnee unter seinen Füßen wirbelte.
Hän repi hiuksiaan ja huusi lumen lentäessä jalkojensa alla.
Seine Peitsche knallte über das Rudel, konnte es aber kaum in Schach halten.

Hänen ruoskansa lensi lauman yli, mutta piti heidät tuskin linjassa.
Immer wenn er sich umdrehte, brachen die Kämpfe erneut aus.
Aina kun hän käänsi selkänsä, taistelu puhkesi uudelleen.
François setzte die Peitsche für Spitz ein, während Buck die Rebellen anführte.
François käytti ruoskaa Spitziä vastaan, kun Buck johti kapinallisia.
Jeder kannte die Rolle des anderen, aber Buck vermied jegliche Schuldzuweisungen.
Kumpikin tiesi toisen roolin, mutta Buck vältti syyllistämistä.
François hat Buck nie dabei erwischt, wie er eine Schlägerei anfing oder sich vor seiner Arbeit drückte.
François ei koskaan nähnyt Buckin aloittavan tappelua tai laiminlyövän työtään.
Buck arbeitete hart im Geschirr – die Mühe erfüllte ihn jetzt mit Begeisterung.
Buck työskenteli ahkerasti valjaissa – uurastus hurmasi nyt hänen sieluaan.
Doch noch mehr Freude bereitete ihm das Anzetteln von Kämpfen und Chaos im Lager.
Mutta vielä enemmän iloa hän löysi leirissä lietsotuista tappeluista ja kaaoksesta.

Eines Abends schreckte Dub an der Mündung des Tahkeena ein Kaninchen auf.
Eräänä iltana Dub säikäytti jäniksen Tahkeenan suulla.
Er verpasste den Fang und das Schneeschuhkaninchen sprang davon.
Hän epäonnistui, ja lumikenkäjänis syöksyi karkuun.
Innerhalb von Sekunden nahm das gesamte Schlittenteam unter wildem Geschrei die Verfolgung auf.
Muutamassa sekunnissa koko rekijoukkue lähti takaa-ajoon villien huutojen säestyksellä.
In der Nähe beherbergte ein Lager der Northwest Police fünfzig Huskys.

Lähistöllä sijaitsevassa Luoteis-Englannin poliisin leirissä oli viisikymmentä huskykoiraa.
Sie schlossen sich der Jagd an und stürmten gemeinsam den zugefrorenen Fluss hinunter.
He liittyivät metsästykseen ja syöksyivät yhdessä jäätynyttä jokea pitkin alas.
Das Kaninchen verließ den Fluss und floh in ein gefrorenes Bachbett.
Kani käänsi joen pois ja pakeni jäätynyttä purouomaa pitkin.
Das Kaninchen hüpfte leichtfüßig über den Schnee, während die Hunde sich durchkämpften.
Kani hyppi kevyesti lumen yli koirien ponnistellessa sen läpi.
Buck führte das riesige Rudel von sechzig Hunden um jede Kurve.
Buck johdatti valtavan kuudenkymmenen koiran lauman jokaisen mutkan ympäri.
Er drängte tief und eifrig vorwärts, konnte jedoch keinen Boden gutmachen.
Hän työnsi eteenpäin matalalla ja innokkaasti, mutta ei päässyt etenemään.
Bei jedem kraftvollen Sprung blitzte sein Körper im blassen Mondlicht auf.
Hänen ruumiinsa välähti kalpean kuun valossa jokaisella voimakkaalla loikalla.
Vor uns bewegte sich das Kaninchen wie ein Geist, lautlos und zu schnell, um es einzufangen.
Edessä kani liikkui kuin haamu, hiljaa ja liian nopeasti kiinniotettavaksi.
All diese alten Instinkte – der Hunger, der Nervenkitzel – durchströmten Buck.
Kaikki nuo vanhat vaistot – nälkä, jännitys – valtasivat Buckin.
Manchmal verspüren Menschen diesen Instinkt und werden dazu getrieben, mit Gewehr und Kugel zu jagen.
Ihmiset tuntevat tämän vaiston ajoittain, ajaen heitä metsästämään aseella ja luodilla.
Aber Buck empfand dieses Gefühl auf einer tieferen und persönlicheren Ebene.

Mutta Buck tunsi tämän tunteen syvemmällä ja henkilökohtaisemmalla tasolla.

Sie konnten die Wildnis nicht in ihrem Blut spüren, so wie Buck sie spüren konnte.

He eivät kyenneet tuntemaan villiyttä veressään samalla tavalla kuin Buck.

Er jagte lebendes Fleisch, bereit, mit seinen Zähnen zu töten und Blut zu schmecken.

Hän jahtasi elävää lihaa, valmiina tappamaan hampaillaan ja maistamaan verta.

Sein Körper spannte sich vor Freude, er wollte in warmem, rotem Leben baden.

Hänen kehonsa jännittyi ilosta, haluten kylpeä lämpimässä, punaisessa elämässä.

Eine seltsame Freude markiert den höchsten Punkt, den das Leben jemals erreichen kann.

Outo ilo merkitsee elämän korkeinta pistettä.

Das Gefühl eines Gipfels, bei dem die Lebenden vergessen, dass sie überhaupt am Leben sind.

Huipun tunne, jossa elävät unohtavat edes olevansa elossa.

Diese tiefe Freude berührt den Künstler, der sich in glühender Inspiration verliert.

Tämä syvä ilo koskettaa liekehtivän inspiraation vallassa olevaa taiteilijaa.

Diese Freude ergreift den Soldaten, der wild kämpft und keinen Feind verschont.

Tämä ilo valtaa sotilaan, joka taistelee villisti eikä säästä vihollista.

Diese Freude erfasste nun Buck, der das Rudel mit seinem Urhunger anführte.

Tämä ilo valtasi nyt Buckin, kun hän johti laumaa alkukantaisessa nälkäisyydessä.

Er heulte mit dem uralten Wolfsschrei, aufgeregt durch die lebendige Jagd.

Hän ulvoi muinaisen sudenhuudon säestyksellä, elävän takaa-ajon riemuittama.

Buck hat den ältesten Teil seiner selbst angezapft, der in der Wildnis verloren war.
Buck löysi vanhimman osan itsestään, eksyneenä erämaahan.
Er griff tief in sein Inneres, in die Vergangenheit, in die raue, uralte Zeit.
Hän kurkotti syvälle sisimpäänsä, muistojen ohi, raa'aan, muinaiseen aikaan.
Eine Welle puren Lebens durchströmte jeden Muskel und jede Sehne.
Puhtaan elämän aalto virtasi jokaisen lihaksen ja jänteen läpi.
Jeder Sprung schrie, dass er lebte, dass er durch den Tod ging.
Jokainen loikka huusi, että hän eli, että hän kulki kuoleman läpi.
Sein Körper schwebte freudig über stilles, kaltes Land, das sich nie regte.
Hänen ruumiinsa kohosi iloisesti liikkumattoman, kylmän maan yllä, joka ei koskaan liikkunut.
Spitz blieb selbst in seinen wildesten Momenten kalt und listig.
Spitz pysyi kylmänä ja viekkaana jopa villeimpinä hetkinään.
Er verließ den Pfad und überquerte das Land, wo der Bach eine weite Biegung machte.
Hän poikkesi polulta ja ylitti maan, jossa puro kaartui leveäksi.
Buck, der davon nichts wusste, blieb auf dem gewundenen Pfad des Kaninchens.
Buck, tietämättömänä tästä, pysyi jäniksen mutkittelevalla polulla.
Dann, als Buck um eine Kurve bog, stand das geisterhafte Kaninchen vor ihm.
Sitten, kun Buck käänsi mutkan, aavemainen kani oli hänen edessään.
Er sah, wie eine zweite Gestalt vor der Beute vom Ufer sprang.
Hän näki toisen hahmon hyppäävän rannalta saaliin edellä.

Bei der Gestalt handelte es sich um Spitz, der direkt auf dem Weg des fliehenden Kaninchens landete.
Hahmo oli Spitz, joka laskeutui suoraan pakenevan jäniksen tielle.
Das Kaninchen konnte sich nicht umdrehen und traf mitten in der Luft auf Spitz' Kiefer.
Kani ei pystynyt kääntymään ja osui Spitzin leukoihin ilmassa.
Das Rückgrat des Kaninchens brach mit einem Schrei, der so scharf war wie der Schrei eines sterbenden Menschen.
Kanin selkäranka katkesi kirkaisusta, joka oli yhtä terävä kuin kuolevan ihmisen itku.
Bei diesem Geräusch – dem Sturz vom Leben in den Tod – heulte das Rudel laut auf.
Tuon äänen – putoamisen elämästä kuolemaan – kuultuaan lauma ulvoi kovaa.
Hinter Buck erhob sich ein wilder Chor voller dunkler Freude.
Buckin takaa kohosi raju, synkän ilon täyttämä kuoro.
Buck gab keinen Schrei von sich, keinen Laut, und stürmte direkt auf Spitz zu.
Buck ei huutanut eikä päästänyt ääntäkään, vaan ryntäsi suoraan Spitzin kimppuun.
Er zielte auf die Kehle, traf aber stattdessen die Schulter.
Hän tähtäsi kurkkuun, mutta osuikin olkapäähän.
Sie stürzten durch den weichen Schnee, ihre Körper waren in einen Kampf verstrickt.
He kahlasivat pehmeässä lumessa, heidän ruumiinsa taistelutahtoisina.
Spitz sprang schnell auf, als wäre er nie niedergeschlagen worden.
Spitz hyppäsi nopeasti ylös, aivan kuin häntä ei olisi koskaan kaadettukaan.
Er schlug auf Bucks Schulter und sprang dann aus dem Kampf.
Hän viilsi Buckin olkapäätä ja hyppäsi sitten pois taistelusta.
Zweimal schnappten seine Zähne wie Stahlfallen, seine Lippen waren grimmig gekräuselt.

Kahdesti hänen hampaansa napsahtivat kuin teräsloukut, huulet käpertyneinä ja raivoisina.
Er wich langsam zurück und suchte festen Boden unter seinen Füßen.
Hän perääntyi hitaasti etsien jalkojensa alle tukevaa maata.
Buck verstand den Moment sofort und vollkommen.
Buck ymmärsi hetken heti ja täysin.
Die Zeit war gekommen; der Kampf würde ein Kampf auf Leben und Tod werden.
Aika oli koittanut; taistelu tulisi olemaan kuolemaan asti käytävä.
Die beiden Hunde umkreisten knurrend den Raum, legten die Ohren an und kniffen die Augen zusammen.
Kaksi koiraa kiersi muristen, korvat litteinä ja silmät siristyneinä.
Jeder Hund wartete darauf, dass der andere Schwäche zeigte oder einen Fehltritt machte.
Kumpikin koira odotti toisen osoittavan heikkoutta tai harha-askelta.
Buck hatte ein unheimliches Gefühl, die Szene zu kennen und tief in Erinnerung zu behalten.
Buckille kohtaus tuntui aavemaisen tutulta ja syvästi muistetulta.
Die weißen Wälder, die kalte Erde, die Schlacht im Mondlicht.
Valkoiset metsät, kylmä maa, taistelu kuunvalossa.
Eine schwere Stille erfüllte das Land, tief und unnatürlich.
Raskas hiljaisuus täytti maan, syvä ja luonnoton.
Kein Wind regte sich, kein Blatt bewegte sich, kein Geräusch unterbrach die Stille.
Tuuli ei puhaltanut, lehti ei liikkunut, eikä ääni rikkonut hiljaisuutta.
Der Atem der Hunde stieg wie Rauch in die eiskalte, stille Luft.
Koirien hengitys nousi kuin savu jäisessä, hiljaisessa ilmassa.
Das Kaninchen war von der Meute der wilden Tiere längst vergessen.

Villieläinlauma oli unohtanut kanin kauan sitten.
Diese halb gezähmten Wölfe standen nun still in einem weiten Kreis.
Nämä puolikesytetyt sudet seisoivat nyt liikkumatta laajassa piirissä.
Sie waren still, nur ihre leuchtenden Augen verrieten ihren Hunger.
He olivat hiljaa, vain heidän hehkuvat silmänsä paljastivat heidän nälkänsä.
Ihr Atem stieg auf, als sie den Beginn des Endkampfes beobachteten.
Heidän hengityksensä nousi ylöspäin, heidän katsellessaan viimeisen taistelun alkamista.
Für Buck war dieser Kampf alt und erwartet, überhaupt nicht ungewöhnlich.
Buckille tämä taistelu oli vanha ja odotettu, ei lainkaan outo.
Es fühlte sich an wie die Erinnerung an etwas, das schon immer passieren sollte.
Se tuntui kuin muistolta jostakin, jonka oli aina tarkoitus tapahtua.
Spitz war ein ausgebildeter Kampfhund, gestählt durch zahllose wilde Schlägereien.
Spitz oli koulutettu taistelukoira, jota hiottiin lukemattomilla villillä tappeluilla.
Von Spitzbergen bis Kanada hatte er viele Feinde besiegt.
Huippuvuorilta Kanadaan hän oli voittanut monia vihollisia.
Er war voller Wut, ließ seiner Wut jedoch nie freien Lauf.
Hän oli täynnä raivoa, mutta ei koskaan antanut raivolle valtaa.
Seine Leidenschaft war scharf, aber immer durch einen harten Instinkt gemildert.
Hänen intohimonsa oli terävä, mutta aina kovan vaiston hillitsemä.
Er griff nie an, bis seine eigene Verteidigung stand.
Hän ei koskaan hyökännyt ennen kuin oma puolustus oli kunnossa.

Buck versuchte immer wieder, Spitz' verwundbaren Hals zu erreichen.
Buck yritti yhä uudelleen tavoittaa Spitzin haavoittuvaa kaulaa.
Doch jeder Schlag wurde von Spitz' scharfen Zähnen mit einem Hieb beantwortet.
Mutta jokainen isku vastasi Spitzin terävien hampaiden viillolla.
Ihre Reißzähne prallten aufeinander und beide Hunde bluteten aus den aufgerissenen Lippen.
Niiden hampaat osuivat yhteen, ja molemmat koirat vuotivat verta repeytyneistä huulista.
Egal, wie sehr Buck sich auch wehrte, er konnte die Verteidigung nicht durchbrechen.
Vaikka Buck kuinka hyökkäsi, hän ei pystynyt murtamaan puolustusta.
Er wurde immer wütender und stürmte mit wilden Kraftausbrüchen hinein.
Hän raivostui entisestään ja ryntäsi kimppuun villeillä voimanpurkauksilla.
Immer wieder schlug Buck nach der weißen Kehle von Spitz.
Yhä uudelleen Buck iski Spitzin valkoista kurkkua kohti.
Jedes Mal wich Spitz aus und schlug mit einem schneidenden Biss zurück.
Joka kerta Spitz väisti ja iski takaisin viiltävällä purennalla.
Dann änderte Buck seine Taktik und stürzte sich erneut darauf, als wolle er ihm die Kehle zu Leibe rücken.
Sitten Buck muutti taktiikkaa ja ryntäsi jälleen ikään kuin kurkkuun.
Doch er zog sich mitten im Angriff zurück und drehte sich um, um von der Seite zuzuschlagen.
Mutta hän vetäytyi kesken hyökkäyksen ja kääntyi sivulle iskemään.
Er warf Spitz seine Schulter entgegen, um ihn niederzuschlagen.
Hän heitti olkapäänsä Spitziin tarkoituksenaan kaataa hänet.

Bei jedem Versuch wich Spitz aus und konterte mit einem Hieb.
Joka kerta kun Spitz yritti, hän väisti ja vastasi viillolla.
Bucks Schulter wurde wund, als Spitz nach jedem Schlag davonsprang.
Buckin olkapää vihloi, kun Spitz hyppäsi karkuun jokaisen iskun jälkeen.
Spitz war nicht berührt worden, während Buck aus vielen Wunden blutete.
Spitziin ei oltu koskettu, kun taas Buck vuoti verta monista haavoista.
Bucks Atem ging schnell und schwer, sein Körper war blutverschmiert.
Buckin hengitys oli nopeaa ja raskasta, hänen ruumiinsa oli verestä löysä.
Mit jedem Biss und Angriff wurde der Kampf brutaler.
Taistelu muuttui raa'ammaksi jokaisella puremalla ja rynnäköllä.
Um sie herum warteten sechzig stille Hunde darauf, dass der erste fiel.
Heidän ympärillään kuusikymmentä hiljaista koiraa odotti ensimmäisen kaatuvan.
Wenn ein Hund zu Boden ging, würde das Rudel den Kampf beenden.
Jos yksikin koira kaatuisi, lauma lopettaisi taistelun.
Spitz sah, dass Buck schwächer wurde, und begann, den Angriff voranzutreiben.
Spitz näki Buckin heikkenevän ja alkoi painostaa hyökkäystä.
Er brachte Buck aus dem Gleichgewicht und zwang ihn, um Halt zu kämpfen.
Hän piti Buckin epätasapainossa pakottaen hänet taistelemaan jalansijasta.
Einmal stolperte Buck und fiel, und alle Hunde standen auf.
Kerran Buck kompastui ja kaatui, ja kaikki koirat nousivat ylös.
Doch Buck richtete sich mitten im Fall auf und alle sanken wieder zu Boden.

Mutta Buck oikaisi itsensä kesken putoamisen, ja kaikki vajosivat takaisin alas.
Buck hatte etwas Seltenes – eine Vorstellungskraft, die aus tiefem Instinkt geboren war.
Buckilla oli jotakin harvinaista – syvästä vaistosta syntynyt mielikuvitus.
Er kämpfte mit natürlichem Antrieb, aber auch mit List.
Hän taisteli luonnollisella halulla, mutta hän taisteli myös ovelasti.
Er griff erneut an, als würde er seinen Schulterangriffstrick wiederholen.
Hän rynnisti uudelleen aivan kuin toistaen olkapäähyökkäystemppuaan.
Doch in der letzten Sekunde ließ er sich fallen und flog unter Spitz hindurch.
Mutta viime sekunnilla hän vajosi matalalle ja pyyhkäisi Spitzin alta.
Seine Zähne schnappten um Spitz' linkes Vorderbein.
Hänen hampaansa lukkiutuivat napsahduksella Spitzin vasempaan etujalkaan.
Spitz stand nun unsicher da, sein Gewicht ruhte nur noch auf drei Beinen.
Spitz seisoi nyt horjuen, painonsa vain kolmella jalalla.
Buck schlug erneut zu und versuchte dreimal, ihn zu Fall zu bringen.
Buck iski uudelleen ja yritti kolme kertaa kaataa hänet.
Beim vierten Versuch nutzte er denselben Zug mit Erfolg
Neljännellä yrityksellä hän käytti samaa liikettä onnistuneesti
Diesmal gelang es Buck, Spitz in das rechte Bein zu beißen.
Tällä kertaa Buck onnistui puremaan Spitzin oikeaa jalkaa.
Obwohl Spitz verkrüppelt war und große Schmerzen litt, kämpfte er weiter ums Überleben.
Vaikka Spitz oli rampa ja tuskissaan, hän jatkoi selviytymiskamppailua.
Er sah, wie der Kreis der Huskys enger wurde, die Zungen herausstreckten und deren Augen leuchteten.

Hän näki huskyjen piirin kiristyvän, kielet ulkona, silmät hehkumassa.
Sie warteten darauf, ihn zu verschlingen, so wie sie es mit anderen getan hatten.
He odottivat saadakseen niellä hänet, aivan kuten olivat tehneet muillekin.
Dieses Mal stand er im Mittelpunkt: besiegt und verdammt.
Tällä kertaa hän seisoi keskellä; lyötynä ja tuhoon tuomittu.
Für den weißen Hund gab es jetzt keine Möglichkeit mehr zu entkommen.
Valkoisella koiralla ei ollut enää mitään vaihtoehtoa paeta.
Buck kannte keine Gnade, denn Gnade hatte in der Wildnis nichts zu suchen.
Buck ei osoittanut armoa, sillä armo ei kuulunut luontoon.
Buck bewegte sich vorsichtig und bereitete sich auf den letzten Angriff vor.
Buck liikkui varovasti valmistautuen viimeiseen hyökkäykseen.
Der Kreis der Huskys schloss sich, er spürte ihren warmen Atem.
Huskyparven piiri sulkeutui; hän tunsi niiden lämpimän hengityksen.
Sie duckten sich und waren bereit, im richtigen Moment zu springen.
He kyykistyivät matalalle, valmiina hyppäämään, kun hetki koittaisi.
Spitz zitterte im Schnee, knurrte und veränderte seine Haltung.
Spitz vapisi lumessa, murahti ja muutti asentoaan.
Seine Augen funkelten, seine Lippen waren gekräuselt und seine Zähne blitzten in verzweifelter Drohung.
Hänen silmänsä loistivat, huulet käpertyivät ja hampaat välkkyivät epätoivoisen uhkan merkiksi.
Er taumelte und versuchte immer noch, dem kalten Biss des Todes standzuhalten.
Hän horjahti, yhä yrittäen pidätellä kuoleman kylmää puremaa.

Er hatte das schon früher erlebt, aber immer von der Gewinnerseite.
Hän oli nähnyt tämän ennenkin, mutta aina voittajan puolelta.
Jetzt war er auf der Verliererseite, der Besiegte, die Beute, der Tod.
Nyt hän oli häviäjien puolella; voitettu; saalis; kuolema.
Buck umkreiste ihn für den letzten Schlag, der Hundekreis rückte näher.
Buck kiersi viimeistä iskua varten, koiraparvi painautui lähemmäksi.
Er konnte ihren heißen Atem spüren; bereit zum Töten.
Hän tunsi heidän kuuman hengityksensä; valmiina tappamaan.
Stille breitete sich aus; alles war an seinem Platz; die Zeit war stehen geblieben.
Hiljaisuus laskeutui; kaikki oli paikoillaan; aika oli pysähtynyt.
Sogar die kalte Luft zwischen ihnen gefror für einen letzten Moment.
Jopa kylmä ilma heidän välillään jäätyi viimeiseksi hetkeksi.
Nur Spitz bewegte sich und versuchte, sein bitteres Ende abzuwenden.
Vain Spitz liikkui yrittäen pidätellä katkeran loppunsa.
Der Kreis der Hunde schloss sich um ihn, und das war sein Schicksal.
Koirien piiri sulkeutui hänen ympärilleen, kuten myös hänen kohtalonsa.
Er war jetzt verzweifelt, da er wusste, was passieren würde.
Hän oli nyt epätoivoinen, tietäen mitä oli tapahtumassa.
Buck sprang hinein, Schulter an Schulter traf ein letztes Mal.
Buck hyppäsi esiin, olkapää kosketti olkapäätä viimeisen kerran.
Die Hunde drängten vorwärts und deckten Spitz in der verschneiten Dunkelheit.
Koirat syöksyivät eteenpäin ja suojasivat Spitziä lumisateessa pimeydessä.

Buck sah zu, aufrecht stehend; der Sieger in einer wilden Welt.
Buck katseli, seisten ryhdikkäästi; voittaja raa'assa maailmassa.
Das dominante Urtier hatte seine Beute gemacht, und es war gut.
Hallitseva alkukantainen peto oli saanut saaliinsa, ja se oli hyvää.

Wer die Meisterschaft erlangt hat
Hän, joka on saavuttanut mestaruuden

„Wie? Was habe ich gesagt? Ich sage die Wahrheit, wenn ich sage, dass Buck ein Teufel ist."
"Häh? Mitä minä sanoin? Puhun totta sanoessani, että Buck on paholainen."

François sagte dies am nächsten Morgen, nachdem er festgestellt hatte, dass Spitz verschwunden war.
François sanoi tämän seuraavana aamuna löydettyään Spitzin kadonneen.

Buck stand da, übersät mit Wunden aus dem erbitterten Kampf.
Buck seisoi siinä, täynnä raivokkaan taistelun haavoja.

François zog Buck zum Feuer und zeigte auf die Verletzungen.
François veti Buckin lähelle tulta ja osoitti vammoja.

„Dieser Spitz hat gekämpft wie der Devik", sagte Perrault und beäugte die tiefen Schnittwunden.
– Tuo Spitz taisteli kuin Devik, sanoi Perrault silmäillen syviä haavoja.

„Und dieser Buck hat wie zwei Teufel gekämpft", antwortete François sofort.
– Ja tuo Buck taisteli kuin kaksi paholaista, vastasi François heti.

„Jetzt kommen wir gut voran; kein Spitz mehr, kein Ärger mehr."
"Nyt eemme ajoissa; ei enää Spitziä, ei enää ongelmia."

Perrault packte die Ausrüstung und belud den Schlitten sorgfältig.
Perrault pakkasi varusteita ja lastasi rekeä huolellisesti.

François spannte die Hunde für den Lauf des Tages an.
François valjasti koirat päivän juoksulenkkiä varten.

Buck trabte direkt an die Führungsposition, die einst Spitz innehatte.
Buck ravasi suoraan Spitzin aiemmin pitämään johtopaikkaan.

Doch François bemerkte es nicht und führte Solleks nach vorne.
Mutta François, huomaamatta sitä, johdatti Solleksin eteenpäin.
Nach François' Einschätzung war Solleks nun der beste Leithund.
François'n mielestä Solleks oli nyt paras talutuskoira.
Buck stürzte sich wütend auf Solleks und trieb ihn aus Protest zurück.
Buck hyökkäsi raivoissaan Solleksin kimppuun ja ajoi hänet vastalauseeksi takaisin.
Er stand dort, wo einst Spitz gestanden hatte, und beanspruchte die Führungsposition.
Hän seisoi siinä missä Spitz oli aiemmin seissyt, ja otti johtoaseman itselleen.
„Wie? Wie?", rief François und schlug sich amüsiert auf die Schenkel.
"Häh? Häh?" huudahti François ja läimäytti huvittuneena reisiään.
„Sehen Sie sich Buck an – er hat Spitz umgebracht und jetzt will er ihm den Job wegnehmen!"
"Katsokaa Buckia – hän tappoi Spitzin, ja nyt hän haluaa ottaa työn!"
„Geh weg, Chook!", schrie er und versuchte, Buck zu vertreiben.
"Mene pois, Chook!" hän huusi yrittäen ajaa Buckin pois.
Aber Buck weigerte sich, sich zu bewegen und blieb fest im Schnee stehen.
Mutta Buck kieltäytyi liikkumasta ja seisoi lujasti lumessa.
François packte Buck am Genick und zog ihn beiseite.
François tarttui Buckia niskasta ja veti hänet sivuun.
Buck knurrte leise und drohend, griff aber nicht an.
Buck murahti matalasti ja uhkaavasti, mutta ei hyökännyt.
François brachte Solleks wieder in Führung und versuchte, den Streit zu schlichten
François vei Solleksin takaisin johtoon ja yritti ratkaista kiistan.

Der alte Hund zeigte Angst vor Buck und wollte nicht bleiben.
Vanha koira pelkäsi Buckia eikä halunnut jäädä.
Als François ihm den Rücken zuwandte, verjagte Buck Solleks wieder.
Kun François käänsi selkänsä, Buck ajoi Solleksin taas ulos.
Solleks leistete keinen Widerstand und trat erneut leise zur Seite.
Solleks ei vastustellut ja astui jälleen hiljaa sivuun.
François wurde wütend und schrie: „Bei Gott, ich werde dich heilen!"
François suuttui ja huusi: "Jumalan nimeen, minä parannan sinut!"
Er kam mit einer schweren Keule in der Hand auf Buck zu.
Hän lähestyi Buckia raskas keppi kädessään.
Buck erinnerte sich gut an den Mann im roten Pullover.
Buck muisti punaiseen villapaitaan pukeutuneen miehen hyvin.
Er zog sich langsam zurück, beobachtete François, knurrte jedoch tief.
Hän perääntyi hitaasti, katsellen Françoisia, mutta muristen syvään.
Er eilte nicht zurück, auch nicht, als Solleks an seiner Stelle stand.
Hän ei rynnännyt takaisin, ei edes silloin kun Solleks seisoi hänen paikallaan.
Buck kreiste knapp außerhalb seiner Reichweite und knurrte wütend und protestierend.
Buck kiersi aivan ulottumattomissa, muristen raivosta ja vastalauseista.
Er behielt den Schläger im Auge und war bereit auszuweichen, falls François warf.
Hän piti katseensa nuijassa valmiina väistämään, jos François heittäisi.
Er war weise und vorsichtig geworden im Umgang mit bewaffneten Männern.

Hän oli viisastunut ja varovainen aseistettujen miesten tavoissa.

François gab auf und rief Buck erneut an seinen alten Platz.
François luovutti ja kutsui Buckin takaisin entiselle paikalleen.

Aber Buck trat vorsichtig zurück und weigerte sich, dem Befehl Folge zu leisten.
Mutta Buck astui varovasti taaksepäin kieltäytyen tottelemasta käskyä.

François folgte ihm, aber Buck wich nur ein paar Schritte zurück.
François seurasi perässä, mutta Buck perääntyi vain muutaman askeleen lisää.

Nach einiger Zeit warf François frustriert die Waffe hin.
Jonkin ajan kuluttua François heitti aseen turhautuneena maahan.

Er dachte, Buck hätte Angst vor einer Tracht Prügel und würde ruhig kommen.
Hän luuli Buckin pelkäävän selkäsaunaa ja tulevan hiljaa.

Aber Buck wollte sich nicht vor einer Strafe drücken – er kämpfte um seinen Rang.
Mutta Buck ei vältellyt rangaistusta – hän taisteli arvoasemastaan.

Er hatte sich den Platz als Leithund durch einen Kampf auf Leben und Tod verdient
Hän oli ansainnut johtajakoiran paikan taistelemalla kuolemaan asti

er würde sich mit nichts Geringerem zufrieden geben, als der Anführer zu sein.
hän ei aikonut tyytyä vähempään kuin johtajan asemaan.

Perrault beteiligte sich an der Verfolgung, um den rebellischen Buck zu fangen.
Perrault osallistui takaa-ajoon auttaakseen kapinallisen Buckin nappaamaan.

Gemeinsam ließen sie ihn fast eine Stunde lang durch das Lager laufen.

Yhdessä he juoksentelivat häntä leirin ympäri lähes tunnin ajan.
Sie warfen Knüppel nach ihm, aber Buck wich jedem Schlag geschickt aus.
He heittivät häntä nuijilla, mutta Buck väisti jokaisen taitavasti.
Sie verfluchten ihn, seine Vorfahren, seine Nachkommen und jedes Haar an ihm.
He kirosivat häntä, hänen esi-isiään, hänen jälkeläisiään ja jokaista hänen hiuskarvaansa.
Aber Buck knurrte nur zurück und blieb gerade außerhalb ihrer Reichweite.
Mutta Buck vain murahti takaisin ja pysytteli juuri ja juuri heidän ulottumattomissaan.
Er versuchte nie wegzulaufen, sondern umkreiste das Lager absichtlich.
Hän ei koskaan yrittänyt paeta, vaan kiersi leirin ympäri tarkoituksella.
Er machte klar, dass er gehorchen würde, sobald sie ihm gäben, was er wollte.
Hän teki selväksi, että tottelisi, kun he antaisivat hänelle haluamansa.
Schließlich setzte sich François hin und kratzte sich frustriert am Kopf.
François istuutui lopulta alas ja raapi päätään turhautuneena.
Perrault sah auf seine Uhr, fluchte und murmelte etwas über die verlorene Zeit.
Perrault katsoi kelloaan, kirosi ja mutisi menetettyä aikaa.
Obwohl sie eigentlich auf der Spur sein sollten, war bereits eine Stunde vergangen.
Tunti oli jo kulunut, kun heidän olisi pitänyt olla polulla.
François zuckte verlegen mit den Achseln, als der Kurier resigniert seufzte.
François kohautti olkapäitään nolostuneesti kuriirille, joka huokaisi tappion merkiksi.
Dann ging François zu Solleks und rief Buck noch einmal.

Sitten François käveli Solleksin luo ja huusi Buckille vielä kerran.
Buck lachte wie ein Hund, wahrte jedoch vorsichtig seine Distanz.
Buck nauroi kuin koira, mutta pysytteli varovaisen etäisyyttä.
François nahm Solleks das Geschirr ab und brachte ihn an seinen Platz zurück.
François otti Solleksin valjaat pois ja palautti hänet paikalleen.
Das Schlittenteam stand voll angespannt da, nur ein Platz war unbesetzt.
Pulkkavaljakko seisoi täydessä valjastossa, vain yksi paikka oli täyttämättä.
Die Führungsposition blieb leer und war eindeutig nur für Buck bestimmt.
Johtopaikka pysyi tyhjänä, selvästi tarkoitettuna vain Buckille.
François rief erneut, und wieder lachte Buck und blieb standhaft.
François huusi uudestaan, ja taas Buck nauroi ja piti pintansa.
„Wirf die Keule weg", befahl Perrault ohne zu zögern.
"Heitä pamppu maahan", Perrault määräsi epäröimättä.
François gehorchte und Buck trabte sofort stolz vorwärts.
François totteli, ja Buck ravasi heti ylpeänä eteenpäin.
Er lachte triumphierend und übernahm die Führungsposition.
Hän nauroi voitonriemuisesti ja astui johtoasemaan.
François befestigte seine Leinen und der Schlitten wurde losgerissen.
François varmisti jälkiensä siteet, ja reki päästettiin irti.
Beide Männer liefen neben dem Team her, als es auf den Flusspfad rannte.
Molemmat miehet juoksivat rinnakkain, kun joukkue kiiruhti jokipolulle.
François hatte Bucks „zwei Teufel" sehr geschätzt,
François oli pitänyt Buckin "kahdesta paholaisesta" suuresti.
aber er merkte bald, dass er den Hund tatsächlich unterschätzt hatte.
mutta pian hän tajusi aliarvioineensa koiran.

Buck übernahm schnell die Führung und erbrachte hervorragende Leistungen.
Buck otti nopeasti johtajuuden ja suoriutui erinomaisesti.
In puncto Urteilsvermögen, schnelles Denken und schnelles Handeln übertraf Buck Spitz.
Harkintakyvyssä, nopeassa ajattelussa ja nopeassa toiminnassa Buck ylitti Spitzin.
François hatte noch nie einen Hund gesehen, der dem von Buck gleichkam.
François ei ollut koskaan nähnyt koiraa, jollaista Buck nyt esitteli.
Aber Buck war wirklich herausragend darin, für Ordnung zu sorgen und Respekt zu erlangen.
Mutta Buck todella loisti järjestyksen valvomisessa ja kunnioituksen herättämisessä.
Dave und Solleks akzeptierten die Änderung ohne Bedenken oder Protest.
Dave ja Solleks hyväksyivät muutoksen huoletta tai vastalauseettomatta.
Sie konzentrierten sich nur auf die Arbeit und zogen kräftig die Zügel an.
He keskittyivät vain työhön ja ohjasten kovaan vetämiseen.
Es war ihnen egal, wer führte, solange der Schlitten in Bewegung blieb.
Heitä ei kiinnostanut kuka johti, kunhan reki pysyi liikkeessä.
Billee, der Fröhliche, hätte, soweit es sie interessierte, die Führung übernehmen können.
Billee, tuo iloinen, olisi voinut johtaa, vaikka he välittäisivätkin.
Was ihnen wichtig war, waren Frieden und Ordnung in den Reihen.
Heille tärkeintä oli rauha ja järjestys riveissä.

Der Rest des Teams war während Spitz' Niedergang unbändig geworden.
Muu joukkue oli käynyt kurittomaksi Spitzin alamäen aikana.
Sie waren schockiert, als Buck sie sofort zur Ordnung rief.

He olivat järkyttyneitä, kun Buck heti pakotti heidät järjestykseen.

Pike war immer faul gewesen und hatte Buck hinterhergehangen.

Pike oli aina ollut laiska ja laahannut jalkojaan Buckin perässä.

Doch nun wurde er von der neuen Führung scharf diszipliniert.

Mutta nyt uusi johto kuritti häntä ankarasti.

Und er lernte schnell, seinen Teil zum Team beizutragen.

Ja hän oppi nopeasti kantamaan vastuuta joukkueessa.

Am Ende des Tages hatte Pike härter gearbeitet als je zuvor.

Päivän loppuun mennessä Pike työskenteli kovemmin kuin koskaan ennen.

In dieser Nacht im Lager wurde Joe, der mürrische Hund, endlich beruhigt.

Sinä iltana leirissä Joe, hapan koira, oli vihdoin talttunut.

Spitz hatte es nicht geschafft, ihn zu disziplinieren, aber Buck versagte nicht.

Spitz ei ollut onnistunut kurittamaan häntä, mutta Buck ei epäonnistunut.

Durch die Nutzung seines größeren Gewichts überwältigte Buck Joe in Sekundenschnelle.

Suuremmalla painollaan Buck peittosi Joen sekunneissa.

Er biss und schlug Joe, bis dieser wimmerte und aufhörte, sich zu wehren.

Hän puri ja hakkasi Joeta, kunnes tämä vinkui ja lakkasi vastustelemasta.

Von diesem Moment an verbesserte sich das gesamte Team.

Koko joukkue parani siitä hetkestä lähtien.

Die Hunde erlangten ihre alte Einheit und Disziplin zurück.

Koirat saivat takaisin vanhan yhtenäisyytensä ja kurinalaisuuden.

In Rink Rapids kamen zwei neue einheimische Huskies hinzu, Teek und Koona.

Rink Rapidsissa kaksi uutta kotoperäistä huskya, Teek ja Koona, liittyivät mukaan.

Bucks schnelle Ausbildung erstaunte sogar François.

Buckin nopea koulutus hämmästytti jopa Françoisia.
„So einen Hund wie diesen Buck hat es noch nie gegeben!", rief er erstaunt.
"Ei ole koskaan ollut tuollaista koiraa kuin tuo Buck!" hän huudahti hämmästyneenä.
„Nein, niemals! Er ist tausend Dollar wert, bei Gott!"
"Ei, ei koskaan! Hän on tuhannen dollarin arvoinen, jumalauta!"
„Wie? Was sagst du dazu, Perrault?", fragte er stolz.
"Häh? Mitä sanot, Perrault?" hän kysyi ylpeänä.
Perrault nickte zustimmend und überprüfte seine Notizen.
Perrault nyökkäsi myöntävästi ja tarkisti muistiinpanojaan.
Wir liegen bereits vor dem Zeitplan und kommen täglich weiter voran.
Olemme jo aikataulusta edellä ja saamme lisää joka päivä.
Der Weg war festgestampft und glatt, es lag kein Neuschnee.
Polku oli kovaksi tallattu ja tasainen, eikä uutta lunta ollut satanut.
Es war konstant kalt und lag die ganze Zeit bei minus fünfzig Grad.
Kylmyys oli tasaista, koko ajan viisikymmentä astetta pakkasen puolella.
Die Männer ritten und rannten abwechselnd, um sich warm zu halten und Zeit zu gewinnen.
Miehet ratsastivat ja juoksivat vuorotellen pysyäkseen lämpiminä ja kiirehtiäkseen.
Die Hunde rannten schnell, mit wenigen Pausen, immer vorwärts.
Koirat juoksivat nopeasti pysähdyksin, aina eteenpäin työntyen.
Der Thirty Mile River war größtenteils zugefroren und leicht zu überqueren.
Kolmekymmentämailin joki oli enimmäkseen jäässä ja helppo ylittää.
Was zehn Tage gedauert hatte, wurde an einem Tag verschickt.

He lähtivät yhdessä päivässä, kun taas takaisin tullessa he olivat kuluneet kymmenen päivää.

Sie legten einen sechsundneunzig Kilometer langen Sprint vom Lake Le Barge nach White Horse zurück.

He tekivät kuudenkymmenen mailin mittaisen syöksyn Lake Le Bargesta White Horseen.

Sie bewegten sich unglaublich schnell über die Seen Marsh, Tagish und Bennett.

Marsh-, Tagish- ja Bennett-järvien yli he liikkuivat uskomattoman nopeasti.

Der laufende Mann wird an einem Seil hinter dem Schlitten hergezogen.

Juokseva mies hinattiin köydellä reen perässä.

In der letzten Nacht der zweiten Woche erreichten sie ihr Ziel.

Toisen viikon viimeisenä iltana he saapuivat määränpäähänsä.

Sie hatten gemeinsam die Spitze des White Pass erreicht.

He olivat yhdessä saavuttaneet White Passin huipun.

Sie sanken auf Meereshöhe hinab, mit den Lichtern von Skaguay unter ihnen.

He laskeutuivat merenpinnan tasolle Skaguayn valot alapuolellaan.

Es war ein Rekordlauf durch kilometerlange kalte Wildnis.

Se oli ollut ennätykselliset juoksut kilometrien päässä kylmästä erämaasta.

An vierzehn aufeinanderfolgenden Tagen legten sie im Durchschnitt satte vierundsechzig Kilometer zurück.

Neljäntoista päivän ajan putkeen he kulkivat keskimäärin vahvat neljäkymmentä mailia.

In Skaguay transportierten Perrault und François Fracht durch die Stadt.

Skaguayssa Perrault ja François kuljettivat lastia kaupungin läpi.

Die bewundernde Menge jubelte ihnen zu und bot ihnen viele Getränke an.

Ihaileva väkijoukko hurrasi heille ja tarjosi heille paljon juomia.

Hundefänger und Arbeiter versammelten sich um das berühmte Hundegespann.
Koiranmetsästäjät ja työläiset kokoontuivat kuuluisan koiravaljakon ympärille.
Dann kamen Gesetzlose aus dem Westen in die Stadt und erlitten eine brutale Niederlage.
Sitten länsimaalaiset lainsuojattomat tulivat kaupunkiin ja kärsivät väkjvaltaisen tappion.
Die Leute vergaßen bald das Team und konzentrierten sich auf neue Dramen.
Ihmiset unohtivat pian joukkueen ja keskittyivät uuteen draamaan.
Dann kamen die neuen Befehle, die alles auf einen Schlag veränderten.
Sitten tulivat uudet määräykset, jotka muuttivat kaiken kerralla.
François rief Buck zu sich und umarmte ihn mit tränenreichem Stolz.
François kutsui Buckin luokseen ja halasi tätä kyynelsilmin silmissä ylpeänä.
In diesem Moment sah Buck François zum letzten Mal wieder.
Se hetki oli viimeinen kerta, kun Buck näki Françoisin enää.
Wie viele Männer zuvor waren sowohl François als auch Perrault nicht mehr da.
Kuten monet miehet ennenkin, sekä François että Perrault olivat poissa.
Ein schottischer Mischling übernahm das Kommando über Buck und seine Schlittenhunde-Kollegen.
Skotlantilainen puoliverinen otti Buckin ja hänen rekikoiratoveriensa vastuulle.
Mit einem Dutzend anderer Hundegespanne kehrten sie auf dem Weg nach Dawson zurück.
Tusinaisen muun koiravaljakon kanssa he palasivat polkua pitkin Dawsoniin.
Es war kein Schnelllauf mehr, sondern harte Arbeit mit einer schweren Last jeden Tag.

Se ei ollut enää nopeaa juoksua – vain raskasta uurastusta raskaan taakan kanssa joka päivä.

Dies war der Postzug, der den Goldsuchern in der Nähe des Pols Nachrichten brachte.

Tämä oli postijuna, joka toi sanan kullanmetsästäjille lähellä napaa.

Buck mochte die Arbeit nicht, ertrug sie jedoch gut und war stolz auf seine Leistung.

Buck ei pitänyt työstä, mutta kesti sen hyvin ja oli ylpeä ponnisteluistaan.

Wie Dave und Solleks zeigte Buck Hingabe bei jeder täglichen Aufgabe.

Kuten Dave ja Solleks, Buck osoitti omistautumista jokaiselle päivittäiselle tehtävälle.

Er stellte sicher, dass jeder seiner Teamkollegen seinen Teil beitrug.

Hän varmisti, että kaikki hänen joukkuetoverinsa tekivät oman osansa.

Das Leben auf dem Trail wurde langweilig und wiederholte sich mit der Präzision einer Maschine.

Polun elämä muuttui tylsäksi, toistuen koneen tarkkuudella.

Jeder Tag fühlte sich gleich an, ein Morgen ging in den nächsten über.

Jokainen päivä tuntui samalta, yksi aamu sulautui seuraavaan.

Zur gleichen Stunde standen die Köche auf, um Feuer zu machen und Essen zuzubereiten.

Samalla hetkellä kokit nousivat tekemään nuotioita ja valmistamaan ruokaa.

Nach dem Frühstück verließen einige das Lager, während andere die Hunde anspannten.

Aamiaisen jälkeen jotkut lähtivät leiristä, kun taas toiset valjastivat koirat.

Sie machten sich auf den Weg, bevor die schwache Morgendämmerung den Himmel berührte.

He pääsivät polulle ennen kuin aamunkoiton himmeä varoitus kosketti taivasta.

Nachts hielten sie an, um ihr Lager aufzuschlagen, wobei jeder Mann eine festgelegte Aufgabe hatte.
Yöksi he pysähtyivät leiriytymään, ja jokaisella miehellä oli oma tehtävänsä.
Einige stellten die Zelte auf, andere hackten Feuerholz und sammelten Kiefernzweige.
Jotkut pystyttivät teltat, toiset pilkkoivat polttopuita ja keräsivät männynoksia.
Zum Abendessen wurde den Köchen Wasser oder Eis mitgebracht.
Vettä tai jäätä kannettiin takaisin kokeille illallista varten.
Die Hunde wurden gefüttert und das war für sie der schönste Teil des Tages.
Koirat ruokittiin, ja tämä oli niille päivän paras osa.
Nachdem sie Fisch gegessen hatten, entspannten sich die Hunde und machten es sich in der Nähe des Feuers gemütlich.
Syötyään kalaa koirat rentoutuivat ja makoilivat nuotion lähellä.
Im Konvoi waren noch hundert andere Hunde, unter die man sich mischen konnte.
Saattueessa oli sata muuta koiraa, joiden kanssa seurustella.
Viele dieser Hunde waren wild und kämpften ohne Vorwarnung.
Monet noista koirista olivat raivokkaita ja nopeasti taistelemaan varoittamatta.
Doch nach drei Siegen war Buck selbst den härtesten Kämpfern überlegen.
Mutta kolmen voiton jälkeen Buck hallitsi jopa kovimmatkin taistelijat.
Als Buck nun knurrte und die Zähne fletschte, traten sie zur Seite.
Kun Buck nyt murahti ja näytti hampaitaan, he astuivat sivuun.
Und das Beste war vielleicht, dass Buck es liebte, neben dem flackernden Lagerfeuer zu liegen.

Ehkä parasta kaikesta oli se, että Buck rakasti maata lepattavan nuotion lähellä.
Er hockte mit angezogenen Hinterbeinen und nach vorne gestreckten Vorderbeinen.
Hän kyykistyi takajalat koukussa ja etujalat ojennettuina eteenpäin.
Er hatte den Kopf erhoben und blinzelte sanft in die glühenden Flammen.
Hän nosti päätään ja räpytteli silmiään pehmeästi hehkuville liekeille.
Manchmal musste er an Richter Millers großes Haus in Santa Clara denken.
Joskus hän muisti tuomari Millerin suuren talon Santa Clarassa.
Er dachte an den Zementpool, an Ysabel und den Mops namens Toots.
Hän ajatteli sementtiallasta, Ysabelia ja mopsia nimeltä Toots.
Aber häufiger musste er an die Keule des Mannes mit dem roten Pullover denken.
Mutta useammin hän muisti punavillaisen miehen nuijan.
Er erinnerte sich an Curlys Tod und seinen erbitterten Kampf mit Spitz.
Hän muisti Kiharan kuoleman ja ankaran taistelunsa Spitzin kanssa.
Er erinnerte sich auch an das gute Essen, das er gegessen hatte oder von dem er immer noch träumte.
Hän muisteli myös hyvää ruokaa, jota oli syönyt tai josta hän yhä unelmoi.
Buck hatte kein Heimweh – das warme Tal war weit weg und unwirklich.
Buckilla ei ollut koti-ikävää – lämmin laakso oli kaukainen ja epätodellinen.
Die Erinnerungen an Kalifornien hatten keine große Anziehungskraft mehr auf ihn.
Kalifornian muistot eivät enää vedättäneet häntä puoleensa.
Stärker als die Erinnerung waren die tief in seinem Blut verwurzelten Instinkte.

Muistia vahvempia olivat vaistot syvällä hänen suvussaan.
Einst verlorene Gewohnheiten waren zurückgekehrt und durch den Weg und die Wildnis wiederbelebt worden.
Kerran menetetyt tavat olivat palanneet, polun ja erämaan herättäminä henkiin.
Während Buck das Feuerlicht betrachtete, veränderte sich seine Wahrnehmung manchmal.
Buckin katsellessa nuotionvaloa siitä tuli joskus jotain muuta.
Er sah im Feuerschein ein anderes Feuer, älter und tiefer als das gegenwärtige.
Hän näki tulenvalossa toisen tulen, vanhemman ja syvemmän kuin nykyinen.
Neben dem anderen Feuer hockte ein Mann, der anders aussah als der Mischlingskoch.
Tuon toisen tulen vieressä kyykistyi mies, joka ei ollut samanlainen kuin puoliverinen kokki.
Diese Figur hatte kurze Beine, lange Arme und harte, verknotete Muskeln.
Tällä hahmolla oli lyhyet jalat, pitkät käsivarret ja kovat, solmuiset lihakset.
Sein Haar war lang und verfilzt und fiel von den Augen nach hinten ab.
Hänen hiuksensa olivat pitkät ja takkuiset, ja ne laskivat taaksepäin silmien alta.
Er gab seltsame Geräusche von sich und starrte voller Angst in die Dunkelheit.
Hän päästi outoja ääniä ja tuijotti peloissaan pimeyttä.
Er hielt eine Steinkeule tief in seiner langen, rauen Hand fest.
Hän piteli kivistä nuijaa matalalla, tiukasti puristettuna pitkässä, karheassa kädessään.
Der Mann trug wenig, nur eine verkohlte Haut, die ihm den Rücken hinunterhing.
Miehellä oli yllään vain vähän vaatteita; vain hiiltynyt iho, joka roikkui hänen selkäänsä pitkin.
Sein Körper war an Armen, Brust und Oberschenkeln mit dichtem Haar bedeckt.

Hänen vartaloaan peitti paksu karva käsivarsissa, rinnassa ja reisissä.

Einige Teile des Haares waren zu rauen Fellbüscheln verfilzt.

Jotkut hiuksista olivat sotkeutuneet karheiksi turkkilaikuiksi.

Er stand nicht gerade, sondern war von der Hüfte bis zu den Knien nach vorne gebeugt.

Hän ei seissyt suorassa, vaan oli kumarassa eteenpäin lantiosta polviin.

Seine Schritte waren federnd und katzenartig, als wäre er immer zum Sprung bereit.

Hänen askeleensa olivat joustavat ja kissamaiset, ikään kuin aina valmiina hyppäämään.

Er war in höchster Wachsamkeit, als lebte er in ständiger Angst.

Hän oli terävän valppaana, aivan kuin hän olisi elänyt jatkuvassa pelossa.

Dieser alte Mann schien mit Gefahr zu rechnen, ob er die Gefahr nun sah oder nicht.

Tämä muinainen mies näytti odottavan vaaraa, näkyipä vaaraa tai ei.

Manchmal schlief der haarige Mann am Feuer, den Kopf zwischen die Beine gesteckt.

Välillä karvainen mies nukkui tulen ääressä pää jalkojen välissä.

Seine Ellbogen ruhten auf seinen Knien, die Hände waren über seinem Kopf gefaltet.

Hänen kyynärpäänsä lepäsivät polvillaan, kädet ristissä pään yläpuolella.

Wie ein Hund benutzte er seine haarigen Arme, um den fallenden Regen abzuschütteln.

Koiran tavoin hän käytti karvaisia käsivarsiaan pudistaakseen pois putoavan sateen.

Hinter dem Feuerschein sah Buck zwei Kohlen im Dunkeln glühen.

Tulenvalossa Buck näki kaksi hiiliä hehkuvan pimeässä.

Immer zu zweit, waren sie die Augen der sich anpirschenden Raubtiere.
Aina pareittain, ne olivat vaanivien petoeläinten silmät.
Er hörte, wie Körper durchs Unterholz krachten und Geräusche in der Nacht.
Hän kuuli ruumiiden rysähdyksiä pensaiden läpi ja ääniä yössä.
Buck lag blinzelnd am Ufer des Yukon und träumte am Feuer.
Makaessaan Yukonin rannalla ja räpytellen silmiään Buck unelmoi nuotion ääressä.
Die Anblicke und Geräusche dieser wilden Welt ließen ihm die Haare zu Berge stehen.
Tuon villin maailman näkymät ja äänet nostivat hänen hiuksensa pystyyn.
Das Fell stand ihm über den Rücken, die Schultern und den Hals hinauf.
Karva nousi pystyyn hänen selkäänsä, hartioitaan ja kaulaansa pitkin.
Er wimmerte leise oder gab ein tiefes Knurren aus der Brust von sich.
Hän vinkui hiljaa tai murahti matalasti syvällä rinnassaan.
Dann rief der Mischlingskoch: „Hey, du Buck, wach auf!"
Sitten puoliverinen kokki huusi: "Hei, Buck, herää!"
Die Traumwelt verschwand und das wirkliche Leben kehrte in Bucks Augen zurück.
Unelmamaailma katosi, ja todellinen elämä palasi Buckin silmiin.
Er wollte aufstehen, sich strecken und gähnen, als wäre er aus einem Nickerchen erwacht.
Hän aikoi nousta ylös, venytellä ja haukotella, aivan kuin olisi herännyt torkuilta.
Die Reise war anstrengend, da sie den Postschlitten hinter sich herziehen mussten.
Matka oli raskas, postireen laahatessa perässä.
Schwere Lasten und harte Arbeit zermürbten die Hunde jeden langen Tag.

Raskaat kuormat ja kova työ uuvuttivat koiria joka pitkä päivä.
Sie kamen dünn und müde in Dawson an und brauchten über eine Woche Ruhe.
He saapuivat Dawsoniin laihoina, väsyneinä ja yli viikon lepoa tarvitsevina.
Doch nur zwei Tage später machten sie sich erneut auf den Weg den Yukon hinunter.
Mutta vain kaksi päivää myöhemmin he lähtivät taas matkaan alas Yukonia.
Sie waren mit weiteren Briefen beladen, die für die Außenwelt bestimmt waren.
Ne lastattiin lisää kirjeillä, jotka oli tarkoitettu ulkomaailmaan.
Die Hunde waren erschöpft und die Männer beschwerten sich ständig.
Koirat olivat uupuneita ja miehet valittivat jatkuvasti.
Jeden Tag fiel Schnee, der den Weg weicher machte und die Schlitten verlangsamte.
Lunta satoi joka päivä, pehmentäen polkua ja hidastaen kelkkoja.
Dies führte zu einem stärkeren Ziehen und einem größeren Widerstand der Läufer.
Tämä vaikeutti vetämistä ja lisäsi vastusta jalankulkijoille.
Trotzdem waren die Fahrer fair und kümmerten sich um ihre Teams.
Siitä huolimatta kuljettajat olivat reiluja ja välittivät tiimeistään.
Jeden Abend wurden die Hunde gefüttert, bevor die Männer etwas zu essen bekamen.
Joka ilta koirat ruokittiin ennen kuin miehet pääsivät syömään.
Kein Mann geht schlafen, ohne vorher die Pfoten seines eigenen Hundes zu kontrollieren.
Yksikään mies ei nukkunut tarkistamatta oman koiransa jalkoja.
Dennoch wurden die Hunde mit jeder zurückgelegten Strecke schwächer.

Koirat kuitenkin heikkenivät kilometrien rasittaessa niiden kehoa.

Sie waren den ganzen Winter über zweitausendachthundert Kilometer gereist.

He olivat matkustaneet kahdeksansataa mailia läpi talven.

Sie zogen Schlitten über jede Meile dieser brutalen Distanz.

He vetivät kelkkoja jokaisen mailin yli tuolla julmalla matkalla.

Selbst die härtesten Schlittenhunde spüren nach so vielen Kilometern die Belastung.

Kovimmatkin rekikoirat tuntevat rasitusta niin monien kilometrien jälkeen.

Buck hielt durch, sorgte für die Weiterarbeit seines Teams und sorgte für die nötige Disziplin.

Buck piti pintansa, piti tiiminsä työssä ja säilytti kurin.

Aber Buck war müde, genau wie die anderen auf der langen Reise.

Mutta Buck oli väsynyt, aivan kuten muutkin pitkällä matkalla.

Billee wimmerte und weinte jede Nacht ohne Ausnahme im Schlaf.

Billee valitti ja itki unissaan joka yö taukoamatta.

Joe wurde noch verbitterter und Solleks blieb kalt und distanziert.

Joe katkeroitui entisestään, ja Solleks pysyi kylmänä ja etäisenä.

Doch Dave war derjenige des gesamten Teams, der am meisten darunter litt.

Mutta koko joukkueesta pahiten kärsi Dave.

Irgendetwas in seinem Inneren war schiefgelaufen, doch niemand wusste, was.

Jokin hänen sisällään oli mennyt pieleen, vaikka kukaan ei tiennyt mitä.

Er wurde launischer und fuhr andere mit wachsender Wut an.

Hänestä tuli pahantuulisempi ja hän tiuskaisi toisille kasvavalla vihalla.

Jede Nacht ging er direkt zu seinem Nest und wartete darauf, gefüttert zu werden.
Joka yö hän meni suoraan pesäänsä odottamaan ruokaa.
Als Dave einmal unten war, stand er bis zum Morgen nicht mehr auf.
Kun Dave oli kerran laskeutunut maahan, hän ei noussut ylös ennen aamua.
Plötzliche Rucke oder Anlaufe an den Zügeln ließen ihn vor Schmerzen aufschreien.
Ohjissa äkilliset nykäykset tai säpsähdykset saivat hänet huutamaan tuskasta.
Sein Fahrer suchte nach der Ursache, konnte jedoch keine Verletzungen feststellen.
Kuljettaja etsi syytä onnettomuuteen, mutta ei löytänyt miehestä vammoja.
Alle Fahrer beobachteten Dave und besprachen seinen Fall.
Kaikki kuljettajat alkoivat tarkkailla Davea ja keskustella hänen tapauksestaan.
Sie unterhielten sich beim Essen und während ihrer letzten Zigarette des Tages.
He juttelivat aterioilla ja päivän viimeisen savukkeen polttaessaan.
Eines Nachts hielten sie eine Versammlung ab und brachten Dave zum Feuer.
Eräänä iltana he pitivät kokouksen ja toivat Daven tulen ääreen.
Sie drückten und untersuchten seinen Körper und er schrie oft.
He painoivat ja tutkivat hänen ruumistaan, ja hän huusi usein.
Offensichtlich stimmte etwas nicht, auch wenn keine Knochen gebrochen zu sein schienen.
Selvästikin jokin oli vialla, vaikka luita ei näyttänyt olevan murtunut.
Als sie Cassiar Bar erreichten, war Dave am Umfallen.
Siihen mennessä kun he saapuivat Cassiar Barille, Dave oli kaatumassa.

Der schottische Mischling machte Schluss und nahm Dave aus dem Team.
Skotlantilainen puoliverinen pysäytti valjakon ja poisti Daven valjakosta.
Er befestigte Solleks an Daves Stelle, ganz vorne am Schlitten.
Hän kiinnitti Solleksin Daven paikalle, lähimmäksi reen etuosaa.
Er wollte Dave ausruhen und ihm die Freiheit geben, hinter dem fahrenden Schlitten herzulaufen.
Hän aikoi antaa Daven levätä ja juosta vapaana liikkuvan reen perässä.
Doch selbst als er krank war, hasste Dave es, von seinem Job geholt zu werden.
Mutta sairaanakin Dave vihasi sitä, että hänet erotettiin aiemmin omistamastaan työstä.
Er knurrte und wimmerte, als ihm die Zügel aus dem Körper gerissen wurden.
Hän murahti ja vinkui, kun ohjat vedettiin pois hänen ruumiistaan.
Als er Solleks an seiner Stelle sah, weinte er vor gebrochenem Herzen.
Nähdessään Solleksin hänen paikallaan hän itki särkyneestä sydämestä.
Dave war noch immer stolz auf seine Arbeit auf dem Weg, selbst als der Tod nahte.
Polkutyön ylpeys oli syvällä Davessa, jopa kuoleman lähestyessä.
Während der Schlitten fuhr, kämpfte sich Dave durch den weichen Schnee in der Nähe des Pfades.
Kelkan liikkuessa Dave rämpi pehmeässä lumessa lähellä polkua.
Er griff Solleks an, biss ihn und stieß ihn von der Seite des Schlittens.
Hän hyökkäsi Solleksin kimppuun puremalla ja työntämällä tätä reen kyljestä.

Dave versuchte, in das Geschirr zu springen und seinen Arbeitsplatz zurückzuerobern.
Dave yritti hypätä valjaisiin ja vallata takaisin työpaikkansa.
Er schrie, jammerte und weinte, hin- und hergerissen zwischen Schmerz und Stolz auf die Wehen.
Hän huusi, vinkui ja itki, ristitulessa kivun ja synnytysylpeyden välillä.
Der Mischling versuchte, Dave mit seiner Peitsche vom Team zu vertreiben.
Puoliverinen yritti ajaa Daven pois joukkueen luota ruoskallaan.
Doch Dave ignorierte den Hieb und der Mann konnte nicht härter zuschlagen.
Mutta Dave jätti ruoskan huomiotta, eikä mies voinut lyödä häntä kovemmin.
Dave lehnte den einfacheren Weg hinter dem Schlitten ab, wo der Schnee festgefahren war.
Dave kieltäytyi helpommasta polusta reen takana, jossa lunta oli pakkautunut.
Stattdessen kämpfte er sich elend durch den tiefen Schnee neben dem Weg.
Sen sijaan hän kamppaili kurjuudessa polun vieressä olevassa syvässä lumessa.
Schließlich brach Dave zusammen, blieb im Schnee liegen und schrie vor Schmerzen.
Lopulta Dave lyyhistyi makaamaan lumeen ja ulvoi tuskasta.
Er schrie auf, als die lange Schlittenkette einer nach dem anderen an ihm vorbeifuhr.
Hän huudahti, kun pitkä kelkkajono ohitti hänet yksi kerrallaan.
Dennoch stand er mit der ihm verbleibenden Kraft auf und stolperte ihnen hinterher.
Jäljellä olevilla voimillaan hän kuitenkin nousi ja kompuroi heidän peräänsä.
Als der Zug wieder anhielt, holte er ihn ein und fand seinen alten Schlitten.

Hän saavutti junan pysähtyessä uudelleen ja löysi vanhan rekänsä.
Er kämpfte sich an den anderen Teams vorbei und stand wieder neben Solleks.
Hän lipui rämpimällä muiden joukkueiden ohi ja seisoi taas Solleksin vieressä.
Als der Fahrer anhielt, um seine Pfeife anzuzünden, nutzte Dave seine letzte Chance.
Kun kuljettaja pysähtyi sytyttääkseen piippunsa, Dave käytti viimeisen tilaisuutensa.
Als der Fahrer zurückkam und schrie, bewegte sich das Team nicht weiter.
Kun kuljettaja palasi ja huusi, joukkue ei edennyt eteenpäin.
Die Hunde hatten ihre Köpfe gedreht, verwirrt durch den plötzlichen Stopp.
Koirat olivat kääntäneet päätään hämmentyneinä äkillisestä pysähdyksestä.
Auch der Fahrer war schockiert – der Schlitten hatte sich keinen Zentimeter vorwärts bewegt.
Kuljettajakin oli järkyttynyt – reki ei ollut liikkunut tuumaakaan eteenpäin.
Er rief den anderen zu, sie sollten kommen und nachsehen, was passiert sei.
Hän huusi muille, että he tulisivat katsomaan, mitä oli tapahtunut.
Dave hatte Solleks' Zügel durchgekaut und beide auseinandergerissen.
Dave oli pureskellut Solleksin ohjat poikki ja katkaissut molemmat.
Nun stand er vor dem Schlitten, wieder an seinem rechtmäßigen Platz.
Nyt hän seisoi reen edessä, takaisin oikealla paikallaan.
Dave blickte zum Fahrer auf und flehte ihn stumm an, in der Spur zu bleiben.
Dave katsoi kuljettajaa ja aneli hiljaa saada pysyä köysissä.
Der Fahrer war verwirrt und wusste nicht, was er für den zappelnden Hund tun sollte.

Kuljettaja oli hämmentynyt, eikä tiennyt, mitä tehdä kamppailevalle koiralle.

Die anderen Männer sprachen von Hunden, die beim Rausbringen gestorben waren.

Muut miehet puhuivat koirista, jotka olivat kuolleet ulos otettaessa.

Sie erzählten von alten oder verletzten Hunden, denen es das Herz brach, als sie zurückgelassen wurden.

He kertoivat vanhoista tai loukkaantuneista koirista, joiden sydämet särkyivät, kun ne jätettiin taakse.

Sie waren sich einig, dass es Gnade wäre, Dave sterben zu lassen, während er noch im Geschirr steckte.

He olivat yhtä mieltä siitä, että oli armoa antaa Daven kuolla vielä valjaissaan.

Er wurde wieder auf dem Schlitten festgeschnallt und Dave zog voller Stolz.

Hänet kiinnitettiin takaisin kelkkaan, ja Dave veti ylpeänä.

Obwohl er manchmal schrie, arbeitete er, als könne man den Schmerz ignorieren.

Vaikka hän huusi ajoittain, hän työskenteli aivan kuin kipua ei voisi sivuuttaa.

Mehr als einmal fiel er und wurde mitgeschleift, bevor er wieder aufstand.

Hän kaatui useammin kuin kerran ja joutui raahautumaan ennen kuin nousi uudelleen.

Einmal wurde er vom Schlitten überrollt und von diesem Moment an humpelte er.

Kerran reki pyörähti hänen ylitseen, ja hän ontui siitä hetkestä lähtien.

Trotzdem arbeitete er, bis das Lager erreicht war, und legte sich dann ans Feuer.

Silti hän työskenteli, kunnes leiri saavutti, ja sitten makasi nuotion ääressä.

Am Morgen war Dave zu schwach, um zu reisen oder auch nur aufrecht zu stehen.

Aamuun mennessä Dave oli liian heikko matkustaakseen tai edes seistäkseen pystyssä.

Als es Zeit war, das Geschirr anzulegen, versuchte er mit zitternder Anstrengung, seinen Fahrer zu erreichen.
Valjaiden kiinnittämisen hetkellä hän yritti vapisevin voimin tavoittaa kuljettajaansa.
Er rappelte sich auf, taumelte und brach auf dem schneebedeckten Boden zusammen.
Hän nousi ylös, horjahti ja lysähti lumipeitteiselle maalle.
Mithilfe seiner Vorderbeine zog er seinen Körper in Richtung des Angeschirrs.
Etujalkojaan käyttäen hän raahasi ruumistaan kohti valjaiden kiinnitysaluetta.
Zentimeter für Zentimeter schob er sich auf die Arbeitshunde zu.
Hän hiipi eteenpäin, tuuma tuumalta, työkoiria kohti.
Er verließ die Kraft, aber er machte mit seinem letzten verzweifelten Vorstoß weiter.
Hänen voimansa pettivät, mutta hän jatkoi viimeistä epätoivoista ponnistustaan.
Seine Teamkollegen sahen ihn im Schnee nach Luft schnappen und sich immer noch danach sehnen, zu ihnen zu kommen.
Hänen joukkuetoverinsa näkivät hänen haukkovan henkeään lumessa, yhä kaipaavan liittyä heidän seuraansa.
Sie hörten ihn vor Kummer schreien, als sie das Lager hinter sich ließen.
He kuulivat hänen ulvovan surusta lähtiessään leiristä taakseen.
Als das Team zwischen den Bäumen verschwand, hallte Daves Schrei hinter ihnen wider.
Kun joukkue katosi puiden sekaan, Daven huuto kaikui heidän takanaan.
Der Schlittenzug hielt kurz an, nachdem er einen Abschnitt des Flusswalds überquert hatte.
Rekijuna pysähtyi hetkeksi ylitettyään jokimetsän.
Der schottische Mischling ging langsam zurück zum Lager dahinter.

Skotlantilainen puoliverinen käveli hitaasti takaisin kohti takanaan olevaa leiriä.

Die Männer verstummten, als sie ihn den Schlittenzug verlassen sahen.

Miehet lopettivat puhumisen nähdessään hänen poistuvan rekijunasta.

Dann ertönte ein einzelner Schuss klar und scharf über den Weg.

Sitten yksi ainoa laukaus kajahti selvästi ja terävästi polun poikki.

Der Mann kam schnell zurück und nahm wortlos seinen Platz ein.

Mies palasi nopeasti takaisin ja istuutui paikalleen sanomatta sanaakaan.

Peitschen knallten, Glöckchen bimmelten und die Schlitten rollten durch den Schnee.

Ruoskat pauhasivat, kellot kilisivät ja reet vierivät eteenpäin lumen läpi.

Aber Buck wusste, was passiert war – und alle anderen Hunde auch.

Mutta Buck tiesi, mitä oli tapahtunut – ja niin tiesivät kaikki muutkin koirat.

Die Mühen der Zügel und des Trails
Ohjien ja polun vaivannäkö

Dreißig Tage nach dem Verlassen von Dawson erreichte die Salt Water Mail Skaguay.
Kolmekymmentä päivää Dawsonista lähdön jälkeen Salt Water Mail saapui Skaguayhin.
Buck und seine Teamkollegen gingen in Führung, kamen aber in einem erbärmlichen Zustand an.
Buck ja hänen joukkuetoverinsa ottivat johdon saapuessaan paikalle surkeassa kunnossa.
Buck hatte von hundertvierzig auf hundertfünfzehn Pfund abgenommen.
Buck oli pudonnut sadasta neljästäkymmenestä kilosta sataan viiteentoista paunaan.
Die anderen Hunde hatten, obwohl kleiner, noch mehr Körpergewicht verloren.
Muut koirat, vaikkakin pienempiä, olivat laihtuneet vielä enemmän.
Pike, einst ein vorgetäuschter Hinker, schleppte nun ein wirklich verletztes Bein hinter sich her.
Pike, joka aiemmin teeskenteli ontuvan, raahasi nyt todella loukkaantunutta jalkaansa perässään.
Solleks humpelte stark und Dub hatte ein verrenktes Schulterblatt.
Solleks ontui pahasti, ja Dubin lapaluu oli vääntynyt.
Die Füße aller Hunde im Team waren von den Wochen auf dem gefrorenen Pfad wund.
Jokaisen joukkueen koiran jalat olivat kipeät viikkojen jäätyneellä polulla vietettyään.
Ihre Schritte waren völlig federnd und bewegten sich nur langsam und schleppend.
Heidän askeleissaan ei ollut enää lainkaan joustavuutta, vain hidas, laahustava liike.
Ihre Füße treffen den Weg hart und jeder Schritt belastet ihren Körper stärker.

Heidän jalkansa osuivat lujaa polkuun, ja jokainen askel lisäsi rasitusta heidän kehoilleen.
Sie waren nicht krank, sondern nur so erschöpft, dass sie sich auf natürliche Weise nicht mehr erholen konnten.
He eivät olleet sairaita, vain uupuneita luonnollisen toipumisen yli.
Dies war nicht die Müdigkeit eines harten Tages, die durch eine Nachtruhe geheilt werden konnte.
Tämä ei ollut yhden raskaan päivän aiheuttamaa väsymystä, joka olisi parantunut yöunilla.
Es war eine Erschöpfung, die sich durch monatelange, zermürbende Anstrengungen langsam aufgebaut hatte.
Se oli uupumusta, joka rakentui hitaasti kuukausien uuvuttavan ponnistelun tuloksena.
Es waren keine Kraftreserven mehr vorhanden, sie hatten alles aufgebraucht, was sie hatten.
Ei ollut enää reservivoimaa – he olivat käyttäneet kaiken jäljellä olevan.
Jeder Muskel, jede Faser und jede Zelle ihres Körpers war erschöpft und abgenutzt.
Jokainen lihas, kuitu ja solu heidän kehoissaan oli kulunut loppuun.
Und das hatte seinen Grund: Sie hatten zweitausendfünfhundert Meilen zurückgelegt.
Ja siihen oli syy – he olivat kulkeneet kaksituhatta viisisataa mailia.
Auf den letzten zweitausendachthundert Kilometern hatten sie sich nur fünf Tage ausgeruht.
He olivat levänneet vain viisi päivää viimeisten kahdeksantoistasadan mailin aikana.
Als sie Skaguay erreichten, sahen sie aus, als könnten sie kaum aufrecht stehen.
Skaguayhin saapuessaan he näyttivät tuskin pystyvän seisomaan pystyssä.
Sie hatten Mühe, die Zügel straff zu halten und vor dem Schlitten zu bleiben.
Heillä oli vaikeuksia pitää ohjat tiukasti ja pysyä reen edellä.

Auf abschüssigen Hängen konnten sie nur noch vermeiden, überfahren zu werden.
Alamäissä he onnistuivat vain välttämään yliajon.
"Weiter, ihr armen, wunden Füße", sagte der Fahrer, während sie weiterhumpelten.
"Marssia eteenpäin, raukat kipeät jalat", kuljettaja sanoi heidän ontuessaan eteenpäin.
"Das ist die letzte Strecke, danach bekommen wir alle auf jeden Fall noch eine lange Pause."
"Tämä on viimeinen osuus, ja sitten me kaikki saamme varmasti yhden pitkän lepotauon."
"Eine richtig lange Pause", versprach er und sah ihnen nach, wie sie weiter taumelten.
"Yksi todella pitkä lepo", hän lupasi katsellen heidän horjuvan eteenpäin.
Die Fahrer rechneten damit, dass sie nun eine lange, notwendige Pause bekommen würden.
Kuljettajat odottivat saavansa nyt pitkän ja tarpeellisen tauon.
Sie hatten zweitausend Meilen zurückgelegt und nur zwei Tage Pause gemacht.
He olivat matkustaneet kaksisataa kilometriä vain kahden päivän lepotauolla.
Sie waren der Meinung, dass sie sich die Zeit zum Entspannen verdient hätten, und das aus fairen und vernünftigen Gründen.
Kohtuullisuuden ja oikeudenmukaisuuden nimissä he kokivat ansainneensa aikaa rentoutua.
Aber zu viele waren zum Klondike gekommen und zu wenige waren zu Hause geblieben.
Mutta liian monet olivat tulleet Klondikeen, ja liian harvat olivat jääneet kotiin.
Es gingen unzählige Briefe von Familien ein, die zu Bergen verspäteter Post führten.
Kirjeitä perheiltä tulvi sisään, mikä loi kasoja viivästyneitä postilähetyksiä.
Offizielle Anweisungen trafen ein – neue Hudson Bay-Hunde würden die Nachfolge antreten.

Viralliset määräykset saapuivat – uudet Hudson Bayn koirat ottaisivat vallan.

Die erschöpften Hunde, die nun als wertlos galten, sollten entsorgt werden.

Uupuneet koirat, joita nyt kutsuttiin arvottomiksi, oli tarkoitus hävittää.

Da Geld wichtiger war als Hunde, sollten sie billig verkauft werden.

Koska raha merkitsi enemmän kuin koirat, ne myytäisiin halvalla.

Drei weitere Tage vergingen, bevor die Hunde spürten, wie schwach sie waren.

Kului vielä kolme päivää ennen kuin koirat tunsivat, kuinka heikkoja ne olivat.

Am vierten Morgen kauften zwei Männer aus den Staaten das gesamte Team.

Neljäntenä aamuna kaksi miestä Yhdysvalloista ostivat koko joukkueen.

Der Verkauf umfasste alle Hunde sowie ihre abgenutzte Geschirrausrüstung.

Myyntiin sisältyivät kaikki koirat sekä niiden kuluneet valjaat.

Die Männer nannten sich gegenseitig „Hal" und „Charles", als sie den Deal abschlossen.

Miehet kutsuivat toisiaan "Haliksi" ja "Charlesiksi" tehdessään kaupat.

Charles war mittleren Alters, blass, hatte schlaffe Lippen und wilde Schnurrbartspitzen.

Charles oli keski-ikäinen, kalpea, veltoilla huulilla ja voimakkailla viiksenpäillä.

Hal war ein junger Mann, vielleicht neunzehn, der einen Patronengürtel trug.

Hal oli nuori mies, ehkä yhdeksäntoista, ja hänellä oli patruunoilla täytetty vyö.

Am Gürtel befanden sich ein großer Revolver und ein Jagdmesser, beide unbenutzt.

Vyöllä oli iso revolveri ja metsästysveitsi, molemmat käyttämättömiä.

Es zeigte, wie unerfahren und ungeeignet er für das Leben im Norden war.
Se osoitti, kuinka kokematon ja sopimaton hän oli pohjoiseen elämään.
Keiner der beiden Männer gehörte in die Wildnis; ihre Anwesenheit widersprach jeder Vernunft.
Kumpikaan mies ei kuulunut luontoon; heidän läsnäolonsa uhmasi kaikkea järkeä.
Buck beobachtete, wie das Geld zwischen Käufer und Makler den Besitzer wechselte.
Buck katseli, kuinka rahat vaihtoivat omistajaa ja välittäjää.
Er wusste, dass die Postzugführer sein Leben wie alle anderen verlassen würden.
Hän tiesi, että postijunankuljettajat olivat jättämässä hänen elämänsä kuten muutkin.
Sie folgten Perrault und François, die nun unwiederbringlich verschwunden waren.
He seurasivat Perraultia ja Françoisia, jotka olivat nyt menettäneet asemansa.
Buck und das Team wurden in das schlampige Lager ihrer neuen Besitzer geführt.
Buck ja tiimi johdatettiin uusien omistajiensa huolimattomaan leiriin.
Das Zelt hing durch, das Geschirr war schmutzig und alles lag in Unordnung.
Teltta painui alas, astiat olivat likaisia ja kaikki oli epäjärjestyksessä.
Buck bemerkte dort auch eine Frau – Mercedes, Charles' Frau und Hals Schwester.
Buck huomasi siellä myös naisen – Mercedesin, Charlesin vaimon ja Halin sisaren.
Sie bildeten eine vollständige Familie, obwohl sie alles andere als für den Wanderpfad geeignet waren.
He muodostivat täydellisen perheen, vaikkakaan eivät läheskään sopivia polulle.
Buck beobachtete nervös, wie das Trio begann, die Vorräte einzupacken.

Buck katseli hermostuneesti, kun kolmikko alkoi pakata tarvikkeita.
Sie arbeiteten hart, aber ohne Ordnung – nur Aufhebens und vergeudete Mühe.
He työskentelivät ahkerasti, mutta ilman järjestystä – pelkkää hässäkkää ja hukkaan heitettyä vaivaa.
Das Zelt war zu einer sperrigen Form zusammengerollt und viel zu groß für den Schlitten.
Teltta oli rullattu kömpelöksi, aivan liian suureksi reelle.
Schmutziges Geschirr wurde eingepackt, ohne dass es gespült oder getrocknet worden wäre.
Likaiset astiat pakattiin ilman pesua tai kuivausta.
Mercedes flatterte herum, redete, korrigierte und mischte sich ständig ein.
Mercedes lepatteli ympäriinsä, puhuen, korjaillen ja sekaantuen jatkuvasti asioihin.
Als ein Sack vorne platziert wurde, bestand sie darauf, dass er hinten drankam.
Kun säkki pantiin eteen, hän vaati sen menevän taakse.
Sie packte den Sack ganz unten rein und im nächsten Moment brauchte sie ihn.
Hän pakkasi säkin pohjalle, ja seuraavassa hetkessä hän tarvitsi sitä.
Also wurde der Schlitten erneut ausgepackt, um an die eine bestimmte Tasche zu gelangen.
Niinpä reki purettiin uudelleen, jotta pääsisimme käsiksi yhteen tiettyyn laukkuun.
In der Nähe standen drei Männer vor einem Zelt und beobachteten die Szene.
Lähellä teltan ulkopuolella seisoi kolme miestä katselemassa tapahtumia.
Sie lächelten, zwinkerten und grinsten über die offensichtliche Verwirrung der Neuankömmlinge.
He hymyilivät, iskivät silmää ja virnistivät tulokkaiden ilmeiselle hämmennykselle.
„Sie haben schon eine ziemlich schwere Last", sagte einer der Männer.

"Sinulla on jo melkoinen taakka", sanoi yksi miehistä.
„Ich glaube nicht, dass Sie das Zelt tragen sollten, aber es ist Ihre Entscheidung."
"En usko, että sinun pitäisi kantaa sitä telttaa, mutta se on sinun valintasi."
„Unvorstellbar!", rief Mercedes und warf verzweifelt die Hände in die Luft.
"Olipa unelmoitu!" huudahti Mercedes ja heitti kätensä epätoivoisena ilmaan.
„Wie könnte ich ohne Zelt reisen, unter dem ich übernachten kann?"
"Kuinka ihmeessä voisin matkustaa ilman telttaa, jonka alla yöpyä?"
„Es ist Frühling – Sie werden kein kaltes Wetter mehr erleben", antwortete der Mann.
– On kevät, ette tule enää näkemään kylmää säätä, mies vastasi.
Aber sie schüttelte den Kopf und sie stapelten weiterhin Gegenstände auf den Schlitten.
Mutta hän pudisti päätään, ja he jatkoivat tavaroiden kasaamista rekeen.
Als sie die letzten Dinge hinzufügten, türmte sich die Ladung gefährlich hoch auf.
Kuorma kohosi vaarallisen korkealle, kun he lisäsivät viimeisiä tavaroita.
„Glauben Sie, der Schlitten fährt?", fragte einer der Männer mit skeptischem Blick.
"Luuletko, että reki kulkee?" kysyi yksi miehistä epäilevästi.
„Warum sollte es nicht?", blaffte Charles mit scharfer Verärgerung zurück.
"Miksipä ei?" Charles tiuskaisi terävän ärsyyntyneenä.
„Oh, das ist schon in Ordnung", sagte der Mann schnell und wich seiner Beleidigung aus.
– No, se on ihan okei, mies sanoi nopeasti ja peräantyi loukkaantumisesta.
„Ich habe mich nur gewundert – es sah für mich einfach ein bisschen zu kopflastig aus."

"Mietin vain – se näytti minusta vähän liian raskaalta."
Charles drehte sich um und band die Ladung so gut fest, wie er konnte.
Charles kääntyi poispäin ja sitoi kuorman niin hyvin kuin pystyi.
Allerdings waren die Zurrgurte locker und die Verpackung insgesamt schlecht ausgeführt.
Mutta sidokset olivat löysät ja pakkaus kaiken kaikkiaan huonosti tehty.
„Klar, die Hunde machen das den ganzen Tag", sagte ein anderer Mann sarkastisch.
– Totta kai koirat vetävät sitä koko päivän, sanoi toinen mies sarkastisesti.
„Natürlich", antwortete Hal kalt und packte die lange Lenkstange des Schlittens.
"Totta kai", Hal vastasi kylmästi ja tarttui kelkan pitkään ohjaustankoon.
Mit einer Hand an der Stange schwang er mit der anderen die Peitsche.
Toisella kädellä seipään päällä hän heilutti ruoskaa toisella.
„Los geht's!", rief er. „Bewegt euch!", und trieb die Hunde zum Aufbruch an.
"Mennään!" hän huusi. "Liikkukaa!" ja kehotti koiria liikkeelle.
Die Hunde lehnten sich in das Geschirr und spannten sich einige Augenblicke lang an.
Koirat nojasivat valjaisiin ja ponnistelivat hetken.
Dann blieben sie stehen, da sie den überladenen Schlitten keinen Zentimeter bewegen konnten.
Sitten he pysähtyivät, kykenemättä liikauttamaan ylikuormitettua rekeä tuumaakaan.
„Diese faulen Bestien!", schrie Hal und hob die Peitsche, um sie zu schlagen.
"Laiskarot!" Hal huusi ja nosti ruoskan lyödäkseen heitä.
Doch Mercedes stürzte herein und riss Hal die Peitsche aus der Hand.

Mutta Mercedes ryntäsi sisään ja nappasi ruoskan Halin käsistä.

„Oh, Hal, wage es ja nicht, ihnen wehzutun", rief sie alarmiert.

"Voi Hal, älä uskalla satuttaa heitä", hän huusi säikähtäneenä.

„Versprich mir, dass du nett zu ihnen bist, sonst gehe ich keinen Schritt weiter."

"Lupaa olla heille kiltti, tai en astu askeltakaan enää."

„Du weißt nichts über Hunde", fuhr Hal seine Schwester an.

"Et tiedä koirista yhtään mitään", Hal tiuskaisi sisarelleen.

„Sie sind faul, und die einzige Möglichkeit, sie zu bewegen, besteht darin, sie zu peitschen."

"Ne ovat laiskoja, ja ainoa tapa liikuttaa niitä on ruoskia niitä."

„Fragen Sie irgendjemanden – fragen Sie einen dieser Männer dort drüben, wenn Sie mir nicht glauben."

"Kysy keneltä tahansa – kysy joltain noista miehistä tuolla, jos epäilet minua."

Mercedes sah die Zuschauer mit flehenden, tränennassen Augen an.

Mercedes katsoi katsojia anelevin, kyynelten täyttämin silmin.

Ihr Gesicht zeigte, wie sehr sie den Anblick jeglichen Schmerzes hasste.

Hänen kasvoillaan näkyi, kuinka syvästi hän vihasi kaiken kivun näkemistä.

„Sie sind schwach, das ist alles", sagte ein Mann. „Sie sind erschöpft."

– He ovat heikkoja, siinä kaikki, sanoi eräs mies. – He ovat kuluneet loppuun.

„Sie brauchen Ruhe – sie haben zu lange ohne Pause gearbeitet."

"He tarvitsevat lepoa – heitä on työskennelty liian kauan tauotta."

„Der Rest sei verflucht", murmelte Hal mit verzogenen Lippen.

"Loput olkoot kirotut", Hal mutisi huuli rypistettynä.

Mercedes schnappte nach Luft, sein grobes Wort schmerzte sie sichtlich.

Mercedes haukkoi henkeään, selvästi tuskallisena hänen karkeista sanoistaan.

Dennoch blieb sie loyal und verteidigte ihren Bruder sofort.

Silti hän pysyi uskollisena ja puolusti veljeään välittömästi.

„Kümmere dich nicht um den Mann", sagte sie zu Hal. „Das sind unsere Hunde."

– Älä välitä tuosta miehestä, hän sanoi Halille. – Ne ovat meidän koiria.

„Fahren Sie sie, wie Sie es für richtig halten – tun Sie, was Sie für richtig halten."

"Aja niitä niin kuin parhaaksi näet – tee niin kuin itse näet oikeaksi."

Hal hob die Peitsche und schlug die Hunde erneut gnadenlos.

Hal nosti ruoskan ja löi koiria uudelleen armotta.

Sie stürzten sich nach vorne, die Körper tief gebeugt, die Füße in den Schnee gedrückt.

He syöksyivät eteenpäin, vartalot matalana, jalat lumessa.

Sie gaben sich alle Mühe, den Schlitten zu ziehen, aber er bewegte sich nicht.

Kaikki heidän voimansa meni vetämiseen, mutta reki ei liikkunut.

Der Schlitten blieb wie ein im Schnee festgefrorener Anker stecken.

Kelkka pysyi jumissa kuin pakkautuneeseen lumeen jäätynyt ankkuri.

Nach einem zweiten Versuch blieben die Hunde wieder stehen und keuchten schwer.

Toisen yrityksen jälkeen koirat pysähtyivät uudelleen läähättäen kovasti.

Hal hob die Peitsche noch einmal, gerade als Mercedes erneut eingriff.

Hal nosti ruoskan jälleen kerran juuri kun Mercedes puuttui asiaan.

Sie fiel vor Buck auf die Knie und umarmte seinen Hals.

Hän polvistui Buckin eteen ja halasi tämän kaulaa.

Tränen traten ihr in die Augen, als sie den erschöpften Hund anflehte.
Kyyneleet täyttivät hänen silmänsä, kun hän aneli uupunutta koiraa.
„Ihr Armen", sagte sie, „warum zieht ihr nicht einfach stärker?"
– Te raukat, hän sanoi, – miksette vain vedä kovemmin?
„Wenn du ziehst, wirst du nicht so ausgepeitscht."
"Jos vedät, et saa tällaista ruoskintaa."
Buck mochte Mercedes nicht, aber er war zu müde, um ihr jetzt zu widerstehen.
Buck ei pitänyt Mercedesistä, mutta hän oli liian väsynyt vastustaakseen häntä nyt.
Er akzeptierte ihre Tränen als einen weiteren Teil dieses elenden Tages.
Hän hyväksyi naisen kyyneleet vain yhtenä osana kurjaa päivää.
Einer der zuschauenden Männer ergriff schließlich das Wort, nachdem er seinen Ärger unterdrückt hatte.
Yksi miehistä puhui vihdoin pidäteltyään vihansa.
„Es ist mir egal, was mit euch passiert, Leute, aber diese Hunde sind wichtig."
"Minua ei kiinnosta, mitä teille tapahtuu, mutta nuo koirat ovat tärkeitä."
„Wenn du helfen willst, mach den Schlitten los – er ist am Schnee festgefroren."
"Jos haluat auttaa, päästä kelkka irti – se on jäätynyt lumeen."
„Drücken Sie fest auf die Gee-Stange, rechts und links, und brechen Sie die Eisversiegelung."
"Työnnä lujaa vipuvartta oikealle ja vasemmalle ja murra jäätiiviste."
Ein dritter Versuch wurde unternommen, diesmal auf Vorschlag des Mannes.
Kolmas yritys tehtiin, tällä kertaa miehen ehdotuksesta.
Hal schaukelte den Schlitten von einer Seite auf die andere und löste so die Kufen.
Hal keinutti kelkkaa puolelta toiselle jalakset irtosivat.

Obwohl der Schlitten überladen und unhandlich war, machte er schließlich einen Satz nach vorne.
Vaikka reki oli ylikuormitettu ja kömpelö, se horjahti lopulta eteenpäin.
Buck und die anderen zogen wild, angetrieben von einem Sturm aus Schleudertraumen.
Buck ja muut vetivät villisti, myrskyn lailla ajamina niskaan.
Hundert Meter weiter machte der Weg eine Biegung und führte in die Straße hinein.
Sadan metrin päässä polku kaartui ja vietti kadulle.
Um den Schlitten aufrecht zu halten, hätte es eines erfahrenen Fahrers bedurft.
Reen pystyssä pitäminen olisi vaatinut taitavan kuljettajan.
Hal war nicht geschickt und der Schlitten kippte, als er um die Kurve schwang.
Hal ei ollut taitava, ja kelkka kallistui kääntyessään mutkan ympäri.
Lose Zurrgurte gaben nach und die Hälfte der Ladung ergoss sich auf den Schnee.
Löysät sidontaköydet pettivät, ja puolet kuormasta valui lumelle.
Die Hunde hielten nicht an; der leichtere Schlitten flog auf der Seite weiter.
Koirat eivät pysähtyneet; kevyempi reki lensi kyljellään.
Wütend über die Beschimpfungen und die schwere Last rannten die Hunde noch schneller.
Vihaisina kaltoinkohtelusta ja raskaasta taakasta koirat juoksivat nopeammin.
Buck rannte wütend los und das Team folgte ihm.
Raivostuneena Buck lähti juoksemaan, ja joukkue seurasi perässä.
Hal rief „Whoa! Whoa!", aber das Team beachtete ihn nicht.
Hal huusi "Vau! Vau!", mutta joukkue ei kiinnittänyt häneen huomiota.
Er stolperte, fiel und wurde am Geschirr über den Boden geschleift.

Hän kompastui, kaatui ja valjaat raahasivat häntä pitkin maata.
Der umgekippte Schlitten wurde über ihn geworfen, als die Hunde weiterrasten.
Kaatunut reki töyssyi hänen ylitseen koirien kiitäessä edellä.
Die restlichen Vorräte verteilten sich über die belebte Straße von Skaguay.
Loput tarvikkeet olivat hajallaan Skaguayn vilkkaan kadun varrella.
Gutherzige Menschen eilten herbei, um die Hunde anzuhalten und die Ausrüstung einzusammeln.
Hyväsydämiset ihmiset kiiruhtivat pysäyttämään koiria ja keräämään varusteet.
Sie gaben den neuen Reisenden auch direkte und praktische Ratschläge.
He antoivat myös uusille matkailijoille suoria ja käytännöllisiä neuvoja.
„Wenn Sie Dawson erreichen wollen, nehmen Sie die halbe Ladung und die doppelte Anzahl an Hunden mit."
"Jos haluatte päästä Dawsoniin, ottakaa puolet kuormasta ja tuplasti koiria."
Hal, Charles und Mercedes hörten zu, wenn auch nicht mit Begeisterung.
Hal, Charles ja Mercedes kuuntelivat, vaikkakaan eivät innokkaasti.
Sie bauten ihr Zelt auf und begannen, ihre Vorräte zu sortieren.
He pystyttivät telttansa ja alkoivat lajitella tavaroitaan.
Heraus kamen Konserven, die die Zuschauer laut lachen ließen.
Ulos tuli säilykkeitä, jotka saivat katsojat nauramaan ääneen.
„Konserven auf dem Weg? Bevor die schmelzen, verhungern Sie", sagte einer.
"Säilykettä polulla? Nälkä kuolee ennen kuin se sulaa", yksi sanoi.
„Hoteldecken? Die wirfst du am besten alle weg."
"Hotellihuovat? Heitä ne kaikki pois, niin on parempi."

„Schmeißen Sie auch das Zelt weg, und hier spült niemand mehr Geschirr."

"Jätä telttakin pois, niin kukaan ei pese täällä astioita."

„Sie glauben, Sie fahren in einem Pullman-Zug mit Bediensteten an Bord?"

"Luuletko matkustavasi Pullman-junassa, jossa on palvelijoita kyydissä?"

Der Prozess begann – jeder nutzlose Gegenstand wurde beiseite geworfen.

Prosessi alkoi – jokainen turha esine heitettiin sivuun.

Mercedes weinte, als ihre Taschen auf den schneebedeckten Boden geleert wurden.

Mercedes itki, kun hänen laukut tyhjennettiin lumivalle maalle.

Sie schluchzte ohne Pause über jeden einzelnen hinausgeworfenen Gegenstand.

Hän itki jokaista pois heitettyä esinettä, yksi kerrallaan tauotta.

Sie schwor, keinen Schritt weiterzugehen – nicht einmal für zehn Charleses.

Hän vannoi, ettei menisi askeltakaan enempää – ei edes kymmenen Charlesen takia.

Sie flehte alle Menschen in ihrer Nähe an, ihr ihre wertvollen Sachen zu überlassen.

Hän pyysi jokaista lähellä olevaa henkilöä antamaan hänen pitää arvoesinensä.

Schließlich wischte sie sich die Augen und begann, auch die wichtigsten Kleidungsstücke wegzuwerfen.

Viimein hän pyyhki silmänsä ja alkoi heitellä pois jopa elintärkeitä vaatteita.

Als sie mit ihrem eigenen fertig war, begann sie, die Vorräte der Männer auszuräumen.

Kun hän oli tyhjentänyt omansa, hän alkoi tyhjentää miesten tarvikkeita.

Wie ein Wirbelwind verwüstete sie die Habseligkeiten von Charles und Hal.

Kuin pyörretuuli hän repi Charlesin ja Halin tavaroita.

Obwohl die Ladung halbiert wurde, war sie immer noch viel schwerer als nötig.
Vaikka kuorma puolittui, se oli silti paljon painavampi kuin olisi tarvinnut.
In dieser Nacht gingen Charles und Hal los und kauften sechs neue Hunde.
Sinä iltana Charles ja Hal menivät ulos ja ostivat kuusi uutta koiraa.
Diese neuen Hunde gesellten sich zu den ursprünglichen sechs, plus Teek und Koona.
Nämä uudet koirat liittyivät alkuperäisten kuuden koiran joukkoon, sekä Teekin ja Koonan.
Zusammen bildeten sie ein Gespann aus vierzehn Hunden, die vor den Schlitten gespannt wurden.
Yhdessä he muodostivat neljäntoista koiran valjakon, jotka oli kytketty rekeen.
Doch die neuen Hunde waren für die Schlittenarbeit ungeeignet und schlecht ausgebildet.
Mutta uudet koirat olivat sopimattomia ja huonosti koulutettuja rekityöhön.
Drei der Hunde waren kurzhaarige Vorstehhunde und einer war ein Neufundländer.
Kolme koirista oli lyhytkarvaisia seisojia ja yksi oli newfoundlandinkoira.
Bei den letzten beiden Hunden handelte es sich um Mischlinge ohne eindeutige Rasse oder Zweckbestimmung.
Kaksi viimeistä koiraa olivat sekarotuisia, joilla ei ollut lainkaan selkeää rotua tai käyttötarkoitusta.
Sie haben den Weg nicht verstanden und ihn nicht schnell gelernt.
He eivät ymmärtäneet polkua eivätkä oppineet sitä nopeasti.
Buck und seine Kameraden beobachteten sie mit Verachtung und tiefer Verärgerung.
Buck ja hänen toverinsa katselivat heitä halveksien ja syvän ärtymyksen vallassa.
Obwohl Buck ihnen beibrachte, was sie nicht tun sollten, konnte er ihnen keine Pflicht beibringen.

Vaikka Buck opetti heille, mitä ei pidä tehdä, hän ei voinut opettaa heille velvollisuudentuntoa.

Sie kamen mit dem Leben auf dem Wanderpfad und dem Ziehen von Zügeln und Schlitten nicht gut zurecht.

Ne eivät pitäneet elämän perässä juoksemisesta eivätkä ohjasten ja rekien vedosta.

Nur die Mischlinge versuchten, sich anzupassen, und selbst ihnen fehlte der Kampfgeist.

Vain sekarotuiset yrittivät sopeutua, ja jopa heiltä puuttui taistelutahtoa.

Die anderen Hunde waren durch ihr neues Leben verwirrt, geschwächt und gebrochen.

Muut koirat olivat hämmentyneitä, heikentyneitä ja murtuneita uudesta elämästään.

Da die neuen Hunde ahnungslos und die alten erschöpft waren, gab es kaum Hoffnung.

Uusien koirien ollessa tietämättömiä ja vanhojen uupuneita, toivo oli hiipumassa.

Bucks Team hatte zweitausendfünfhundert Meilen eines rauen Pfades zurückgelegt.

Buckin joukkue oli kulkenut kaksituhattatuhatta kilometriä karua polkua.

Dennoch waren die beiden Männer fröhlich und stolz auf ihr großes Hundegespann.

Silti kaksi miestä olivat iloisia ja ylpeitä suuresta koiravaljakostaan.

Sie dachten, sie würden mit Stil reisen, mit vierzehn Hunden an der Leine.

He luulivat matkustavansa tyylikkäästi neljäntoista koiran kanssa.

Sie hatten gesehen, wie Schlitten nach Dawson aufbrachen und andere von dort ankamen.

He olivat nähneet rekien lähtevän Dawsoniin ja toisten saapuvan sieltä.

Aber noch nie hatten sie eins gesehen, das von bis zu vierzehn Hunden gezogen wurde.

Mutta he eivät olleet koskaan nähneet sellaista, jota olisi vetänyt jopa neljätoista koiraa.
Es gab einen Grund, warum solche Teams in der arktischen Wildnis selten waren.
Oli syynsä siihen, miksi tällaiset joukkueet olivat harvinaisia arktisella erämaalla.
Kein Schlitten konnte genug Futter transportieren, um vierzehn Hunde für die Reise zu versorgen.
Yksikään reki ei voinut kuljettaa tarpeeksi ruokaa neljälletoista koiralle koko matkan ajaksi.
Aber Charles und Hal wussten das nicht – sie hatten nachgerechnet.
Mutta Charles ja Hal eivät tienneet sitä – he olivat tehneet laskelmat.
Sie haben das Futter berechnet: so viel pro Hund, so viele Tage, fertig.
He lyijykynällä laativat ruoan: niin paljon koiraa kohden, niin monta päivää, tehty.
Mercedes betrachtete ihre Zahlen und nickte, als ob es Sinn machte.
Mercedes katsoi heidän lukujaan ja nyökkäsi ikään kuin ne olisivat olleet järkeenkäypiä.
Zumindest auf dem Papier erschien ihr alles sehr einfach.
Kaikki tuntui hänestä hyvin yksinkertaiselta, ainakin paperilla.

Am nächsten Morgen führte Buck das Team langsam die verschneite Straße hinauf.
Seuraavana aamuna Buck johdatti joukkuetta hitaasti lumista katua pitkin.
Weder er noch die Hunde hinter ihm hatten Energie oder Tatendrang.
Hänessä eikä hänen takanaan olevissa koirissa ollut energiaa tai henkeä.
Sie waren von Anfang an todmüde, es waren keine Reserven mehr vorhanden.

He olivat alusta asti kuoliaaksi väsyneitä – ei ollut enää yhtään varaa jäljellä.

Buck hatte bereits vier Fahrten zwischen Salt Water und Dawson unternommen.

Buck oli jo tehnyt neljä matkaa Salt Waterin ja Dawsonin välillä.

Als er nun erneut vor derselben Spur stand, empfand er nichts als Bitterkeit.

Nyt, samaa polkua jälleen kohti katsoen, hän ei tuntenut muuta kuin katkeruutta.

Er war nicht mit dem Herzen dabei und die anderen Hunde auch nicht.

Hänen sydämensä ei ollut siinä mukana, eivätkä muidenkaan koirien sydämet.

Die neuen Hunde waren schüchtern und den Huskys fehlte jegliches Vertrauen.

Uudet koirat olivat arkoja, ja huskyiltä puuttui kaikki luottamus.

Buck spürte, dass er sich auf diese beiden Männer oder ihre Schwester nicht verlassen konnte.

Buck tunsi, ettei hän voinut luottaa näihin kahteen mieheen tai heidän sisareensa.

Sie wussten nichts und zeigten auf dem Weg keine Anzeichen, etwas zu lernen.

He eivät tienneet mitään eivätkä osoittaneet oppimisen merkkejä matkalla.

Sie waren unorganisiert und es fehlte ihnen jeglicher Sinn für Disziplin.

He olivat epäjärjestyksessä ja heiltä puuttui kaikenlainen kurinalaisuus.

Sie brauchten jedes Mal die halbe Nacht, um ein schlampiges Lager aufzubauen.

Heillä kesti puoli yötä pystyttää huolimaton leiri joka kerta.

Und den halben nächsten Morgen verbrachten sie wieder damit, am Schlitten herumzufummeln.

Ja puolet seuraavasta aamusta he viettivät taas näprähtelyä reen kanssa.

Gegen Mittag hielten sie oft nur an, um die ungleichmäßige Beladung zu korrigieren.
Keskipäivään mennessä he usein pysähtyivät vain korjatakseen epätasaisen kuorman.
An manchen Tagen legten sie insgesamt weniger als sechzehn Kilometer zurück.
Joinakin päivinä he matkustivat yhteensä alle kymmenen mailia.
An anderen Tagen schafften sie es überhaupt nicht, das Lager zu verlassen.
Muina päivinä he eivät päässeet ollenkaan pois leiristä.
Sie kamen nie auch nur annähernd an die geplante Nahrungsdistanz heran.
He eivät koskaan päässeet lähellekään suunniteltua ruokamatkaa.
Wie erwartet ging das Futter für die Hunde sehr schnell aus.
Kuten odotettua, koirien ruoka loppui nopeasti.
Sie haben die Sache noch schlimmer gemacht, indem sie in den ersten Tagen zu viel gefüttert haben.
He pahensivat asioita yliruokimalla alkuaikoina.
Mit jeder unvorsichtigen Ration rückte der Hungertod näher.
Tämä lähensi nälänhätää jokaisen huolimattoman annoksen myötä.
Die neuen Hunde hatten nicht gelernt, mit sehr wenig zu überleben.
Uudet koirat eivät olleet oppineet selviytymään aivan vähällä.
Sie aßen hungrig, ihr Appetit war zu groß für den Weg.
He söivät nälkäisinä, ruokahalunsa liian suurena polulle.
Als Hal sah, wie die Hunde schwächer wurden, glaubte er, dass das Futter nicht ausreichte.
Nähdessään koirien heikkenevän Hal uskoi, ettei ruoka riittänyt.
Er verdoppelte die Rationen und verschlimmerte damit den Fehler noch.
Hän kaksinkertaisti ruoka-annokset, mikä pahensi virhettä entisestään.

Mercedes verschärfte das Problem mit Tränen und leisem Flehen.
Mercedes pahensi ongelmaa kyyneleillään ja hiljaisilla aneluillaan.
Als sie Hal nicht überzeugen konnte, fütterte sie die Hunde heimlich.
Kun hän ei saanut Halia vakuutettua, hän ruokki koiria salaa.
Sie stahl den Fisch aus den Säcken und gab ihn ihnen hinter seinem Rücken.
Hän varasti kalasäkeistä ja antoi ne heille miehen selän takana.
Doch was die Hunde wirklich brauchten, war nicht mehr Futter, sondern Ruhe.
Mutta koirat eivät todellakaan tarvinneet lisää ruokaa – ne tarvitsivat lepoa.
Sie kamen nur langsam voran, aber der schwere Schlitten schleppte sich trotzdem weiter.
Heillä oli heikkoa aikaa, mutta raskas reki veti silti eteenpäin.
Allein dieses Gewicht zehrte jeden Tag an ihrer verbleibenden Kraft.
Jo tuo paino kulutti heidän jäljellä olevat voimansa joka päivä.
Dann kam es zur Phase der Unterernährung, da die Vorräte zur Neige gingen.
Sitten tuli aliravitsemusvaihe, kun tarvikkeet olivat vähissä.
Eines Morgens stellte Hal fest, dass die Hälfte des Hundefutters bereits weg war.
Eräänä aamuna Hal huomasi, että puolet koiranruoasta oli jo loppu.
Sie hatten nur ein Viertel der gesamten Wegstrecke zurückgelegt.
He olivat kulkeneet vain neljänneksen koko matkasta.
Es konnten keine Lebensmittel mehr gekauft werden, egal zu welchem Preis.
Ruokaa ei voinut enää ostaa, oli hinta mikä tahansa.
Er reduzierte die Portionen der Hunde unter die normale Tagesration.
Hän pienensi koirien annoksia alle päivittäisen normaalin annoksen.

Gleichzeitig forderte er längere Reisemöglichkeiten, um die Verluste auszugleichen.
Samalla hän vaati pidempiä matkoja korvatakseen tappiot.
Mercedes und Charles unterstützten diesen Plan, scheiterten jedoch bei der Umsetzung.
Mercedes ja Charles tukivat tätä suunnitelmaa, mutta epäonnistuivat toteutuksessa.
Ihr schwerer Schlitten und ihre mangelnden Fähigkeiten machten ein Vorankommen nahezu unmöglich.
Heidän raskas rekensä ja taitomattomuudensa tekivät etenemisen lähes mahdottomaksi.
Es war einfach, weniger Futter zu geben, aber unmöglich, mehr Anstrengung zu erzwingen.
Oli helppo antaa vähemmän ruokaa, mutta mahdotonta pakottaa ponnistelemaan enemmän.
Sie konnten weder früher anfangen, noch konnten sie Überstunden machen.
He eivät voineet aloittaa aikaisin eivätkä matkustaa ylitöitä.
Sie wussten nicht, wie sie mit den Hunden und überhaupt mit sich selbst arbeiten sollten.
He eivät osanneet käyttää koiria, eivätkä oikeastaan itseäänkään.
Der erste Hund, der starb, war Dub, der unglückliche, aber fleißige Dieb.
Ensimmäinen kuollut koira oli Dub, epäonninen mutta ahkera varas.
Obwohl Dub oft bestraft wurde, leistete er ohne zu klagen seinen Beitrag.
Vaikka Dubia rangaistiin usein, hän oli kantanut puolensa valittamatta.
Seine Schulterverletzung verschlimmerte sich ohne Pflege und nötige Ruhe.
Hänen loukkaantunut olkapäänsä paheni ilman hoitoa tai lepoa.
Schließlich beendete Hal mit dem Revolver Dubs Leiden.
Lopulta Hal käytti revolveria lopettaakseen Dubin kärsimykset.

Ein gängiges Sprichwort besagt, dass normale Hunde an der Husky-Ration sterben.
Yleinen sanonta väitti, että normaalit koirat kuolevat huskyjen rehulla.
Bucks sechs neue Gefährten bekamen nur die Hälfte des Futteranteils des Huskys.
Buckin kuudella uudella toverilla oli vain puolet huskyn annoksesta ruokaa.
Zuerst starb der Neufundländer, dann die drei kurzhaarigen Vorstehhunde.
Newfoundlandinkoira kuoli ensin, sitten kolme lyhytkarvaista seisojaa.
Die beiden Mischlinge hielten länger durch, kamen aber schließlich wie die anderen um.
Kaksi sekarotuista pysyivät pystyssä kauemmin, mutta lopulta he menehtyivät kuten muutkin.
Zu diesem Zeitpunkt waren alle Annehmlichkeiten und die Sanftheit des Südens verschwunden.
Tähän mennessä kaikki Etelän mukavuudet ja lempeys olivat kadonneet.
Die drei Menschen hatten die letzten Spuren ihrer zivilisierten Erziehung abgelegt.
Kolme ihmistä olivat karistaneet viimeisetkin sivistyneen kasvatuksensa jäljet.
Ohne Glamour und Romantik wurde das Reisen in die Arktis zur brutalen Realität.
Riisuttuina loistosta ja romantiikasta arktisesta matkailusta tuli brutaalin todellista.
Es war eine Realität, die zu hart für ihr Männlichkeits- und Weiblichkeitsgefühl war.
Se oli todellisuus, joka oli liian karu heidän mieheyden ja naiseuden käsityksilleen.
Mercedes weinte nicht mehr um die Hunde, sondern nur noch um sich selbst.
Mercedes ei enää itkenyt koiria, vaan nyt vain itseään.
Sie verbrachte ihre Zeit damit, zu weinen und mit Hal und Charles zu streiten.

Hän vietti aikansa itkien ja riidellen Halin ja Charlesin kanssa.
Streiten war das Einzige, wozu sie nie zu müde waren.
Riitely oli ainoa asia, johon he eivät koskaan olleet liian väsyneitä.
Ihre Gereiztheit rührte vom Elend her, wuchs mit ihm und übertraf es.
Heidän ärtymys johtui kurjuudesta, kasvoi sen mukana ja ylitti sen.
Die Geduld des Weges, die diejenigen kennen, die sich abmühen und freundlich leiden, kam nie.
Polun kärsivällisyys, jonka tuntevat ne, jotka uurastaa ja kärsivät ystävällisesti, ei koskaan tullut.
Diese Geduld, die die Sprache trotz Schmerzen süß hält, war ihnen unbekannt.
Tuo kärsivällisyys, joka pitää puheen makeana tuskan läpi, oli heille tuntematonta.
Sie besaßen nicht die geringste Spur von Geduld und schöpften keine Kraft aus dem anmutigen Leiden.
Heillä ei ollut häiväkään kärsivällisyydestä, ei voimaa, joka ammentuisi kärsimyksestä armossa.
Sie waren steif vor Schmerz – ihre Muskeln, Knochen und ihr Herz schmerzten.
He olivat jäykkiä tuskasta – heidän lihaksiaan, luitaan ja sydäntään särki.
Aus diesem Grund bekamen sie eine scharfe Zunge und waren schnell im Umgang mit harten Worten.
Tämän vuoksi heidän kielellään oli teräviä ja he olivat nopeita lausumaan ankaria sanoja.
Jeder Tag begann und endete mit wütenden Stimmen und bitteren Klagen.
Jokainen päivä alkoi ja päättyi vihaisiin ääniin ja katkeriin valituksiin.
Charles und Hal stritten sich, wann immer Mercedes ihnen eine Chance gab.
Charles ja Hal riitelivät aina kun Mercedes antoi heille mahdollisuuden.

Jeder Mann glaubte, dass er mehr als seinen gerechten Anteil an der Arbeit geleistet hatte.
Jokainen mies uskoi tehneensä enemmän kuin oman osuutensa työstä kuului.

Keiner von beiden ließ es sich je entgehen, dies immer wieder zu sagen.
Kumpikaan ei koskaan jättänyt käyttämättä tilaisuutta sanoa sitä yhä uudelleen ja uudelleen.

Manchmal stand Mercedes auf der Seite von Charles, manchmal auf der Seite von Hal.
Joskus Mercedes oli Charlesin, joskus Halin puolella.

Dies führte zu einem großen und endlosen Streit zwischen den dreien.
Tämä johti suureen ja loputtomaan riitaan kolmikon kesken.

Ein Streit darüber, wer Brennholz hacken sollte, geriet außer Kontrolle.
Kiista siitä, kuka saisi pilkkoa polttopuut, riistäytyi käsistä.

Bald wurden Väter, Mütter, Cousins und verstorbene Verwandte genannt.
Pian isien, äitien, serkkujen ja kuolleiden sukulaisten nimet mainittiin.

Hal's Ansichten über Kunst oder die Theaterstücke seines Onkels wurden Teil des Kampfes.
Halin näkemykset taiteesta tai setänsä näytelmistä nousivat osaksi taistelua.

Auch Charles' politische Überzeugungen wurden in die Debatte einbezogen.
Myös Charlesin poliittiset näkemykset nousivat keskusteluun.

Für Mercedes schienen sogar die Gerüchte über die Schwester ihres Mannes relevant zu sein.
Mercedesille jopa hänen miehensä sisaren juorut tuntuivat merkityksellisiltä.

Sie äußerte ihre Meinung dazu und zu vielen Fehlern in Charles' Familie.
Hän ilmaisi mielipiteitään siitä ja monista Charlesin perheen puutteista.

Während sie stritten, blieb das Feuer aus und das Lager war halb fertig.
Heidän väitellessään nuotio pysyi sammuneena ja leiri puolivalmiina.
In der Zwischenzeit waren die Hunde unterkühlt und hatten nichts zu fressen.
Samaan aikaan koirat pysyivät kylmissä ja ilman ruokaa.
Mercedes hegte einen Groll, den sie als zutiefst persönlich betrachtete.
Mercedesillä oli valituksen aihe, jota hän piti syvästi henkilökohtaisena.
Sie fühlte sich als Frau misshandelt und fühlte sich ihrer Privilegien beraubt.
Hän tunsi itsensä kohdelluksi kaltoin naisena, häneltä evättiin hänen lempeät etuoikeutensa.
Sie war hübsch und sanft und pflegte ihr ganzes Leben lang ritterliche Gesten.
Hän oli kaunis ja pehmeä ja tottunut ritarillisuuteen koko elämänsä ajan.
Doch ihr Mann und ihr Bruder begegneten ihr nun mit Ungeduld.
Mutta hänen miehensä ja veljensä kohtelivat häntä nyt kärsimättömästi.
Sie hatte die Angewohnheit, sich hilflos zu verhalten, und sie begannen, sich zu beschweren.
Hänellä oli tapana käyttäytyä avuttomasti, ja he alkoivat valittaa.
Sie war davon beleidigt und machte ihnen das Leben noch schwerer.
Tästä loukkaantuneena hän teki heidän elämästään entistä vaikeampaa.
Sie ignorierte die Hunde und bestand darauf, den Schlitten selbst zu fahren.
Hän jätti koirat huomiotta ja halusi ehdottomasti itse ajaa reellä.
Obwohl sie von leichter Gestalt war, wog sie fünfundvierzig Kilo.

Vaikka hän oli ulkonäöltään kevyt, hän painoi sata kaksikymmentä kiloa.

Diese zusätzliche Belastung war zu viel für die hungernden, schwachen Hunde.

Tuo lisätaakka oli liikaa nälkäisille, heikoille koirille.

Trotzdem ritt sie tagelang, bis die Hunde in den Zügeln zusammenbrachen.

Silti hän ratsasti päiväkausia, kunnes koirat pettivät ohjat.

Der Schlitten stand still und Charles und Hal baten sie, zu laufen.

Reki seisoi paikallaan, ja Charles ja Hal pyysivät häntä kävelemään.

Sie flehten und flehten, aber sie weinte und nannte sie grausam.

He pyysivät ja hartaasti hartaasti, mutta hän itki ja haukkui heitä julmiksi.

Einmal zogen sie sie mit purer Kraft und Wut vom Schlitten.

Kerran he vetivät hänet pois kelkasta pelkällä voimalla ja vihalla.

Nach dem, was damals passiert ist, haben sie es nie wieder versucht.

He eivät koskaan yrittäneet uudelleen tuon tapahtuman jälkeen.

Sie wurde schlaff wie ein verwöhntes Kind und setzte sich in den Schnee.

Hän veltostui kuin hemmoteltu lapsi ja istui lumeen.

Sie gingen weiter, aber sie weigerte sich aufzustehen oder ihnen zu folgen.

He jatkoivat matkaa, mutta hän kieltäytyi nousemasta tai seuraamasta perässä.

Nach drei Meilen hielten sie an, kehrten um und trugen sie zurück.

Kolmen mailin jälkeen he pysähtyivät, palasivat ja kantoivat hänet takaisin.

Sie luden sie wieder auf den Schlitten, wobei sie erneut rohe Gewalt anwandten.

He lastasivat hänet uudelleen kelkkaan, jälleen raakaa voimaa käyttäen.
In ihrem tiefen Elend zeigten sie gegenüber dem Leid der Hunde keine Skrupel.
Syvässä kurjuudessaan he olivat välinpitämättömiä koirien kärsimystä kohtaan.
Hal glaubte, man müsse sich abhärten und zwang anderen diesen Glauben auf.
Hal uskoi, että ihmisen täytyy paaduttaa itseään, ja pakotti tämän uskomuksen muille.
Er versuchte zunächst, seiner Schwester seine Philosophie zu predigen
Hän yritti ensin saarnata filosofiaansa sisarelleen
und dann predigte er erfolglos seinem Schwager.
ja sitten hän saarnasi tuloksetta lankolleen.
Bei den Hunden hatte er mehr Erfolg, aber nur, weil er ihnen weh tat.
Hän onnistui paremmin koirien kanssa, mutta vain siksi, että hän satutti niitä.
Bei Five Fingers ist das Hundefutter komplett ausgegangen.
Five Fingersissä koiranruoka loppui kokonaan.
Eine zahnlose alte Squaw verkaufte ein paar Pfund gefrorenes Pferdeleder
Hampaaton vanha squaw myi muutaman kilon pakastettua hevosennahkaa
Hal tauschte seinen Revolver gegen das getrocknete Pferdefell.
Hal vaihtoi revolverinsa kuivattuun hevosennahkaan.
Das Fleisch stammte von den Pferden der Viehzüchter, die Monate zuvor verhungert waren.
Liha oli peräisin nälkäisistä karjankasvattajien hevosista kuukausia aiemmin.
Gefroren war die Haut wie verzinktes Eisen: zäh und ungenießbar.
Jäätynyt nahka oli kuin galvanoitua rautaa; sitkeää ja syötäväksi kelpaamatonta.

Die Hunde mussten endlos auf dem Fell herumkauen, um es zu fressen.
Koirien täytyi pureskella nahkaa loputtomasti saadakseen sen syötyä.
Doch die ledrigen Fäden und das kurze Haar waren kaum Nahrung.
Mutta nahkaiset nauhat ja lyhyet hiukset eivät juurikaan ravinnoksi kelvanneet.
Das Fell war größtenteils irritierend und kein echtes Nahrungsmittel.
Suurin osa nahasta oli ärsyttävää, eikä varsinaista ruokaa.
Und während all dem taumelte Buck vorne herum, wie in einem Albtraum.
Ja kaiken tämän ajan Buck horjahti eturintamassa kuin painajaisessa.
Er zog, wenn er dazu in der Lage war; wenn nicht, blieb er liegen, bis er mit einer Peitsche oder einem Knüppel hochgehoben wurde.
Hän veti kun pystyi; kun ei pystynyt, hän makasi, kunnes ruoska tai keppi nosti hänet.
Sein feines, glänzendes Fell hatte jegliche Steifheit und jeglichen Glanz verloren, den es einst hatte.
Sen hieno, kiiltävä turkki oli menettänyt kaiken entisen jäykkyyden ja kiillon.
Sein Haar hing schlaff herunter, war zerzaust und mit getrocknetem Blut von den Schlägen verklebt.
Hänen hiuksensa roikkuivat veltoina, takkuisina ja iskujen kuivuneesta verestä hyytyneinä.
Seine Muskeln schrumpften zu Sehnen und seine Fleischpolster waren völlig abgenutzt.
Hänen lihaksensa kutistuivat naruiksi ja hänen ihonaluspehmusteensa olivat kuluneet pois.
Jede Rippe, jeder Knochen war deutlich durch die Falten der runzligen Haut zu sehen.
Jokainen kylkiluu, jokainen luu näkyi selvästi ryppyisten ihopoimujen välistä.

Es war herzzerreißend, doch Bucks Herz konnte nicht brechen.
Se oli sydäntäsärkevää, mutta Buckin sydän ei voinut särkyä.
Der Mann im roten Pullover hatte das getestet und vor langer Zeit bewiesen.
Punainen villapaitainen mies oli testannut ja todistanut sen jo kauan sitten.
So wie es bei Buck war, war es auch bei allen seinen übrigen Teamkollegen.
Kuten Buckin laita, niin oli kaikkien hänen jäljellä olevien joukkuetovereidensa laita.
Insgesamt waren es sieben, jeder einzelne ein wandelndes Skelett des Elends.
Niitä oli yhteensä seitsemän, jokainen kävelevä kurjuuden luuranko.
Sie waren gegenüber den Peitschenhieben taub geworden und spürten nur noch entfernten Schmerz.
He olivat turtuneet ruoskimiselle, tuntien vain kaukaista kipua.
Sogar Bild und Ton erreichten sie nur schwach, wie durch dichten Nebel.
Jopa näky ja ääni kantautuivat heille heikosti, kuin sakean sumun läpi.
Sie waren nicht halb lebendig – es waren Knochen mit schwachen Funken darin.
He eivät olleet puoliksikaan elossa – he olivat luita, joiden sisällä välkkyi himmeä kipinä.
Als sie angehalten wurden, brachen sie wie Leichen zusammen, ihre Funken waren fast erloschen.
Pysähtyneinä ne romahtivat kuin ruumiit, kipinät melkein sammuneina.
Und als die Peitsche oder der Knüppel erneut zuschlug, sprühten schwache Funken.
Ja kun ruoska tai keppi iski uudelleen, kipinät lepattivat heikosti.
Dann erhoben sie sich, taumelten vorwärts und schleiften ihre Gliedmaßen vor sich her.

Sitten he nousivat, horjahtivat eteenpäin ja raahasivat raajojaan eteenpäin.

Eines Tages stürzte der nette Billee und konnte überhaupt nicht mehr aufstehen.

Eräänä päivänä kiltti Billee kaatui eikä pystynyt enää ollenkaan nousemaan.

Hal hatte seinen Revolver eingetauscht und benutzte stattdessen eine Axt, um Billee zu töten.

Hal oli vaihtanut revolverinsa, joten hän käytti kirvestä tappaakseen Billeen.

Er schlug ihm auf den Kopf, schnitt dann seinen Körper los und schleifte ihn weg.

Hän löi tätä päähän, sitten viilsi ruumiin irti ja raahasi sen pois.

Buck sah dies und die anderen auch; sie wussten, dass der Tod nahe war.

Buck näki tämän, ja niin näkivät muutkin; he tiesivät kuoleman olevan lähellä.

Am nächsten Tag ging Koona und ließ nur fünf Hunde im hungernden Team zurück.

Seuraavana päivänä Koona lähti jättäen nälkäiseen joukkueeseen jäljelle vain viisi koiraa.

Joe war nicht länger gemein, sondern zu weit weg, um überhaupt noch viel mitzubekommen.

Joe, joka ei enää ollut ilkeä, oli liian pitkälle eksynyt ollakseen juurikaan tietoinen mistään.

Pike täuschte seine Verletzung nicht länger vor und war kaum bei Bewusstsein.

Pike, joka ei enää teeskennellyt vammaansa, oli tuskin tajuissaan.

Solleks, der immer noch treu war, beklagte, dass er nicht mehr die Kraft hatte, etwas zu geben.

Yhä uskollinen Solleks suri, ettei hänellä ollut voimia antaa.

Teek wurde am häufigsten geschlagen, weil er frischer war, aber schnell nachließ.

Teek hävisi eniten, koska hän oli virkeämpi, mutta hiipumassa nopeasti.

Und Buck, der immer noch in Führung lag, sorgte nicht länger für Ordnung und setzte sie auch nicht durch.
Ja Buck, yhä johdossa, ei enää pitänyt yllä järjestystä eikä valvonut sitä.
Halb blind vor Schwäche folgte Buck der Spur nur nach Gefühl.
Puolisokeana heikkoudesta, Buck seurasi polkua yksin tunnolla.
Es war schönes Frühlingswetter, aber keiner von ihnen bemerkte es.
Oli kaunis kevätsää, mutta kukaan heistä ei huomannut sitä.
Jeden Tag ging die Sonne früher auf und später unter als zuvor.
Joka päivä aurinko nousi aikaisemmin ja laski myöhemmin kuin ennen.
Um drei Uhr morgens dämmerte es, die Dämmerung dauerte bis neun Uhr.
Kolmelta aamulla oli jo aamunkoitto; hämärä kesti yhdeksään asti.
Die langen Tage waren erfüllt von der vollen Strahlkraft des Frühlingssonnenscheins.
Pitkät päivät olivat täynnä kevään auringonpaistetta.
Die gespenstische Stille des Winters hatte sich in ein warmes Murmeln verwandelt.
Talven aavemainen hiljaisuus oli muuttunut lämpimäksi huminaksi.
Das ganze Land erwachte und war erfüllt von der Freude am Leben.
Koko maa heräsi eloon, täynnä elävien olentojen iloa.
Das Geräusch kam von etwas, das den Winter über tot und reglos dagelegen hatte.
Ääni tuli jostakin, mikä oli maannut kuolleena ja liikkumattomana läpi talven.
Jetzt bewegten sich diese Dinger wieder und schüttelten den langen Frostschlaf ab.
Nyt nuo asiat liikkuivat taas, ravistellen pois pitkän pakkasunen.

Saft stieg durch die dunklen Stämme der wartenden Kiefern.
Mahla nousi odottavien mäntyjen tummien runkojen välistä.
An jedem Zweig von Weiden und Espen treiben leuchtende junge Knospen aus.
Pajut ja haavat puhkaisevat kirkkaan nuoria silmuja jokaiseen oksaan.
Sträucher und Weinreben erstrahlten in frischem Grün, als der Wald zum Leben erwachte.
Pensaat ja köynnökset saivat raikkaan vihreän väriloiston metsän herätessä eloon.
Nachts zirpten Grillen und in der Sonne krabbelten Käfer.
Sirkat sirittivät yöllä ja ötökät ryömivät päivänvalossa auringossa.
Rebhühner dröhnten und Spechte klopften tief in den Bäumen.
Peltopyyt jyrisivät ja tikat koputtivat syvällä puissa.
Eichhörnchen schnatterten, Vögel sangen und Gänse schnatterten über den Hunden.
Oravat lörpöttelivät, linnut lauloivat ja hanhet torivat koirien yli.
Das Wildgeflügel kam in scharfen Keilen und flog aus dem Süden heran.
Villilinnut tulivat terävinä parvina lentäen etelästä.
Von jedem Hügel ertönte die Musik verborgener, rauschender Bäche.
Jokaiselta rinteeltä kuului piilossa olevien, kohisevien purojen musiikkia.
Alles taute auf, brach, bog sich und geriet wieder in Bewegung.
Kaikki suli ja napsahti, taipui ja lähti taas liikkeelle.
Der Yukon bemühte sich, die Kälteketten des gefrorenen Eises zu durchbrechen.
Yukon ponnisteli murtaakseen jäätyneen jään kylmät ketjut.
Das Eis schmolz von unten, während die Sonne es von oben zum Schmelzen brachte.
Jää suli alta, kun aurinko sulatti sen ylhäältä.

Luftlöcher öffneten sich, Risse breiteten sich aus und Brocken fielen in den Fluss.
Ilmareikiä avautui, halkeamat levisivät ja lohkareet putosivat jokeen.
Inmitten dieses pulsierenden und lodernden Lebens taumelten die Reisenden.
Kaiken tämän purkautuvan ja roihuavan elämän keskellä matkalaiset horjahtivat.
Zwei Männer, eine Frau und ein Rudel Huskys liefen wie die Toten.
Kaksi miestä, nainen ja lauma huskyja kävelivät kuin kuolleet.
Die Hunde fielen, Mercedes weinte, fuhr aber immer noch Schlitten.
Koirat kaatuivat, Mercedes itki, mutta ajoi silti reellä.
Hal fluchte schwach und Charles blinzelte mit tränenden Augen.
Hal kirosi heikosti, ja Charles räpytteli silmiään vetisten.
Sie stolperten in John Thorntons Lager an der Mündung des White River.
He kompuroivat John Thorntonin leiriin White Riverin suulla.
Als sie anhielten, fielen die Hunde flach um, als wären sie alle tot.
Kun ne pysähtyivät, koirat lysähtivät maahan, ikään kuin ne olisivat kaikki kuolleet.
Mercedes wischte sich die Tränen ab und sah zu John Thornton hinüber.
Mercedes pyyhki kyyneleensä ja katsoi John Thorntonia.
Charles saß langsam und steif auf einem Baumstamm, mit Schmerzen vom Weg.
Charles istui tukin päällä hitaasti ja jäykästi, polun aiheuttamien kipujen kourissa.
Hal redete, während Thornton das Ende eines Axtstiels schnitzte.
Hal puhui Thorntonin veistäessä kirveenvarren päätä.
Er schnitzte Birkenholz und antwortete mit kurzen, bestimmten Antworten.

Hän veisteli koivupuuta ja vastasi lyhyin, mutta päättäväisin vastauksin.

Wenn man ihn fragte, gab er Ratschläge, war sich jedoch sicher, dass diese nicht befolgt würden.

Kun häneltä kysyttiin, hän antoi neuvon, varmana siitä, ettei sitä noudatettaisiin.

Hal erklärte: „Sie sagten uns, dass das Eis auf dem Weg schmelzen würde."

Hal selitti: "He kertoivat meille, että jääpeite oli sulamassa pois."

„Sie sagten, wir sollten bleiben, wo wir waren – aber wir haben es bis nach White River geschafft."

"He sanoivat, että meidän pitäisi pysyä paikoillamme – mutta pääsimme White Riveriin."

Er schloss mit höhnischem Ton, als wolle er einen Sieg in der Not für sich beanspruchen.

Hän lopetti puheensa ivallisesti, ikään kuin julistaakseen voiton vaikeuksissa.

„Und sie haben dir die Wahrheit gesagt", antwortete John Thornton Hal ruhig.

– Ja he puhuivat sinulle totta, John Thornton vastasi Halille hiljaa.

„Das Eis kann jeden Moment nachgeben – es ist kurz davor, abzufallen."

"Jää voi antaa periksi minä hetkenä hyvänsä – se on valmis putoamaan pois."

„Nur durch blindes Glück und ein paar Narren wäre es möglich gewesen, lebend so weit zu kommen."

"Vain sokea onni ja hölmöt olisivat voineet selvitä näin pitkälle hengissä."

„Ich sage es Ihnen ganz offen: Ich würde mein Leben nicht für alles Gold Alaskas riskieren."

"Sanon teille suoraan, en vaarantaisi henkeäni koko Alaskan kullasta."

„Das liegt wohl daran, dass Sie kein Narr sind", antwortete Hal.

– Se johtuu kai siitä, ettet ole hölmö, Hal vastasi.

„Trotzdem fahren wir weiter nach Dawson." Er rollte seine Peitsche ab.

"Siitä huolimatta menemme Dawsoniin." Hän avasi ruoskansa.

„Komm rauf, Buck! Hallo! Steh auf! Los!", rief er barsch.

"Nouse ylös, Buck! Hei! Nouse ylös! Mene!" hän huusi käheästi.

Thornton schnitzte weiter, wohl wissend, dass Narren nicht auf Vernunft hören.

Thornton jatkoi vehrelyä tietäen, etteivät hölmöt kuuntele järkeä.

Einen Narren aufzuhalten war sinnlos – und zwei oder drei Narren änderten nichts.

Typeryksen pysäyttäminen oli turhaa – ja kaksi tai kolme typerystä eivät muuttaneet mitään.

Doch als das Team Hal's Befehl hörte, bewegte es sich nicht.

Mutta joukkue ei liikkunut Halin käskystä.

Jetzt konnten sie nur noch durch Schläge wieder auf die Beine kommen und weiterkommen.

Nyt vain iskut saivat heidät nousemaan ja vetämään eteenpäin.

Immer wieder knallte die Peitsche über die geschwächten Hunde.

Ruoska napsahti yhä uudelleen heikentyneiden koirien yli.

John Thornton presste die Lippen fest zusammen und sah schweigend zu.

John Thornton puristi huulensa tiukasti ja katseli hiljaa.

Solleks war der Erste, der unter der Peitsche auf die Beine kam.

Solleks ryömi ensimmäisenä jaloilleen ruoskan alla.

Dann folgte Teek zitternd. Joe schrie auf, als er stolperte.

Sitten Teek seurasi vapisten perässä. Joe kiljaisi kompastelun jälkeen.

Pike versuchte aufzustehen, scheiterte zweimal und stand schließlich unsicher da.

Pike yritti nousta ylös, epäonnistui kahdesti ja seisoi sitten lopulta horjuen.

Aber Buck blieb liegen, wo er hingefallen war, und bewegte sich dieses Mal überhaupt nicht.
Mutta Buck makasi siinä, mihin oli kaatunut, eikä liikkunut lainkaan tällä kertaa.
Die Peitsche schlug immer wieder auf ihn ein, aber er gab keinen Laut von sich.
Ruoska viilsi häntä yhä uudelleen ja uudelleen, mutta hän ei päästänyt ääntäkään.
Er zuckte nicht zusammen und wehrte sich nicht, sondern blieb einfach still und ruhig.
Hän ei värähtänyt eikä vastustellut, vaan pysyi hiljaa ja liikkumatta.
Thornton rührte sich mehr als einmal, als wolle er etwas sagen, tat es aber nicht.
Thornton liikahti useammin kuin kerran, ikään kuin puhuakseen, mutta ei tehnyt niin.
Seine Augen wurden feucht und immer noch knallte die Peitsche gegen Buck.
Hänen silmänsä kostuivat, ja ruoska paukahti yhä Buckia vasten.
Schließlich begann Thornton langsam auf und ab zu gehen, unsicher, was er tun sollte.
Viimein Thornton alkoi kävellä hitaasti edestakaisin, epävarmana siitä, mitä tehdä.
Es war das erste Mal, dass Buck versagt hatte, und Hal wurde wütend.
Se oli ensimmäinen kerta, kun Buck oli epäonnistunut, ja Hal raivostui.
Er warf die Peitsche weg und nahm stattdessen die schwere Keule.
Hän heitti ruoskan alas ja poimi sen sijaan raskaan pampun.
Der Holzknüppel schlug hart auf, aber Buck stand immer noch nicht auf, um sich zu bewegen.
Puinen nuija putosi kovaa, mutta Buck ei vieläkään noussut liikkuakseen.
Wie seine Teamkollegen war er zu schwach – aber mehr als das.

Kuten joukkuetoverinsa, hän oli liian heikko – mutta enemmänkin kuin vain.

Buck hatte beschlossen, sich nicht zu bewegen, egal was als Nächstes passieren würde.

Buck oli päättänyt olla liikkumatta, tapahtuipa seuraavaksi mitä tahansa.

Er spürte, wie etwas Dunkles und Bestimmtes direkt vor ihm schwebte.

Hän tunsi edessään jonkin synkän ja varman leijuvan.

Diese Angst hatte ihn ergriffen, sobald er das Flussufer erreicht hatte.

Tuo kauhu valtasi hänet heti joen rannalle päästyään.

Dieses Gefühl hatte ihn nicht verlassen, seit er das Eis unter seinen Pfoten dünner werden fühlte.

Tunne ei ollut lähtenyt hänestä siitä lähtien, kun hän oli tuntenut jään ohuena tassujensa alla.

Etwas Schreckliches wartete – er spürte es gleich weiter unten auf dem Weg.

Jotain kamalaa odotti – hän tunsi sen aivan polun varrella.

Er würde nicht auf das Schreckliche vor ihm zugehen

Hän ei aikonut kävellä kohti sitä kauheaa asiaa edessään

Er würde keinem Befehl gehorchen, der ihn zu diesem Ding führte.

Hän ei aikonut totella mitään käskyä, joka veisi hänet tuon luo.

Der Schmerz der Schläge war für ihn kaum noch spürbar, er war zu weit weg.

Iskujen kipu tuskin kosketti häntä enää – hän oli liian kaukana.

Der Funke des Lebens flackerte schwach und erlosch unter jedem grausamen Schlag.

Elämän kipinä lepatti himmeästi, himmeni jokaisen julman iskun alla.

Seine Glieder fühlten sich fremd an, sein ganzer Körper schien einem anderen zu gehören.

Hänen raajansa tuntuivat etäisiltä; koko hänen kehonsa näytti kuuluvan toiselle.

Er spürte eine seltsame Taubheit, als der Schmerz vollständig nachließ.
Hän tunsi oudon tunnottomuuden kivun hävitessä kokonaan.
Aus der Ferne spürte er, dass er geschlagen wurde, aber er wusste es kaum.
Kaukaa hän aisti joutuvansa lyödyksi, mutta tuskin tiesi sitä.
Er konnte die Schläge schwach hören, aber sie taten nicht mehr wirklich weh.
Hän kuuli tömähdykset heikosti, mutta ne eivät enää oikeasti satuttaneet.
Die Schläge trafen, aber sein Körper schien nicht mehr sein eigener zu sein.
Iskut osuivat, mutta hänen ruumiinsa ei enää tuntunut omalta.
Dann stieß John Thornton plötzlich und ohne Vorwarnung einen wilden Schrei aus.
Sitten yhtäkkiä, ilman varoitusta, John Thornton päästi villin huudon.
Es war unartikuliert, eher der Schrei eines Tieres als eines Menschen.
Se oli epäselvää, enemmän eläimen kuin ihmisen huutoa.
Er sprang mit der Keule auf den Mann zu und stieß Hal nach hinten.
Hän hyppäsi pamppumiehen kimppuun ja löi Halin taaksepäin.
Hal flog, als wäre er von einem Baum getroffen worden, und landete hart auf dem Boden.
Hal lensi kuin puu olisi iskenyt häneen ja laskeutui kovaa maahan.
Mercedes schrie laut vor Panik und umklammerte ihr Gesicht.
Mercedes huusi paniikissa ääneen ja tarttui kasvoihinsa.
Charles sah nur zu, wischte sich die Augen und blieb sitzen.
Charles vain katseli, pyyhki silmiään ja jäi istumaan.
Sein Körper war vor Schmerzen zu steif, um aufzustehen oder beim Kampf mitzuhelfen.
Hänen ruumiinsa oli kivusta liian jäykkä noustakseen ylös tai auttaakseen taistelussa.

Thornton stand über Buck, zitterte vor Wut und konnte nicht sprechen.
Thornton seisoi Buckin yllä, raivosta vapisten, kykenemättä puhumaan.
Er zitterte vor Wut und kämpfte darum, trotz allem seine Stimme wiederzufinden.
Hän tärisi raivosta ja yritti löytää äänensä sen läpi.
„Wenn du den Hund noch einmal schlägst, bringe ich dich um", sagte er schließlich.
"Jos lyöt koiraa uudelleen, tapan sinut", hän sanoi lopulta.
Hal wischte sich das Blut aus dem Mund und kam wieder nach vorne.
Hal pyyhki veren suustaan ja astui taas eteenpäin.
„Es ist mein Hund", murmelte er. „Geh mir aus dem Weg, sonst kriege ich dich wieder in Ordnung."
– Se on minun koirani, hän mutisi. – Pois tieltä, tai korjaan sinut.
„Ich gehe nach Dawson und Sie halten mich nicht auf", fügte er hinzu.
"Minä menen Dawsoniin, etkä sinä estä minua", hän lisäsi.
Thornton stand fest zwischen Buck und dem wütenden jungen Mann.
Thornton seisoi lujasti Buckin ja vihaisen nuoren miehen välissä.
Er hatte nicht die Absicht, zur Seite zu treten oder Hal vorbeizulassen.
Hänellä ei ollut aikomustakaan astua sivuun tai päästää Halia menemään.
Hal zog sein Jagdmesser heraus, das lang und gefährlich in der Hand lag.
Hal veti esiin metsästysveitsensä, pitkän ja vaarallisen kädessään.
Mercedes schrie, dann weinte sie und lachte dann in wilder Hysterie.
Mercedes kirkaisi, sitten itki ja sitten nauroi villisti hysteriassa.
Thornton schlug mit dem Axtstiel hart und schnell auf Hals Hand.

Thornton iski Halin kättä kirveenvarrella lujaa ja nopeasti.
Das Messer wurde aus Hals Griff gerissen und flog zu Boden.
Veitsi irtosi Halin otteesta ja lensi maahan.
Hal versuchte, das Messer aufzuheben, und Thornton klopfte erneut auf seine Fingerknöchel.
Hal yritti nostaa veistä, ja Thornton löi rystysiään uudelleen.
Dann bückte sich Thornton, griff nach dem Messer und hielt es fest.
Sitten Thornton kumartui, otti veitsen ja piteli sitä.
Mit zwei schnellen Hieben des Axtstiels zerschnitt er Bucks Zügel.
Kahdella nopealla kirveenvarren iskulla hän katkaisi Buckin ohjat.
Hal hatte keine Kraft mehr, sich zu wehren, und trat von dem Hund zurück.
Halilla ei ollut enää taistelutahtoa jäljellä ja hän astui taaksepäin koiran luota.
Außerdem brauchte Mercedes jetzt beide Arme, um aufrecht zu bleiben.
Sitä paitsi Mercedes tarvitsi nyt molemmat käsivartensa pysyäkseen pystyssä.
Buck war dem Tod zu nahe, um noch einmal einen Schlitten ziehen zu können.
Buck oli liian lähellä kuolemaa ollakseen enää hyödyllinen reen vetämiseen.
Ein paar Minuten später legten sie ab und fuhren flussabwärts.
Muutaman minuutin kuluttua he lähtivät liikkeelle ja suuntasivat jokea pitkin alas.
Buck hob schwach den Kopf und sah ihnen nach, wie sie die Bank verließen.
Buck nosti heikosti päätään ja katseli heidän poistuvan pankista.
Pike führte das Team an, mit Solleks am Ende des Feldes.
Pike johti joukkuetta, Solleksin ollessa takana ratin takana.

Joe und Teek gingen dazwischen, beide humpelten vor Erschöpfung.
Joe ja Teek kävelivät välissä, molemmat ontuen uupumuksesta.
Mercedes saß auf dem Schlitten und Hal hielt die lange Lenkstange fest.
Mercedes istui kelkassa ja Hal tarttui pitkään ohjaustankoon.
Charles stolperte hinterher, seine Schritte waren unbeholfen und unsicher.
Charles kompuroi taakse, hänen askeleensa kömpelöt ja epävarmat.
Thornton kniete neben Buck und tastete vorsichtig nach gebrochenen Knochen.
Thornton polvistui Buckin viereen ja tunnusteli varovasti murtuneita luita.
Seine Hände waren rau, bewegten sich aber mit Freundlichkeit und Sorgfalt.
Hänen kätensä olivat karheat, mutta liikkuivat ystävällisesti ja huolella.
Bucks Körper wies Blutergüsse auf, wies jedoch keine bleibenden Verletzungen auf.
Buckin ruumis oli mustelmilla, mutta pysyviä vammoja ei näkynyt.
Zurück blieben schrecklicher Hunger und nahezu völlige Schwäche.
Jäljelle jäi hirvittävä nälkä ja lähes täydellinen heikkous.
Als dies klar wurde, war der Schlitten bereits weit flussabwärts gefahren.
Siihen mennessä, kun tämä oli selvä, kelkka oli mennyt pitkälle alavirtaan.
Mann und Hund sahen zu, wie der Schlitten langsam über das knackende Eis kroch.
Mies ja koira katselivat reen hidasta ryömimistä halkeilevan jään yli.
Dann sahen sie, wie der Schlitten in eine Mulde sank.
Sitten he näkivät kelkan vajoavan onkaloon.

Die Gee-Stange flog in die Höhe, und Hal klammerte sich immer noch vergeblich daran fest.
Geppikeppi lensi ilmaan, ja Hal tarrasi siitä yhä turhaan kiinni.
Mercedes' Schrei erreichte sie über die kalte Ferne.
Mercedeksen huuto kantautui heidän eteensä kylmän matkan takaa.
Charles drehte sich um und trat zurück – aber er war zu spät.
Charles kääntyi ja astui taaksepäin – mutta hän oli liian myöhässä.
Eine ganze Eisdecke brach nach und sie alle fielen hindurch.
Koko jääpeite antoi periksi, ja he kaikki putosivat läpi.
Hunde, Schlitten und Menschen verschwanden im schwarzen Wasser darunter.
Koirat, reki ja ihmiset katosivat alapuolella olevaan mustaan veteen.
An der Stelle, an der sie vorbeigekommen waren, war nur ein breites Loch im Eis zurückgeblieben.
Jäähän oli jäänyt vain leveä reikä siitä kohdasta, josta he olivat ohittaneet.
Der Boden des Pfades war nach unten abgesunken – genau wie Thornton gewarnt hatte.
Polun pohja oli pudonnut – aivan kuten Thornton varoitti.
Thornton und Buck sahen sich einen Moment lang schweigend an.
Thornton ja Buck katsoivat toisiaan hetken hiljaa.
„Du armer Teufel", sagte Thornton leise und Buck leckte ihm die Hand.
– Voi raukkaa, sanoi Thornton hiljaa, ja Buck nuoli hänen kättään.

Aus Liebe zu einem Mann
Miehen rakkaudesta

John Thornton erfror in der Kälte des vergangenen Dezembers seine Füße.
John Thornton palelsi jalkansa edellisen joulukuun kylmyydessä.
Seine Partner machten es ihm bequem und ließen ihn allein genesen.
Hänen kumppaninsa tekivät hänestä mukavan olon ja jättivät hänet toipumaan yksin.
Sie fuhren den Fluss hinauf, um ein Floß mit Sägestämmen für Dawson zu holen.
He menivät jokea ylös keräämään lauttaa sahatukkeja Dawsonille.
Er humpelte noch leicht, als er Buck vor dem Tod rettete.
Hän ontui vielä hieman pelastaessaan Buckin kuolemalta.
Aber bei anhaltend warmem Wetter verschwand sogar dieses Hinken.
Mutta lämpimän sään jatkuessa jopa tuo ontuminen katosi.
Buck ruhte sich an langen Frühlingstagen am Flussufer aus.
Buck lepäsi pitkinä kevätpäivinä joenrannalla maaten.
Er beobachtete das fließende Wasser und lauschte den Vögeln und Insekten.
Hän katseli virtaavaa vettä ja kuunteli lintujen ja hyönteisten laulua.
Langsam erlangte Buck unter Sonne und Himmel seine Kraft zurück.
Hitaasti Buck sai takaisin voimansa auringon ja taivaan alla.
Nach einer Reise von dreitausend Meilen war eine Pause ein wunderbares Gefühl.
Lepo tuntui ihanalta kolmentuhannen mailin matkustamisen jälkeen.
Buck wurde träge, als seine Wunden heilten und sein Körper an Gewicht zunahm.
Buckista tuli laiska haavansa parantuessa ja hänen kehonsa täyttyessä.

Seine Muskeln wurden fester und das Fleisch bedeckte wieder seine Knochen.
Hänen lihaksensa kiinteytyivät ja liha palasi peittämään hänen luunsa.
Sie ruhten sich alle aus – Buck, Thornton, Skeet und Nig.
He kaikki lepäsivät – Buck, Thornton, Skeet ja Nig.
Sie warteten auf das Floß, das sie nach Dawson bringen sollte.
He odottivat lauttaa, joka veisi heidät alas Dawsoniin.
Skeet war ein kleiner Irish Setter, der sich mit Buck anfreundete.
Skeet oli pieni irlanninsetteri, joka ystävystyi Buckin kanssa.
Buck war zu schwach und krank, um ihr bei ihrem ersten Treffen Widerstand zu leisten.
Buck oli liian heikko ja sairas vastustaakseen häntä heidän ensimmäisessä kohtaamisessaan.
Skeet hatte die Heilereigenschaft, die manche Hunde von Natur aus besitzen.
Skeetillä oli parantajan ominaisuus, joka joillakin koirilla on luonnostaan.
Wie eine Katzenmutter leckte und reinigte sie Bucks offene Wunden.
Kuin emokissa, hän nuoli ja puhdisti Buckin raakoja haavoja.
Jeden Morgen nach dem Frühstück wiederholte sie ihre sorgfältige Arbeit.
Joka aamu aamiaisen jälkeen hän toisti huolellisen työnsä.
Buck erwartete ihre Hilfe ebenso sehr wie die von Thornton.
Buck alkoi odottaa hänen apuaan yhtä paljon kuin Thorntonin.
Nig war auch freundlich, aber weniger offen und weniger liebevoll.
Nig oli myös ystävällinen, mutta vähemmän avoin ja vähemmän hellyydenkipeä.
Nig war ein großer schwarzer Hund, halb Bluthund, halb Hirschhund.
Nig oli iso musta koira, osaksi verikoira ja osaksi hirvikoira.
Er hatte lachende Augen und eine unendlich gute Seele.

Hänellä oli nauravat silmät ja loputtoman hyvä luonne hengessä.

Zu Bucks Überraschung zeigte keiner der Hunde Eifersucht ihm gegenüber.

Buckin yllätykseksi kumpikaan koira ei osoittanut mustasukkaisuutta häntä kohtaan.

Sowohl Skeet als auch Nig erfuhren die Freundlichkeit von John Thornton.

Sekä Skeet että Nig jakoivat John Thorntonin ystävällisyyden.

Als Buck stärker wurde, verleiteten sie ihn zu albernen Hundespielen.

Buckin vahvistuessa he houkuttelivat hänet mukaan tyhmiin koiraleikkeihin.

Auch Thornton spielte oft mit ihnen und konnte ihrer Freude nicht widerstehen.

Thorntonkin usein leikki heidän kanssaan, kykenemättä vastustamaan heidän iloaan.

Auf diese spielerische Weise gelang Buck der Übergang von der Krankheit in ein neues Leben.

Tällä leikkisällä tavalla Buck siirtyi sairaudesta uuteen elämään.

Endlich hatte er Liebe gefunden – wahre, brennende und leidenschaftliche Liebe.

Rakkaus – tosi, palava ja intohimoinen rakkaus – oli vihdoin hänen.

Auf Millers Anwesen hatte er diese Art von Liebe nie erlebt.

Hän ei ollut koskaan tuntenut tällaista rakkautta Millerin kartanossa.

Mit den Söhnen des Richters hatte er Arbeit und Abenteuer geteilt.

Tuomarin poikien kanssa hän oli jakanut työn ja seikkailun.

Bei den Enkeln sah er steifen und prahlerischen Stolz.

Pojanpoikien luona hän näki jäykkää ja kerskuvaa ylpeyttä.

Mit Richter Miller selbst verband ihn eine respektvolle Freundschaft.

Tuomari Millerin kanssa hänellä oli kunnioittava ystävyys.

Doch mit Thornton kam eine Liebe, die Feuer, Wahnsinn und Anbetung war.
Mutta rakkaus, joka oli tulta, hulluutta ja palvontaa, tuli Thorntonin mukana.
Dieser Mann hatte Bucks Leben gerettet, und das allein bedeutete sehr viel.
Tämä mies oli pelastanut Buckin hengen, ja se yksinään merkitsi paljon.
Aber darüber hinaus war John Thornton der ideale Meistertyp.
Mutta ennen kaikkea John Thornton oli ihanteellinen mestari.
Andere Männer kümmerten sich aus Pflichtgefühl oder geschäftlicher Notwendigkeit um Hunde.
Toiset miehet hoitivat koiria velvollisuuden tai liiketoiminnan välttämättömyyden vuoksi.
John Thornton kümmerte sich um seine Hunde, als wären sie seine Kinder.
John Thornton huolehti koiristaan kuin lapsistaan.
Er kümmerte sich um sie, weil er sie liebte und einfach nicht anders konnte.
Hän välitti heistä, koska rakasti heitä eikä yksinkertaisesti voinut sille mitään.
John Thornton sah sogar weiter, als die meisten Menschen jemals sehen konnten.
John Thornton näki jopa kauemmas kuin useimmat miehet koskaan kykenivät näkemään.
Er vergaß nie, sie freundlich zu grüßen oder ein aufmunterndes Wort zu sagen.
Hän ei koskaan unohtanut tervehtiä heitä ystävällisesti tai sanoa rohkaisevaa sanaa.
Er liebte es, mit den Hunden zusammenzusitzen und lange zu reden, oder, wie er sagte, „gasy".
Hän rakasti istua koirien kanssa pitkiä keskusteluja varten tai "kaasupäissään", kuten hän itse sanoi.
Er packte Bucks Kopf gern grob zwischen seinen starken Händen.

Hän tarttui mielellään Buckin päähän rajusti vahvojen käsiensä väliin.
Dann lehnte er seinen Kopf an Bucks und schüttelte ihn sanft.
Sitten hän nojasi päätään Buckin päätä vasten ja ravisteli tätä kevyesti.
Die ganze Zeit über beschimpfte er Buck mit unhöflichen Namen, die für ihn Liebe bedeuteten.
Koko ajan hän haukkui Buckia töykein nimin, jotka merkitsivät Buckille rakkautta.
Buck bereiteten diese grobe Umarmung und diese Worte große Freude.
Buckille tuo karkea halaus ja nuo sanat toivat syvää iloa.
Sein Herz schien bei jeder Bewegung vor Glück zu beben.
Hänen sydämensä tuntui vapisevan onnesta joka liikkeellä.
Als er anschließend aufsprang, sah sein Mund aus, als würde er lachen.
Kun hän hyppäsi ylös jälkeenpäin, hänen suunsa näytti siltä kuin se olisi nauranut.
Seine Augen leuchteten hell und seine Kehle zitterte vor unausgesprochener Freude.
Hänen silmänsä loistivat kirkkaasti ja hänen kurkkunsa vapisi sanoin kuvaamattomasta ilosta.
Sein Lächeln blieb in diesem Zustand der Ergriffenheit und glühenden Zuneigung stehen.
Hänen hymynsä pysähtyi tuossa liikutuksen ja hehkuvan kiintymyksen tilassa.
Dann rief Thornton nachdenklich aus: „Gott! Er kann fast sprechen!"
Sitten Thornton huudahti mietteliäästi: "Voi luoja! Hän melkein osaa puhua!"
Buck hatte eine seltsame Art, Liebe auszudrücken, die beinahe Schmerzen verursachte.
Buckilla oli outo tapa ilmaista rakkautta, joka melkein aiheutti tuskaa.
Er umklammerte Thorntons Hand oft sehr fest mit seinen Zähnen.

Hän puristi usein Thorntonin kättä tiukasti hampaillaan.
Der Biss würde tiefe Spuren hinterlassen, die noch einige Zeit blieben.
Purema jätti syvät jäljet, jotka pysyivät jonkin aikaa.
Buck glaubte, dass diese Eide Liebe waren, und Thornton wusste das auch.
Buck uskoi noiden valaiden olevan rakkautta, ja Thornton tiesi saman.
Meistens zeigte sich Bucks Liebe in stiller, fast stummer Verehrung.
Useimmiten Buckin rakkaus ilmeni hiljaisena, lähes äänettömänä ihailuna.
Obwohl er sich freute, wenn man ihn berührte oder ansprach, suchte er nicht nach Aufmerksamkeit.
Vaikka hän ilahtui kosketuksesta tai puhuttelusta, hän ei hakenut huomiota.
Skeet schob ihre Nase unter Thorntons Hand, bis er sie streichelte.
Skeet työnsi kuonoaan Thorntonin käden alle, kunnes tämä silitti tätä.
Nig kam leise herbei und legte seinen großen Kopf auf Thorntons Knie.
Nig käveli hiljaa Thorntonin luo ja laski suuren päänsä tämän polvelle.
Buck hingegen war zufrieden damit, aus respektvoller Distanz zu lieben.
Buck sitä vastoin tyytyi rakastamaan kunnioittavan etäisyyden päästä.
Er lag stundenlang zu Thorntons Füßen, wachsam und aufmerksam beobachtend.
Hän makasi tuntikausia Thorntonin jalkojen juuressa, valppaana ja tarkkaillen.
Buck studierte jedes Detail des Gesichts seines Herrn und jede kleinste Bewegung.
Buck tutki isäntänsä kasvojen jokaista yksityiskohtaa ja pienintäkin liikettä.

Oder er blieb weiter weg liegen und betrachtete schweigend die Gestalt des Mannes.
Tai valehteli kauempana, tutkien miehen hahmoa hiljaa.
Buck beobachtete jede kleine Bewegung, jede Veränderung seiner Haltung oder Geste.
Buck tarkkaili jokaista pientä liikettä, jokaista asennon tai eleen muutosta.
Diese Verbindung war so stark, dass sie Thorntons Blick oft auf sich zog.
Tämä yhteys oli niin voimakas, että se usein veti Thorntonin katseen puoleensa.
Er begegnete Bucks Blick ohne Worte, Liebe schimmerte deutlich hindurch.
Hän kohtasi Buckin katseen sanomatta sanaakaan, rakkaus säteili niiden läpi.
Nach seiner Rettung ließ Buck Thornton lange Zeit nicht aus den Augen.
Pelastumisensa jälkeen Buck ei päästänyt Thorntonia näkyvistä pitkään aikaan.
Immer wenn Thornton das Zelt verließ, folgte Buck ihm dicht auf den Fersen.
Aina kun Thornton poistui teltasta, Buck seurasi häntä tiiviisti ulos.
All die strengen Herren im Nordland hatten Buck Angst gemacht, zu vertrauen.
Kaikki Pohjolan ankarat isännät olivat tehneet Buckin pelokkaaksi luottamaan heihin.
Er befürchtete, dass kein Mann länger als kurze Zeit sein Herr bleiben könnte.
Hän pelkäsi, ettei kukaan voisi pysyä hänen isäntänään kuin lyhyen aikaa.
Er befürchtete, dass John Thornton wie Perrault und François verschwinden würde.
Hän pelkäsi John Thorntonin katoavan Perraultin ja Françoisin tavoin.
Sogar nachts quälte die Angst, ihn zu verlieren, Buck mit unruhigem Schlaf.

Yölläkin Buckin levoton uni vaivasi pelko hänen menettämisestään.

Als Buck aufwachte, kroch er in die Kälte hinaus und ging zum Zelt.

Herättyään Buck ryömi ulos kylmään ja meni telttaan.

Er lauschte aufmerksam auf das leise Geräusch des Atmens in seinem Inneren.

Hän kuunteli tarkasti sisällään kuuluvaa pehmeää hengitystä.

Trotz Bucks tiefer Liebe zu John Thornton blieb die Wildnis am Leben.

Vaikka Buckin syvä rakkaus John Thorntonia kohtaan oli suuri, villieläin pysyi hengissä.

Dieser im Norden erwachte primitive Instinkt ist nicht verschwunden.

Tuo pohjoisessa herännyt alkukantainen vaisto ei kadonnut.

Liebe brachte Hingabe, Treue und die warme Verbundenheit des Kaminfeuers.

Rakkaus toi mukanaan omistautumista, uskollisuutta ja tulen ääreen luomaa lämmintä sidettä.

Aber Buck behielt auch seine wilden Instinkte, scharf und stets wachsam.

Mutta Buck säilytti myös villit vaistonsa, terävinä ja aina valppaina.

Er war nicht nur ein gezähmtes Haustier aus den sanften Ländern der Zivilisation.

Hän ei ollut vain kesytetty lemmikki sivilisaation pehmeiltä mailta.

Buck war ein wildes Wesen, das hereingekommen war, um an Thorntons Feuer zu sitzen.

Buck oli villi olento, joka oli tullut istumaan Thorntonin tulen ääreen.

Er sah aus wie ein Südlandhund, aber in ihm lebte Wildheit.

Hän näytti etelänkoiralta, mutta villiys asui hänen sisällään.

Seine Liebe zu Thornton war zu groß, um zuzulassen, dass er den Mann bestohlen hätte.

Hänen rakkautensa Thorntonia kohtaan oli liian suuri salliakseen varastamisen mieheltä.

Aber in jedem anderen Lager würde er dreist und ohne Pause stehlen.
Mutta missä tahansa muussa leirissä hän varastaisi rohkeasti ja taukoamatta.
Er war beim Stehlen so geschickt, dass ihn niemand erwischen oder beschuldigen konnte.
Hän oli niin ovela varastamaan, ettei kukaan saanut häntä kiinni tai syyttämään.
Sein Gesicht und sein Körper waren mit Narben aus vielen vergangenen Kämpfen übersät.
Hänen kasvonsa ja vartalonsa olivat täynnä arpia monista aiemmista taisteluista.
Buck kämpfte immer noch erbittert, aber jetzt kämpfte er mit mehr List.
Buck taisteli edelleen raivokkaasti, mutta nyt hän taisteli ovelammin.
Skeet und Nig waren zu sanft, um zu kämpfen, und sie gehörten Thornton.
Skeet ja Nig olivat liian lempeitä taistelemaan, ja he olivat Thorntonin.
Aber jeder fremde Hund, egal wie stark oder mutig, wich zurück.
Mutta jokainen outo koira, olipa se kuinka vahva tai rohkea tahansa, antoi periksi.
Ansonsten kämpfte der Hund gegen Buck und um sein Leben.
Muuten koira huomasi taistelevansa Buckin kanssa; taistelevansa hengestään.
Buck kannte keine Gnade, wenn er sich entschied, gegen einen anderen Hund zu kämpfen.
Buck ei tuntenut armoa, kun hän päätti taistella toista koiraa vastaan.
Er hatte das Gesetz der Keule und des Reißzahns im Nordland gut gelernt.
Hän oli oppinut hyvin Pohjoisen nuijan ja hampaiden lain.
Er gab nie einen Vorteil auf und wich nie einer Schlacht aus.

Hän ei koskaan luopunut edustaan eikä koskaan perääntynyt taistelusta.
Er hatte Spitz und die wildesten Post- und Polizeihunde studiert.
Hän oli tutkinut pystykorvia ja postin ja poliisin hurjimpia koiria.
Er wusste genau, dass es im wilden Kampf keinen Mittelweg gab.
Hän tiesi selvästi, ettei villissä taistelussa ole mitään keskitietä.
Er musste herrschen oder beherrscht werden; Gnade zu zeigen, hieße, Schwäche zu zeigen.
Hänen täytyi hallita tai tulla hallituksi; armon osoittaminen tarkoitti heikkouden osoittamista.
In der rauen und brutalen Welt des Überlebens kannte man keine Gnade.
Armo oli tuntematonta selviytymisen raa'assa ja brutaalissa maailmassa.
Gnade zu zeigen wurde als Angst angesehen und Angst führte schnell zum Tod.
Armon osoittamista pidettiin pelkona, ja pelko johti nopeasti kuolemaan.
Das alte Gesetz war einfach: töten oder getötet werden, essen oder gefressen werden.
Vanha laki oli yksinkertainen: tapa tai tule tapetuksi, syö tai tule syödyksi.
Dieses Gesetz stammte aus längst vergangenen Zeiten und Buck befolgte es vollständig.
Tuo laki oli peräisin muinaisista ajoista, ja Buck noudatti sitä täysin.
Buck war älter als sein Alter und die Anzahl seiner Atemzüge.
Buck oli ikäänsä ja hengitystensä määräänsä nähden vanhempi.
Er verband die ferne Vergangenheit klar mit der Gegenwart.
Hän yhdisti menneisyyden selkeästi nykyhetkeen.
Die tiefen Rhythmen der Zeitalter bewegten sich durch ihn wie die Gezeiten.

Iän syvät rytmit liikkuivat hänen lävitseen kuin vuorovesi.
Die Zeit pulsierte in seinem Blut so sicher, wie die Jahreszeiten die Erde bewegen.
Aika sykki hänen veressään yhtä varmasti kuin vuodenajat liikuttivat maata.
Er saß mit starker Brust und weißen Reißzähnen an Thorntons Feuer.
Hän istui Thorntonin tulen ääressä vahvarintaisena ja valkohampaisena.
Sein langes Fell wehte, aber hinter ihm beobachteten ihn die Geister wilder Hunde.
Hänen pitkä turkkinsa liehui, mutta hänen takanaan villikoirien henget tarkkailivat.
Halbwölfe und Vollwölfe regten sich in seinem Herzen und seinen Sinnen.
Puolisudet ja täysikasvuiset sudet liikkuivat hänen sydämessään ja aisteissaan.
Sie probierten sein Fleisch und tranken dasselbe Wasser wie er.
He maistoivat hänen lihaansa ja joivat samaa vettä kuin hänkin.
Sie schnupperten neben ihm den Wind und lauschten dem Wald.
He nuuhkivat tuulta hänen rinnallaan ja kuuntelivat metsän ääniä.
Sie flüsterten die Bedeutung der wilden Geräusche in der Dunkelheit.
He kuiskasivat pimeydessä kuuluvien villien äänien merkityksiä.
Sie prägten seine Stimmungen und leiteten jede seiner stillen Reaktionen.
Ne muovasivat hänen mielialojaan ja ohjasivat jokaista hänen hiljaista reaktiotaan.
Sie lagen bei ihm, während er schlief, und wurden Teil seiner tiefen Träume.
Ne makasivat hänen kanssaan hänen nukkuessaan ja niistä tuli osa hänen syvimpiä uniaan.

Sie träumten mit ihm, über ihn hinaus und bildeten seinen Geist.
He unelmoivat hänen kanssaan, hänen tuolla puolen, ja loivat hänen sielunsa.
Die Geister der Wildnis riefen so stark, dass Buck sich hingezogen fühlte.
Erämaan henget kutsuivat Buckia niin voimakkaasti, että se tuntui vierivän mukanaan.
Mit jedem Tag wurden die Menschheit und ihre Ansprüche in Bucks Herzen schwächer.
Joka päivä ihmiskunta ja sen vaatimukset heikkenivät Buckin sydämessä.
Tief im Wald würde ein seltsamer und aufregender Ruf erklingen.
Syvällä metsässä oli kajahtamaisillaan outo ja jännittävä kutsu.
Jedes Mal, wenn er den Ruf hörte, verspürte Buck einen Drang, dem er nicht widerstehen konnte.
Joka kerta kun Buck kuuli kutsun, hän tunsi vastustamatonta halua.
Er wollte sich vom Feuer und den ausgetretenen menschlichen Pfaden abwenden.
Hän aikoi kääntyä pois tulesta ja tallatuilta ihmisten poluilta.
Er wollte in den Wald eintauchen und weitergehen, ohne zu wissen, warum.
Hän aikoi syöksyä metsään, jatkaa eteenpäin tietämättä miksi.
Er hinterfragte diese Anziehungskraft nicht, denn der Ruf war tief und kraftvoll.
Hän ei kyseenalaistanut tätä vetoa, sillä kutsu oli syvä ja voimakas.
Oft erreichte er den grünen Schatten und die weiche, unberührte Erde
Usein hän saavutti vihreän varjon ja pehmeän koskemattoman maan
Doch dann zog ihn die große Liebe zu John Thornton zurück zum Feuer.
Mutta sitten voimakas rakkaus John Thorntonia kohtaan veti hänet takaisin tuleen.

Nur John Thornton hatte Bucks wildes Herz wirklich in seiner Gewalt.
Vain John Thornton todella piti Buckin villiä sydäntä otteessaan.
Der Rest der Menschheit hatte für Buck keinen bleibenden Wert oder keine bleibende Bedeutung.
Muulla ihmiskunnalla ei ollut Buckille pysyvää arvoa tai merkitystä.
Fremde könnten ihn loben oder ihm mit freundlichen Händen über das Fell streicheln.
Muukalaiset saattavat kehua häntä tai silittää hänen turkkiaan ystävällisillä käsillään.
Buck blieb ungerührt und ging vor lauter Zuneigung davon.
Buck pysyi liikkumattomana ja käveli pois liiallisen kiintymyksen vaikutuksesta.
Hans und Pete kamen mit dem lange erwarteten Floß
Hans ja Pete saapuivat kauan odotetun lautan kanssa
Buck ignorierte sie, bis er erfuhr, dass sie sich in der Nähe von Thornton befanden.
Buck jätti heidät huomiotta, kunnes sai tietää, että he olivat lähellä Thorntonia.
Danach tolerierte er sie, zeigte ihnen jedoch nie seine volle Zuneigung.
Sen jälkeen hän sieti heitä, mutta ei koskaan osoittanut heille täyttä lämpöä.
Er nahm Essen oder Freundlichkeiten von ihnen an, als täte er ihnen einen Gefallen.
Hän otti heiltä ruokaa tai ystävällisyyttä ikään kuin tekisi heille palveluksen.
Sie waren wie Thornton – einfach, ehrlich und klar im Denken.
He olivat kuin Thornton – yksinkertaisia, rehellisiä ja ajatuksiltaan selkeitä.
Gemeinsam reisten sie zu Dawsons Sägewerk und dem großen Wirbel
Kaikki yhdessä he matkustivat Dawsonin sahalle ja suurelle pyörteelle

Auf ihrer Reise lernten sie Bucks Wesen tiefgründig kennen.
Matkallaan he oppivat ymmärtämään syvällisesti Buckin luonnetta.
Sie versuchten nicht, sich näherzukommen, wie es Skeet und Nig getan hatten.
He eivät yrittäneet lähentyä toisiltaan, kuten Skeet ja Nig olivat tehneet.
Doch Bucks Liebe zu John Thornton wurde mit der Zeit immer stärker.
Mutta Buckin rakkaus John Thorntonia kohtaan vain syveni ajan myötä.
Nur Thornton könnte Buck im Sommer eine Last auf die Schultern laden.
Vain Thornton kykeni panemaan rinkan Buckin selkään kesällä.
Was auch immer Thornton befahl, Buck war bereit, es uneingeschränkt zu tun.
Mitä tahansa Thornton käski, Buck oli valmis tekemään täysin määrin.
Eines Tages, nachdem sie Dawson in Richtung der Quellgewässer des Tanana verlassen hatten,
Eräänä päivänä, lähdettyään Dawsonista Tananan alkulähteille,
die Gruppe saß auf einer Klippe, die dreihundert Fuß bis zum nackten Fels abfiel.
Ryhmä istui kalliolla, joka putosi metrin päähän paljaalle kallioperälle.
John Thornton saß nahe der Kante und Buck ruhte sich neben ihm aus.
John Thornton istui lähellä reunaa ja Buck lepäsi hänen vieressään.
Thornton hatte plötzlich eine Idee und rief die Männer auf sich aufmerksam.
Thorntonille tuli äkillinen ajatus, ja hän kiinnitti miesten huomion.
Er deutete über den Abgrund und gab Buck einen einzigen Befehl.

Hän osoitti rotkon yli ja antoi Buckille yhden ainoan käskyn.
„**Spring, Buck!**", **sagte er und schwang seinen Arm über den Abgrund.**
"Hyppää, Buck!" hän sanoi heilauttaen kätensä pudotuksen yli.
Einen Moment später musste er Buck packen, der sofort losssprang, um zu gehorchen.
Hetken kuluttua hänen oli pakko napata Buckin, joka hyppäsi totellakseen.
Hans und Pete eilten nach vorne und zogen beide in Sicherheit.
Hans ja Pete ryntäsivät eteenpäin ja vetivät molemmat takaisin turvaan.
Nachdem alles vorbei war und sie wieder zu Atem gekommen waren, ergriff Pete das Wort.
Kaiken päätyttyä ja heidän vetäytyessään henkeä Pete puhui.
„**Die Liebe ist unheimlich", sagte er, erschüttert von der wilden Hingabe des Hundes.**
"Rakkaus on outoa", hän sanoi järkyttyneenä koiran kiihkeästä omistautumisesta.
Thornton schüttelte den Kopf und antwortete mit ruhiger Ernsthaftigkeit.
Thornton pudisti päätään ja vastasi tyynen vakavana.
„**Nein, die Liebe ist großartig", sagte er, „aber auch schrecklich."**
"Ei, rakkaus on ihanaa", hän sanoi, "mutta myös kamalaa."
„**Manchmal, das muss ich zugeben, macht mir diese Art von Liebe Angst."**
"Joskus, minun on myönnettävä, tällainen rakkaus pelottaa minua."
Pete nickte und sagte: „Ich möchte nicht der Mann sein, der dich berührt."
Pete nyökkäsi ja sanoi: "En haluaisi olla se mies, joka koskee sinuun."
Er sah Buck beim Sprechen ernst und voller Respekt an.
Hän katsoi Buckia puhuessaan vakavana ja kunnioittavana.
„**Py Jingo!", sagte Hans schnell. „Ich auch nicht, nein, Sir."**

– Voi herra! sanoi Hans nopeasti. – En minäkään, herra.

Noch vor Jahresende wurden Petes Befürchtungen in Circle City wahr.
Ennen vuoden loppua Peten pelko kävi toteen Circle Cityssä.
Ein grausamer Mann namens Black Burton hat in der Bar eine Schlägerei angezettelt.
Julma mies nimeltä Black Burton aloitti tappelun baarissa.
Er war wütend und bösartig und ging auf einen Neuling los.
Hän oli vihainen ja ilkeämielinen ja hyökkäsi uuteen nurjaan.
John Thornton schritt ein, ruhig und gutmütig wie immer.
John Thornton astui esiin, tyynenä ja hyväntuulisena kuten aina.
Buck lag mit gesenktem Kopf in einer Ecke und beobachtete Thornton aufmerksam.
Buck makasi nurkassa pää painuksissa ja tarkkaili Thorntonia tarkasti.
Burton schlug plötzlich zu und sein Schlag ließ Thornton herumwirbeln.
Burton iski yhtäkkiä, ja hänen lyöntinsä pyöräytti Thorntonia.
Nur die Stangenreling verhinderte, dass er hart auf den Boden stürzte.
Vain tangon kaide esti häntä putoamasta kovaa maahan.
Die Beobachter hörten ein Geräusch, das weder Bellen noch Jaulen war
Tarkkailijat kuulivat äänen, joka ei ollut haukkumista tai ulvontaa
Ein tiefes Brüllen kam von Buck, als er auf den Mann zustürzte.
Buck karjaisi syvästi syöksyessään miestä kohti.
Burton riss seinen Arm hoch und rettete nur knapp sein eigenes Leben.
Burton nosti kätensä ilmaan ja pelasti hädin tuskin oman henkensä.
Buck prallte gegen ihn und warf ihn flach auf den Boden.
Buck törmäsi häneen ja kaatoi hänet lattialle.

Buck biss tief in den Arm des Mannes und stürzte sich dann auf die Kehle.
Buck puri syvälle miehen käsivarteen ja syöksyi sitten kurkkuun.
Burton konnte den Angriff nur teilweise blocken und sein Hals wurde aufgerissen.
Burton pystyi torjumaan vain osittain, ja hänen niskansa repesi auki.
Männer stürmten mit erhobenen Knüppeln herein und vertrieben Buck von dem blutenden Mann.
Miehet ryntäsivät sisään nuijat pystyssä ja ajoivat Buckin pois verta vuotavan miehen selästä.
Ein Chirurg arbeitete schnell, um den Blutausfluss zu stoppen.
Kirurgi työskenteli nopeasti estääkseen veren vuotamisen.
Buck ging auf und ab und knurrte, während er immer wieder versuchte anzugreifen.
Buck kuljeskeli edestakaisin ja murisi yrittäen hyökätä yhä uudelleen ja uudelleen.
Nur schwingende Knüppel hielten ihn davon ab, Burton zu erreichen.
Vain heiluttavat mailat estivät häntä pääsemästä Burtoniin.
Eine Bergarbeiterversammlung wurde einberufen und noch vor Ort abgehalten.
Kaivostyöläisten kokous kutsuttiin koolle ja pidettiin siellä paikan päällä.
Sie waren sich einig, dass Buck provoziert worden war, und stimmten für seine Freilassung.
He olivat yhtä mieltä siitä, että Buckia oli provosoitu, ja äänestivät hänen vapauttamisensa puolesta.
Doch Bucks wilder Name hallte nun durch jedes Lager in Alaska.
Mutta Buckin hurja nimi kaikui nyt jokaisessa Alaskan leirissä.
Später im Herbst rettete Buck Thornton erneut auf eine neue Art und Weise.
Myöhemmin samana syksynä Buck pelasti Thorntonin jälleen uudella tavalla.

Die drei Männer steuerten ein langes Boot durch wilde Stromschnellen.
Kolme miestä ohjasivat pitkää venettä alas karuja koskia.
Thornton steuerte das Boot und rief Anweisungen zur Küste.
Thornton ohjasi venettä ja huusi ohjeita rantaviivalle.
Hans und Pete rannten an Land und hielten sich an einem Seil fest, das sie von Baum zu Baum führte.
Hans ja Pete juoksivat maalla köysi kädessään puusta puuhun.
Buck hielt am Ufer Schritt und behielt seinen Herrn immer im Auge.
Buck pysytteli vauhdissa rannalla pitäen koko ajan silmällä isäntäänsä.
An einer ungünstigen Stelle ragten Felsen aus dem schnellen Wasser hervor.
Yhdessä ikävässä paikassa kivet työntyivät esiin nopean veden alta.
Hans ließ das Seil los und Thornton steuerte das Boot weit.
Hans päästi köydestä irti, ja Thornton ohjasi veneen leveälle.
Hans sprintete, um das Boot an den gefährlichen Felsen vorbei wieder zu erreichen.
Hans juoksi pikaisesti kiinni veneeseen vaarallisten kivien ohi.
Das Boot passierte den Felsvorsprung, geriet jedoch in eine stärkere Strömung.
Vene ylitti reunan, mutta osui virran voimakkaampaan kohtaan.
Hans griff zu schnell nach dem Seil und brachte das Boot aus dem Gleichgewicht.
Hans tarttui köyteen liian nopeasti ja veti veneen pois tasapainosta.
Das Boot kenterte und prallte mit dem Hinterteil nach oben gegen das Ufer.
Vene pyörähti ympäri ja iskeytyi rantaan pohja ylöspäin.
Thornton wurde hinausgeworfen und in den wildesten Teil des Wassers geschwemmt.

Thornton heitettiin ulos ja pyyhkäistiin veden villimpään kohtaan.
Kein Schwimmer hätte in diesen tödlichen, reißenden Gewässern überleben können.
Yksikään uimari ei olisi selvinnyt hengissä noissa tappavissa, kilpavedessä.
Buck sprang sofort hinein und jagte seinen Herrn den Fluss hinunter.
Buck hyppäsi heti mukaan ja ajoi isäntäänsä takaa alas jokea.
Nach dreihundert Metern erreichte er endlich Thornton.
Kolmensadan jaardin jälkeen hän saapui viimein Thorntonin luo.
Thornton packte Buck am Schwanz und Buck drehte sich zum Ufer um.
Thornton tarttui Buckin pyrstöön, ja Buck kääntyi rantaa kohti.
Er schwamm mit voller Kraft und kämpfte gegen den wilden Sog des Wassers an.
Hän ui täydellä voimallaan taistellen veden villiä vastusta vastaan.
Sie bewegten sich schneller flussabwärts, als sie das Ufer erreichen konnten.
He liikkuivat alavirtaan nopeammin kuin ehtivät rantaan.
Vor ihnen toste der Fluss immer lauter und stürzte in tödliche Stromschnellen.
Edessä joki pauhui kovempaa syöksyessään tappaviin koskiin.
Felsen schnitten durch das Wasser wie die Zähne eines riesigen Kamms.
Kivet viilsivät vettä kuin valtavan kamman piikit.
Die Anziehungskraft des Wassers in der Nähe des Tropfens war wild und unausweichlich.
Veden vetovoima lähellä pisaraa oli raju ja väistämätön.
Thornton wusste, dass sie das Ufer nie rechtzeitig erreichen würden.
Thornton tiesi, etteivät he koskaan ehtisi rantaan ajoissa.
Er schrammte über einen Felsen, zerschmetterte einen zweiten,

Hän raapi yli yhden kiven, murskasi toisen,
Und dann prallte er gegen einen dritten Felsen, den er mit beiden Händen festhielt.
Ja sitten hän törmäsi kolmanteen kiveen tarttuen siihen molemmilla käsillään.
Er ließ Buck los und übertönte das Gebrüll: „Los, Buck! Los!"
Hän päästi irti Buckista ja huusi karjunnan yli: "Mene, Buck! Mene!"
Buck konnte sich nicht über Wasser halten und wurde von der Strömung mitgerissen.
Buck ei pysynyt pinnalla, ja virta vei hänet alas.
Er kämpfte hart und versuchte, sich umzudrehen, kam aber überhaupt nicht voran.
Hän taisteli kovasti, kamppaili kääntyäkseen, mutta ei edistynyt lainkaan.
Dann hörte er, wie Thornton den Befehl über das Tosen des Flusses hinweg wiederholte.
Sitten hän kuuli Thorntonin toistavan käskyn joen pauhun yli.
Buck erhob sich aus dem Wasser und hob den Kopf, als wolle er einen letzten Blick werfen.
Buck nousi vedestä ja nosti päätään ikään kuin vilkaistakseen viimeisen kerran.
dann drehte er sich um und gehorchte und schwamm entschlossen auf das Ufer zu.
sitten kääntyi ja totteli uiden päättäväisesti kohti rantaa.
Pete und Hans zogen ihn im letzten Moment an Land.
Pete ja Hans vetivät hänet maihin viimeisellä mahdollisella hetkellä.
Sie wussten, dass Thornton sich nur noch wenige Minuten am Felsen festklammern konnte.
He tiesivät, että Thornton voisi roikkua kalliossa enää vain minuutteja.
Sie rannten das Ufer hinauf zu einer Stelle weit oberhalb der Stelle, an der er hing.
He juoksivat penkerettä ylös paikkaan, joka oli paljon korkeammalla kuin se paikka, jossa hän riippui.

Sie befestigten die Bootsleine sorgfältig an Bucks Hals und Schultern.
He sitoivat veneen köyden huolellisesti Buckin kaulaan ja hartioihin.
Das Seil saß eng, war aber locker genug zum Atmen und für Bewegung.
Köysi oli tiukka, mutta silti tarpeeksi löysä hengittämistä ja liikkumista varten.
Dann warfen sie ihn erneut in den reißenden, tödlichen Fluss.
Sitten he heittivät hänet takaisin kuohuvaan, kuolettavaan jokeen.
Buck schwamm mutig, verpasste jedoch seinen Winkel in die Kraft des Stroms.
Buck ui rohkeasti, mutta epäonnistui suunnassaan virran voimaan nähden.
Er sah zu spät, dass er an Thornton vorbeiziehen würde.
Hän tajusi liian myöhään, että oli ajautumassa Thorntonin ohi.
Hans riss das Seil fest, als wäre Buck ein kenterndes Boot.
Hans nykäisi köyttä tiukalle, aivan kuin Buck olisi kaatumassa oleva vene.
Die Strömung zog ihn nach unten und er verschwand unter der Oberfläche.
Virtaus veti hänet pinnan alle, ja hän katosi.
Sein Körper schlug gegen das Ufer, bevor Hans und Pete ihn herauszogen.
Hänen ruumiinsa osui penkereeseen ennen kuin Hans ja Pete vetivät hänet ylös.
Er war halb ertrunken und sie haben das Wasser aus ihm herausgeprügelt.
Hän oli puoliksi hukkunut, ja he hakkasivat veden hänestä pois.
Buck stand auf, taumelte und brach erneut auf dem Boden zusammen.
Buck nousi seisomaan, horjahti ja lysähti taas maahan.
Dann hörten sie Thorntons Stimme, die schwach vom Wind getragen wurde.

Sitten he kuulivat Thorntonin äänen, jonka tuuli kantoi vaimeasti.

Obwohl die Worte undeutlich waren, wussten sie, dass er dem Tode nahe war.

Vaikka sanat olivat epäselviä, he tiesivät hänen olevan lähellä kuolemaa.

Der Klang von Thorntons Stimme traf Buck wie ein elektrischer Schlag.

Thorntonin ääni iski Buckiin kuin sähköisku.

Er sprang auf, rannte das Ufer hinauf und kehrte zum Startpunkt zurück.

Hän hyppäsi ylös ja juoksi penkerettä ylös palaten lähtöpisteelle.

Wieder banden sie Buck das Seil fest und wieder betrat er den Bach.

Jälleen he sitoivat köyden Buckiin, ja jälleen hän meni puroon.

Diesmal schwamm er direkt und entschlossen in das rauschende Wasser.

Tällä kertaa hän ui suoraan ja lujasti kuohuvaan veteen.

Hans ließ das Seil langsam los, während Pete darauf achtete, dass es sich nicht verhedderte.

Hans päästi köyden ulos tasaisesti samalla kun Pete esti sitä sotkeutumasta.

Buck schwamm schnell, bis er direkt über Thornton auf einer Linie lag.

Buck ui lujaa, kunnes oli linjassa juuri Thorntonin yläpuolella.

Dann drehte er sich um und raste wie ein Zug mit voller Geschwindigkeit nach unten.

Sitten hän kääntyi ja syöksyi alas kuin täyttä vauhtia kulkeva juna.

Thornton sah ihn kommen, machte sich bereit und schlang die Arme um seinen Hals.

Thornton näki hänen tulevan, kannatteli ja kietoi kätensä hänen kaulansa ympärille.

Hans band das Seil fest um einen Baum, als beide unter Wasser gezogen wurden.

Hans sitoi köyden tiukasti puun ympärille, kun molemmat vedettiin pinnan alle.

Sie stürzten unter Wasser und zerschellten an Felsen und Flusstrümmern.

Ne syöksyivät veden alle törmäillen kiviin ja joen roskiin.

In einem Moment war Buck oben, im nächsten erhob sich Thornton keuchend.

Yhtenä hetkenä Buck oli huipulla, seuraavana Thornton nousi henkeään haukkoen.

Zerschlagen und erstickend steuerten sie auf das Ufer zu und waren in Sicherheit.

Hakattuina ja tukehtuessa he ajautuivat rannalle turvaan.

Thornton erlangte sein Bewusstsein wieder und lag quer über einem Treibholzbaumstamm.

Thornton palasi tajuihinsa maaten ajotukilla.

Hans und Pete haben hart gearbeitet, um ihm Atem und Leben zurückzugeben.

Hans ja Pete tekivät hänen kanssaan kovasti töitä saadakseen hengityksen ja elämän takaisin.

Sein erster Gedanke galt Buck, der regungslos und schlaff dalag.

Hänen ensimmäinen ajatuksensa oli Buck, joka makasi liikkumattomana ja velttona.

Nig heulte über Bucks Körper und Skeet leckte sanft sein Gesicht.

Nig ulvoi Buckin ruumiin yli, ja Skeet nuoli hänen kasvojaan hellästi.

Thornton, wund und verletzt, untersuchte Buck mit vorsichtigen Händen.

Thornton, kipeänä ja mustelmilla, tutki Buckia varovaisin käsin.

Er stellte fest, dass der Hund drei Rippen gebrochen hatte, jedoch keine tödlichen Wunden aufwies.

Hän löysi koiralta kolme murtunutta kylkiluuta, mutta ei kuolettavia vammoja.

„Damit ist die Sache geklärt", sagte Thornton. „Wir zelten hier." Und das taten sie.

– Siinä se, Thornton sanoi. – Me leiriydymme täällä. Ja niin he tekivätkin.

Sie blieben, bis Bucks Rippen verheilt waren und er wieder laufen konnte.

He pysyivät, kunnes Buckin kylkiluut paranivat ja hän pystyi taas kävelemään.

In diesem Winter vollbrachte Buck eine Leistung, die seinen Ruhm noch weiter steigerte.

Sinä talvena Buck suoritti saavutuksen, joka nosti hänen mainettaan entisestään.

Es war weniger heroisch als Thornton zu retten, aber genauso beeindruckend.

Se oli vähemmän sankarillista kuin Thorntonin pelastaminen, mutta aivan yhtä vaikuttavaa.

In Dawson benötigten die Partner Vorräte für eine weite Reise.

Dawsonissa kumppanit tarvitsivat tarvikkeita pitkää matkaa varten.

Sie wollten nach Osten reisen, in unberührte Wildnisgebiete.

He halusivat matkustaa itään, koskemattomille erämaa-alueille.

Bucks Tat im Eldorado Saloon machte diese Reise möglich.

Buckin tekemä Eldorado Saloonissa mahdollisti tuon matkan.

Es begann damit, dass Männer bei einem Drink mit ihren Hunden prahlten.

Se alkoi miesten kerskuessa koiristaan drinkkien äärellä.

Bucks Ruhm machte ihn zur Zielscheibe von Herausforderungen und Zweifeln.

Buckin maine teki hänestä haasteiden ja epäilysten kohteen.

Thornton blieb stolz und ruhig und verteidigte Bucks Namen standhaft.

Thornton, ylpeänä ja tyynenä, puolusti lujasti Buckin nimeä.

Ein Mann sagte, sein Hund könne problemlos zweihundertsechsunddreißig kg ziehen.

Eräs mies sanoi, että hänen koiransa pystyisi vetämään helposti viisisataa paunaa.
Ein anderer sagte sechshundert und ein dritter prahlte mit siebenhundert.
Toinen sanoi kuusisataa, ja kolmas kerskui seitsemäsataa.
„Pfft!", sagte John Thornton, „Buck kann einen fünfhundert kg schweren Schlitten ziehen."
– Pöh! sanoi John Thornton. – Buck pystyy vetämään tuhannen paunan reen.
Matthewson, ein Bonanza-König, beugte sich vor und forderte ihn heraus.
Matthewson, Bonanza-kuningas, nojasi eteenpäin ja haastoi hänet.
„Glauben Sie, er kann so viel Gewicht in Bewegung setzen?"
"Luuletko, että hän pystyy liikuttamaan niin paljon painoa?"
„Und Sie glauben, er kann das Gewicht volle hundert Meter weit ziehen?"
"Ja luuletko hänen vetävän painon kokonaiset sata jaardia?"
Thornton antwortete kühl: „Ja. Buck ist Hund genug, um das zu tun."
Thornton vastasi kylmästi: "Kyllä. Buck on tarpeeksi koira tekemään sen."
„Er wird tausend Pfund in Bewegung setzen und es hundert Meter weit ziehen."
"Hän laittaa tuhannen punnan voiman liikkeelle ja vetää sitä sata metriä."
Matthewson lächelte langsam und stellte sicher, dass alle Männer seine Worte hörten.
Matthewson hymyili hitaasti ja varmisti, että kaikki miehet kuulivat hänen sanansa.
„Ich habe tausend Dollar, die sagen, dass er es nicht kann. Da ist es."
"Minulla on tuhat dollaria, joka kieltää hänen pääsynsä siihen. Tässä se on."
Er knallte einen Sack Goldstaub von der Größe einer Wurst auf die Theke.

Hän paiskasi baaritiskille makkaran kokoisen säkin kultapölyä.

Niemand sagte ein Wort. Die Stille um sie herum wurde drückend und angespannt.

Kukaan ei sanonut sanaakaan. Hiljaisuus heidän ympärillään kävi raskaaksi ja jännittyneeksi.

Thorntons Bluff – wenn es denn einer war – war ernst genommen worden.

Thorntonin bluffi – jos se sellainen oli – oli otettu vakavasti.

Er spürte, wie ihm die Hitze im Gesicht aufstieg und das Blut in seine Wangen schoss.

Hän tunsi kuumuuden nousevan kasvoilleen veren noustessa poskilleen.

In diesem Moment war seine Zunge seiner Vernunft voraus.

Hänen kielensä oli mennyt sillä hetkellä järjen edelle.

Er wusste wirklich nicht, ob Buck fünfhundert kg bewegen konnte.

Hän ei todellakaan tiennyt, pystyisikö Buck liikuttamaan tuhatta paunaa.

Eine halbe Tonne! Allein die Größe ließ ihm das Herz schwer werden.

Puoli tonnia! Jo pelkkä sen koko sai hänen sydämensä tuntumaan raskaalta.

Er hatte Vertrauen in Bucks Stärke und hielt ihn für fähig.

Hän luotti Buckin voimaan ja oli pitänyt tätä kyvykkäänä.

Doch einer solchen Herausforderung war er noch nie begegnet, nicht auf diese Art und Weise.

Mutta hän ei ollut koskaan kohdannut tällaista haastetta, ei tällaista.

Ein Dutzend Männer beobachteten ihn still und warteten darauf, was er tun würde.

Kymmenkunta miestä katseli häntä hiljaa odottaen, mitä hän tekisi.

Er hatte das Geld nicht – Hans und Pete auch nicht.

Hänellä ei ollut rahaa – eikä Hansilla eikä Petelläkään.

„Ich habe draußen einen Schlitten", sagte Matthewson kalt und direkt.

– Minulla on ulkona reki, Matthewson sanoi kylmästi ja suoraan.

„Es ist mit zwanzig Säcken zu je fünfzig Pfund beladen, alles Mehl.

"Se on lastattu kahdellakymmenellä säkillä, viisikymmentä paunaa kukin, pelkkää jauhoa."

Lassen Sie sich also jetzt nicht von einem fehlenden Schlitten als Ausrede ausreden", fügte er hinzu.

Joten älä anna kadonneen kelkan olla tekosyynäsi nyt", hän lisäsi.

Thornton stand still da. Er wusste nicht, was er sagen sollte.

Thornton seisoi hiljaa. Hän ei tiennyt, mitä sanoja sanoisi.

Er blickte sich die Gesichter an, ohne sie deutlich zu erkennen.

Hän katseli ympärilleen kasvoja näkemättä niitä selvästi.

Er sah aus wie ein Mann, der in Gedanken erstarrt war und versuchte, neu zu starten.

Hän näytti mieheltä, joka oli jähmettynyt ajatuksiinsa ja yritti käynnistää elämänsä uudelleen.

Dann sah er Jim O'Brien, einen Freund aus der Mastodon-Zeit.

Sitten hän näki Jim O'Brienin, ystävänsä Mastodon-ajoilta.

Dieses vertraute Gesicht gab ihm Mut, von dem er nicht wusste, dass er ihn hatte.

Tuo tuttu kasvo antoi hänelle rohkeutta, jota hän ei tiennyt itsellään olevan.

Er drehte sich um und fragte mit leiser Stimme: „Können Sie mir tausend leihen?"

Hän kääntyi ja kysyi hiljaisella äänellä: "Voitko lainata minulle tuhat?"

„Sicher", sagte O'Brien und ließ bereits einen schweren Sack neben dem Gold fallen.

– Totta kai, sanoi O'Brien pudottaen jo raskaan säkin kultaa kohti.

„Aber ehrlich gesagt, John, ich glaube nicht, dass das Biest das tun kann."

"Mutta totta puhuen, John, en usko, että peto pystyy tähän."

Alle im Eldorado Saloon strömten nach draußen, um sich die Veranstaltung anzusehen.

Kaikki Eldorado Saloonissa ryntäsivät ulos katsomaan tapahtumaa.

Sie ließen Tische und Getränke zurück und sogar die Spiele wurden unterbrochen.

He poistuivat pöydistä ja juomista, ja jopa pelit keskeytettiin.

Dealer und Spieler kamen, um das Ende der kühnen Wette mitzuerleben.

Jakajat ja uhkapelurit tulivat todistamaan rohkean vedonlyönnin loppua.

Hunderte versammelten sich auf der vereisten Straße um den Schlitten.

Sadat ihmiset kokoontuivat pulkan ympärille jäiselle avoimelle kadulle.

Matthewsons Schlitten stand mit einer vollen Ladung Mehlsäcke da.

Matthewsonin reki seisoi täydessä kuormassa jauhosäkkejä.

Der Schlitten stand stundenlang bei Minustemperaturen.

Pulkka oli seissyt tuntikausia miinuslämpötiloissa.

Die Kufen des Schlittens waren fest am festgetretenen Schnee festgefroren.

Kelkan jalakset olivat jäätyneet tiukasti kiinni pakkautuneeseen lumeen.

Die Männer wetteten zwei zu eins, dass Buck den Schlitten nicht bewegen könne.

Miehet tarjosivat kaksi yhteen -kertoimia sille, ettei Buck pystyisi liikuttamaan rekeä.

Es kam zu einem Streit darüber, was „ausbrechen" eigentlich bedeutet.

Kiistaa syntyi siitä, mitä "break out" oikeastaan tarkoitti.

O'Brien sagte, Thornton solle die festgefrorene Basis des Schlittens lösen.

O'Brien sanoi, että Thorntonin pitäisi löysätä kelkan jäätynyttä pohjaa.

Buck könnte dann aus einem soliden, bewegungslosen Start „ausbrechen".

Buck voisi sitten "murtautua esiin" vankasta,
liikkumattomasta alusta.

Matthewson argumentierte, dass der Hund auch die Läufer befreien müsse.

Matthewson väitti, että koiran täytyy vapauttaa myös juoksijat.

Die Männer, die von der Wette gehört hatten, stimmten Matthewsons Ansicht zu.

Vedonlyönnin kuulleet miehet olivat samaa mieltä Matthewsonin näkemyksestä.

Mit dieser Entscheidung stiegen die Chancen auf drei zu eins gegen Buck.

Tuon päätöksen myötä kertoimet nousivat kolmeen yhteen Buckia vastaan.

Niemand trat vor, um die wachsende Drei-zu-eins-Chance auf sich zu nehmen.

Kukaan ei astunut esiin ottaakseen kasvavaa kolmen yhteen - kerrointa.

Kein einziger Mann glaubte, dass Buck diese große Leistung vollbringen könnte.

Yksikään mies ei uskonut Buckin pystyvän tuohon suureen saavutukseen.

Thornton war zu der Wette gedrängt worden, obwohl er voller Zweifel war.

Thornton oli kiirehditty vedonlyöntiin epäilysten vaivaamana.

Nun blickte er auf den Schlitten und das zehnköpfige Hundegespann daneben.

Nyt hän katsoi rekeä ja sen vieressä olevaa kymmenen koiran valjakkoa.

Als ich die Realität der Aufgabe sah, erschien sie noch unmöglicher.

Tehtävän todellisuuden näkeminen sai sen tuntumaan entistä mahdottomammalta.

Matthewson war in diesem Moment voller Stolz und Selbstvertrauen.

Matthewson oli sillä hetkellä täynnä ylpeyttä ja itseluottamusta.

„Drei zu eins!", rief er. „Ich wette noch tausend, Thornton!"
– Kolme yhteen! hän huusi. – Lyön vetoa vielä tuhannesta, Thornton!

Was sagst du dazu?", fügte er laut genug hinzu, dass es alle hören konnten.
"Mitä sanot?" hän lisäsi niin kovaa, että kaikki kuulivat.

Thorntons Gesicht zeigte seine Zweifel, aber sein Geist war aufgeblüht.
Thorntonin kasvoilla näkyi epäilyksiä, mutta hänen mielialansa oli noussut.

Dieser Kampfgeist ignorierte alle Widrigkeiten und fürchtete sich überhaupt nicht.
Tuo taistelutahto jätti välinpitämättömät kertoimet huomiotta eikä pelännyt mitään.

Er forderte Hans und Pete auf, ihr gesamtes Bargeld auf den Tisch zu bringen.
Hän soitti Hansille ja Petelle tuodakseen kaikki rahansa pöytään.

Ihnen blieb nicht mehr viel übrig – insgesamt nur zweihundert Dollar.
Heillä oli vähän jäljellä – yhteensä vain kaksisataa dollaria.

Diese kleine Summe war ihr gesamtes Vermögen in schweren Zeiten.
Tämä pieni summa oli heidän koko omaisuutensa vaikeina aikoina.

Dennoch setzten sie ihr gesamtes Vermögen auf Matthewsons Wette.
Silti he panivat koko omaisuuden Matthewsonin vetoa vastaan.

Das zehnköpfige Hundegespann wurde abgekoppelt und vom Schlitten wegbewegt.
Kymmenen koiran valjakko irrotettiin valjakosta ja siirtyi pois reen luota.

Buck wurde in die Zügel genommen und trug sein vertrautes Geschirr.
Buck laitettiin ohjaksiin ja hänellä oli tutut valjaat.

Er hatte die Energie der Menge aufgefangen und die Spannung gespürt.

Hän oli vanginnut väkijoukon energian ja tuntenut jännityksen.

Irgendwie wusste er, dass er etwas für John Thornton tun musste.

Jostain syystä hän tiesi, että hänen oli tehtävä jotain John Thorntonin hyväksi.

Die Leute murmelten voller Bewunderung über die stolze Gestalt des Hundes.

Ihmiset kuiskasivat ihaillen koiran ylpeää hahmoa.

Er war schlank und stark und hatte kein einziges Gramm Fleisch zu viel.

Hän oli laiha ja vahva, ilman ainuttakaan ylimääräistä lihanpalaa.

Sein Gesamtgewicht von hundertfünfzig Pfund bestand nur aus Kraft und Ausdauer.

Hänen sataviisikymmentä paunaa painava kokonaisuus oli pelkkää voimaa ja kestävyyttä.

Bucks Fell glänzte wie Seide und strotzte vor Gesundheit und Kraft.

Buckin turkki kiilsi kuin silkki, paksuna terveydestä ja voimasta.

Das Fell an seinem Hals und seinen Schultern schien sich aufzurichten und zu sträuben.

Hänen kaulansa ja hartioidensa turkki tuntui kohoavan ja nousevan pörröiseksi.

Seine Mähne bewegte sich leicht, jedes Haar war voller Energie.

Hänen harjansa liikkui hieman, jokainen hiuskarva elossa hänen suuresta energiastaan.

Seine breite Brust und seine starken Beine passten zu seinem schweren, robusten Körperbau.

Hänen leveä rintakehä ja vahvat jalat sopivat yhteen hänen raskaan ja sitkeän vartalonsa kanssa.

Unter seinem Mantel spannten sich Muskeln, straff und fest wie geschmiedetes Eisen.

Lihakset väreilivät hänen takkinsa alla, kireinä ja lujina kuin sidottu rauta.

Männer berührten ihn und schworen, er sei gebaut wie eine Stahlmaschine.

Miehet koskettivat häntä ja vannoivat, että hän oli kuin teräskone.

Die Quoten sanken leicht auf zwei zu eins gegen den großen Hund.

Kertoimet laskivat hieman kahteen yhteen suurta koiraa vastaan.

Ein Mann von den Skookum Benches drängte sich stotternd nach vorne.

Skookum-penkkien mies työntyi eteenpäin änkyttäen.

„Gut, Sir! Ich biete achthundert für ihn – vor der Prüfung, Sir!"

"Hyvä, herra! Tarjoan hänestä kahdeksansataa – ennen koetta, herra!"

„Achthundert, so wie er jetzt dasteht!", beharrte der Mann.

"Kahdeksansataa, tässä kohtaa hän juuri nyt seisoo!" mies vaati.

Thornton trat vor, lächelte und schüttelte ruhig den Kopf.

Thornton astui eteenpäin, hymyili ja pudisti rauhallisesti päätään.

Matthewson schritt schnell mit warnender Stimme und einem Stirnrunzeln ein.

Matthewson astui nopeasti esiin varoittavalla äänellä ja rypisti otsaansa.

„Sie müssen Abstand von ihm halten", sagte er. „Geben Sie ihm Raum."

– Sinun täytyy astua pois hänen luotaan, hän sanoi. – Anna hänelle tilaa.

Die Menge verstummte; nur die Spieler boten noch zwei zu eins.

Väkijoukko hiljeni; vain uhkapelurit tarjosivat edelleen kaksi yhteen.

Alle bewunderten Bucks Körperbau, aber die Last schien zu groß.

Kaikki ihailivat Buckin ruumiinrakennetta, mutta lasti näytti liian suurelta.
Zwanzig Säcke Mehl – jeder fünfzig Pfund schwer – schienen viel zu viel.
Kaksikymmentä säkkiä jauhoja – kukin viidenkymmenen paunan painoinen – tuntui aivan liialta.
Niemand war bereit, seinen Geldbeutel zu öffnen und sein Geld zu riskieren.
Kukaan ei ollut halukas avaamaan laukkuaan ja riskeeraamaan rahojaan.
Thornton kniete neben Buck und nahm seinen Kopf in beide Hände.
Thornton polvistui Buckin viereen ja otti hänen päänsä molempiin käsiinsä.
Er drückte seine Wange an Bucks und sprach in sein Ohr.
Hän painoi poskensa Buckin poskea vasten ja puhui tämän korvaan.
Es gab jetzt kein spielerisches Schütteln oder geflüsterte liebevolle Beleidigungen.
Ei enää leikkisää ravistelua tai kuiskattuja rakastavia loukkauksia.
Er murmelte nur leise: „So sehr du mich liebst, Buck."
Hän vain kuiskasi hiljaa: "Niin paljon kuin rakastatkin minua, Buck."
Buck stieß ein leises Winseln aus, seine Begierde konnte er kaum zurückhalten.
Buck päästi hiljaisen vinkaisun, intohimonsa tuskin hillittynä.
Die Zuschauer beobachteten neugierig, wie Spannung in der Luft lag.
Katsojat seurasivat uteliaina jännityksen täyttäessä ilman.
Der Moment fühlte sich fast unwirklich an, wie etwas jenseits der Vernunft.
Hetki tuntui lähes epätodelliselta, joltain järjettömältä.
Als Thornton aufstand, nahm Buck sanft seine Hand zwischen die Kiefer.
Kun Thornton nousi seisomaan, Buck otti hänen kätensä varovasti leukojensa väliin.

Er drückte mit den Zähnen nach unten und ließ dann langsam und sanft los.

Hän painoi hampaillaan alas ja päästi sitten irti hitaasti ja varovasti.

Es war eine stille Antwort der Liebe, nicht ausgesprochen, aber verstanden.

Se oli rakkauden hiljainen vastaus, ei sanottu ääneen, vaan ymmärretty.

Thornton trat weit von dem Hund zurück und gab das Signal.

Thornton astui kauas koirasta ja antoi merkin.

„Jetzt, Buck", sagte er und Buck antwortete mit konzentrierter Ruhe.

"No niin, Buck", hän sanoi, ja Buck vastasi keskittyneen rauhallisesti.

Buck spannte die Leinen und lockerte sie dann um einige Zentimeter.

Buck kiristi köysiä ja löysäsi niitä sitten muutaman sentin.

Dies war die Methode, die er gelernt hatte; seine Art, den Schlitten zu zerbrechen.

Tämän menetelmän hän oli oppinut; hänen tapansa rikkoa reki.

„Mensch!", rief Thornton mit scharfer Stimme in der schweren Stille.

"Voi ei!" Thornton huusi terävällä äänellä raskaassa hiljaisuudessa.

Buck drehte sich nach rechts und stürzte sich mit seinem gesamten Gewicht nach vorn.

Buck kääntyi oikealle ja syöksyi koko painollaan.

Das Spiel verschwand und Bucks gesamte Masse traf die straffen Leinen.

Löysäys katosi, ja Buckin koko massa osui tiukkoihin köysiin.

Der Schlitten zitterte und die Kufen machten ein knackendes, knisterndes Geräusch.

Reki tärisi ja jalaksista kuului napsahdus.

„Haw!", befahl Thornton und änderte erneut Bucks Richtung.

"Hau!" Thornton komensi ja muutti jälleen Buckin suuntaa.
Buck wiederholte die Bewegung und zog diesmal scharf nach links.
Buck toisti liikkeen, tällä kertaa vetäen jyrkästi vasemmalle.
Das Knacken des Schlittens wurde lauter, die Kufen knackten und verschoben sich.
Kelkka rätisi kovempaa, jalakset napsahtivat ja siirtyivät.
Die schwere Last rutschte leicht seitwärts über den gefrorenen Schnee.
Raskas kuorma liukui hieman sivuttain jäätyneen lumen poikki.
Der Schlitten hatte sich aus der Umklammerung des eisigen Pfades gelöst!
Kelkka oli irronnut jäisen polun otteesta!
Die Männer hielten den Atem an, ohne zu merken, dass sie nicht einmal atmeten.
Miehet pidättivät hengitystään tietämättä, etteivät he edes hengittäneet.
„Jetzt ZIEHEN!", rief Thornton durch die eisige Stille.
"Nyt, VEDÄ!" Thornton huusi jäätyneen hiljaisuuden läpi.
Thorntons Befehl klang scharf wie ein Peitschenknall.
Thorntonin käsky kajahti terävästi, kuin ruoskan läiskähdys.
Buck stürzte sich mit einem heftigen und heftigen Ausfallschritt nach vorne.
Buck syöksyi eteenpäin raivokkaalla ja rajulla syöksyllä.
Sein ganzer Körper war aufgrund der enormen Belastung angespannt und verkrampft.
Koko hänen ruumiinsa jännittyi ja kouristeli valtavan rasituksen alla.
Unter seinem Fell spannten sich Muskeln wie lebendig werdende Schlangen.
Lihakset väreilivät hänen turkkinsa alla kuin eloon heräävät käärmeet.
Seine breite Brust war tief, der Kopf nach vorne zum Schlitten gestreckt.
Hänen suuri rintakehä oli alhaalla, pää ojennettuna eteenpäin kohti rekeä.

Seine Pfoten bewegten sich blitzschnell und seine Krallen zerschnitten den gefrorenen Boden.
Hänen käpälänsä liikkuivat kuin salama, kynnet viilsivät jäätynyttä maata.
Er kämpfte um jeden Zentimeter Bodenhaftung und hinterließ tiefe Rillen.
Urat leikattiin syviin, kun hän taisteli jokaisesta pidosta.
Der Schlitten schaukelte, zitterte und begann eine langsame, unruhige Bewegung.
Reki keinui, tärisi ja alkoi liikkua hitaasti ja epävakaasti.
Ein Fuß rutschte aus und ein Mann in der Menge stöhnte laut auf.
Toinen jalka lipesi, ja mies väkijoukossa voihkaisi ääneen.
Dann machte der Schlitten mit einer ruckartigen, heftigen Bewegung einen Satz nach vorne.
Sitten reki syöksyi eteenpäin nykivällä, karkealla liikkeellä.
Es hörte nicht wieder auf – noch einen halben Zoll ... einen Zoll ... zwei Zoll mehr.
Se ei pysähtynyt taas – puoli tuumaa... tuuma... viisi tuumaa lisää.
Die Stöße wurden kleiner, als der Schlitten an Geschwindigkeit zunahm.
Nykäykset loivenivat kelkan alkaessa kiihtyä.
Bald zog Buck mit sanfter, gleichmäßiger Rollkraft.
Pian Buck veti tasaisesti ja pehmeästi.
Die Männer schnappten nach Luft und erinnerten sich schließlich wieder daran zu atmen.
Miehet haukkoivat henkeään ja muistivat vihdoin hengittää uudelleen.
Sie hatten nicht bemerkt, dass ihnen vor Ehrfurcht der Atem stockte.
He eivät olleet huomanneet hengityksensä pysähtyneen pelon vallassa.
Thornton rannte hinterher und rief kurze, fröhliche Befehle.
Thornton juoksi perässä huutaen lyhyitä, iloisia käskyjä.
Vor uns lag ein Stapel Brennholz, der die Entfernung markierte.

Edessä oli polttopuiden pino, joka merkitsi etäisyyttä.
Als Buck sich dem Haufen näherte, wurde der Jubel immer lauter.
Buckin lähestyessä kasaa hurraaminen voimistui yhä.
Der Jubel schwoll zu einem Brüllen an, als Buck den Endpunkt passierte.
Riemuhuuto paisui karjunnaksi Buckin ohittaessa päätepisteen.
Männer sprangen auf und schrien, sogar Matthewson grinste.
Miehet hyppivät ja huusivat, jopa Matthewson virnisti.
Hüte flogen durch die Luft, Fäustlinge wurden gedankenlos und ziellos herumgeworfen.
Hatut lensivät ilmaan, lapaset heiteltiin ajattelematta tai tähtäämättä.
Männer packten einander und schüttelten sich die Hände, ohne zu wissen, wer es war.
Miehet tarttuivat toisiinsa ja kättelivät tietämättä ketä.
Die ganze Menge war in wilder, freudiger Stimmung.
Koko väkijoukko surisi villisti, iloisesti juhlien.
Thornton fiel mit zitternden Händen neben Buck auf die Knie.
Thornton polvistui Buckin viereen vapisevin käsin.
Er drückte seinen Kopf an Bucks und schüttelte ihn sanft hin und her.
Hän painoi päänsä Buckin päätä vasten ja ravisteli tätä hellästi edestakaisin.
Diejenigen, die näher kamen, hörten, wie er den Hund mit stiller Liebe verfluchte.
Lähestyjät kuulivat hänen kiroilevan koiraa hiljaisella rakkaudella.
Er beschimpfte Buck lange – leise, herzlich und emotional.
Hän kirosi Buckille pitkään – hiljaa, lämpimästi ja liikuttuneesti.
„Gut, Sir! Gut, Sir!", rief der König der Skookum-Bank hastig.

"Hyvä on, herra! Hyvä on, herra!" huudahti Skookum-penkin kuningas kiireesti.

„Ich gebe Ihnen tausend – nein, zwölfhundert – für diesen Hund, Sir!"

"Annan teille tuhat – ei, kaksitoistasataa – tuosta koirasta, herra!"

Thornton stand langsam auf, seine Augen glänzten vor Emotionen.

Thornton nousi hitaasti jaloilleen, silmät liikutuksesta säihkyen.

Tränen strömten ihm ohne jede Scham über die Wangen.

Kyyneleet valuivat avoimesti hänen poskiaan pitkin ilman minkäänlaista häpeää.

„Sir", **sagte er zum König der Skookum-Bank, ruhig und bestimmt**

"Herra", hän sanoi Skookum-penkin kuninkaalle vakaasti ja lujasti

„**Nein, Sir. Sie können zur Hölle fahren, Sir. Das ist meine endgültige Antwort."**

"Ei, herra. Voitte painua helvettiin, herra. Se on lopullinen vastaukseni."

Buck packte Thorntons Hand sanft mit seinen starken Kiefern.

Buck tarttui Thorntonin käteen hellästi vahvoilla leukoillaan.

Thornton schüttelte ihn spielerisch, ihre Bindung war so tief wie eh und je.

Thornton ravisteli häntä leikkisästi, heidän siteensä oli yhtä syvä kuin aina ennenkin.

Die Menge, bewegt von diesem Moment, trat schweigend zurück.

Hetken liikuttama väkijoukko astui taaksepäin hiljaa.

Von da an wagte es niemand mehr, diese heilige Zuneigung zu unterbrechen.

Siitä lähtien kukaan ei uskaltanut keskeyttää tuota pyhää kiintymystä.

Der Klang des Rufs
Kutsun ääni

Buck hatte in fünf Minuten Sechzehnhundert Dollar verdient.
Buck oli ansainnut kuusitoistasataa dollaria viidessä minuutissa.
Mit dem Geld konnte John Thornton einen Teil seiner Schulden begleichen.
Rahan avulla John Thornton pystyi maksamaan osan veloistaan.
Mit dem restlichen Geld machte er sich mit seinen Partnern auf den Weg nach Osten.
Loput rahat hän suuntasi itään kumppaneidensa kanssa.
Sie suchten nach einer sagenumwobenen verlorenen Mine, die so alt ist wie das Land selbst.
He etsivät tarunhohtoista kadonnutta kaivosta, yhtä vanhaa kuin itse maa.
Viele Männer hatten nach der Mine gesucht, aber nur wenige hatten sie je gefunden.
Monet miehet olivat etsineet kaivosta, mutta harvat olivat sitä koskaan löytäneet.
Während der gefährlichen Suche waren nicht wenige Männer verschwunden.
Useampi kuin yksi mies oli kadonnut vaarallisen tehtävän aikana.
Diese verlorene Mine war sowohl in Geheimnisse als auch in eine alte Tragödie gehüllt.
Tämä kadonnut kaivos oli kietoutunut sekä mysteerin että vanhan tragedian sisään.
Niemand wusste, wer der erste Mann war, der die Mine entdeckt hatte.
Kukaan ei tiennyt, kuka oli ollut ensimmäinen kaivoksen löytänyt mies.
In den ältesten Geschichten wird niemand namentlich erwähnt.
Vanhimmissa tarinoissa ei mainita ketään nimeltä.

Dort hatte immer eine alte, baufällige Hütte gestanden.
Siellä on aina ollut vanha, ränsistynyt mökki.
Sterbende Männer hatten geschworen, dass sich neben dieser alten Hütte eine Mine befand.
Kuolevat miehet olivat vannoneet, että tuon vanhan mökin vieressä oli kaivos.
Sie bewiesen ihre Geschichten mit Gold, wie es nirgendwo sonst zu finden ist.
He todistivat tarinansa kullalla, jollaista ei löydetty mistään muualta.
Keine lebende Seele hatte den Schatz von diesem Ort jemals geplündert.
Yksikään elävä sielu ei ollut koskaan ryöstänyt aarretta siitä paikasta.
Die Toten waren tot, und Tote erzählen keine Geschichten.
Kuolleet olivat kuolleita, eivätkä kuolleet kerro tarinoita.
Also machten sich Thornton und seine Freunde auf den Weg in den Osten.
Niinpä Thornton ja hänen ystävänsä suuntasivat itään.
Pete und Hans kamen mit Buck und sechs starken Hunden.
Pete ja Hans liittyivät mukaan ja toivat Buckin ja kuusi vahvaa koiraa.
Sie begaben sich auf einen unbekannten Weg, an dem andere gescheitert waren.
He lähtivät tuntemattomalle polulle, jolla muut olivat epäonnistuneet.
Sie rodelten siebzig Meilen den zugefrorenen Yukon River hinauf.
He pulkkaisivat seitsemänkymmentä mailia jäätynyttä Yukon-jokea pitkin.
Sie bogen links ab und folgten dem Pfad bis zum Stewart.
He kääntyivät vasemmalle ja seurasivat polkua Stewart-jokeen.
Sie passierten Mayo und McQuestion und drängten weiter.
He ohittivat Mayon ja McQuestionin ja jatkoivat matkaansa yhä pidemmälle.

Der Stewart schrumpfte zu einem Strom, der sich durch zerklüftete Gipfel schlängelte.
Stewart-joki kutistui puroksi, joka kiemurteli terävien huippujen läpi.
Diese scharfen Gipfel markierten das Rückgrat des Kontinents.
Nämä terävät huiput muodostivat mantereen selkärangan.
John Thornton verlangte wenig von den Menschen oder der Wildnis.
John Thornton vaati miehiltä tai erämaalta vain vähän.
Er fürchtete nichts in der Natur und begegnete der Wildnis mit Leichtigkeit.
Hän ei pelännyt mitään luonnossa ja kohtasi villin luonnon helposti.
Nur mit Salz und einem Gewehr konnte er reisen, wohin er wollte.
Vain suolan ja kiväärin avulla hän saattoi matkustaa minne halusi.
Wie die Eingeborenen jagte er auf seiner Reise nach Nahrung.
Kuten alkuasukkaat, hän metsästi ruokaa matkansa aikana.
Wenn er nichts fing, machte er weiter und vertraute auf sein Glück.
Jos hän ei saanut mitään kiinni, hän jatkoi matkaa luottaen onneen edessään.
Auf dieser langen Reise war Fleisch die Hauptnahrungsquelle.
Tällä pitkällä matkalla liha oli heidän pääruokansa.
Der Schlitten enthielt Werkzeuge und Munition, jedoch keinen strengen Zeitplan.
Reessä oli työkaluja ja ammuksia, mutta ei tarkkaa aikataulua.
Buck liebte dieses Herumwandern, die endlose Jagd und das Fischen.
Buck rakasti tätä vaeltelua; loputonta metsästystä ja kalastusta.
Wochenlang waren sie Tag für Tag unterwegs.
Viikkokausia he matkustivat päivästä toiseen tasaisesti.

Manchmal schlugen sie Lager auf und blieben wochenlang dort.
Toisinaan he leiriytyivät ja pysyivät paikoillaan viikkoja.
Die Hunde ruhten sich aus, während die Männer im gefrorenen Dreck gruben.
Koirat lepäsivät miesten kaivaessa jäätynyttä maata.
Sie erwärmten Pfannen über dem Feuer und suchten nach verborgenem Gold.
He lämmittivät pannuja nuotioiden päällä ja etsivät piilotettua kultaa.
An manchen Tagen hungerten sie, an anderen feierten sie Feste.
Joinakin päivinä he näkivät nälkää, ja joinakin päivinä heillä oli juhlia.
Ihre Mahlzeiten hingen vom Wild und vom Jagdglück ab.
Heidän ateriansa riippuivat riistasta ja metsästysonnesta.
Als der Sommer kam, trugen Männer und Hunde schwere Lasten auf ihren Rücken.
Kesän tullen miehet ja koirat pakkasivat taakkoja selälleen.
Sie fuhren mit dem Floß über blaue Seen, die in Bergwäldern versteckt waren.
He laskivat koskenlaskua vuoristometsien piilossa olevien sinisten järvien yli.
Sie segelten in schmalen Booten auf Flüssen, die noch nie von Menschen kartiert worden waren.
He purjehtivat hoikilla veneillä joilla, joita kukaan ei ollut koskaan kartoittanut.
Diese Boote wurden aus Bäumen gebaut, die sie in der Wildnis gesägt haben.
Nuo veneet rakennettiin puista, joita he sahasivat luonnossa.

Die Monate vergingen und sie schlängelten sich durch die wilden, unbekannten Länder.
Kuukaudet kuluivat, ja he kiertelivät tuntemattomien ja villien maiden halki.
Es waren keine Männer dort, doch alte Spuren deuteten darauf hin, dass Männer dort gewesen waren.

Siellä ei ollut miehiä, mutta vanhat jäljet viittasivat siihen, että miehiä oli ollut.
Wenn die verlorene Hütte echt war, dann waren einst andere hier entlang gekommen.
Jos Kadonnut mökki oli todellinen, niin muitakin oli joskus tullut tätä tietä.
Sie überquerten hohe Pässe bei Schneestürmen, sogar im Sommer.
He ylittivät korkeita solanpätkiä lumimyrskyissä, jopa kesällä.
Sie zitterten unter der Mitternachtssonne auf kahlen Berghängen.
He hytisivät keskiyön auringon alla paljailla vuorenrinteillä.
Zwischen der Baumgrenze und den Schneefeldern stiegen sie langsam auf.
Puunrajan ja lumikenttien välissä he kiipesivät hitaasti.
In warmen Tälern schlugen sie nach Schwärmen aus Mücken und Fliegen.
Lämpimissä laaksoissa ne läpsyttelivät hyttys- ja kärpäspilviä.
Sie pflückten süße Beeren in der Nähe von Gletschern in voller Sommerblüte.
He poimivat makeita marjoja jäätiköiden läheltä täydessä kesäkukinnossa.
Die Blumen, die sie fanden, waren genauso schön wie die im Süden.
Heidän löytämänsä kukat olivat yhtä ihania kuin Etelämaassa.
Im Herbst erreichten sie eine einsame Region voller stiller Seen.
Sinä syksynä he saapuivat yksinäiselle seudulle, joka oli täynnä hiljaisia järviä.
Das Land war traurig und leer, einst voller Vögel und Tiere.
Maa oli surullinen ja tyhjä, kerran täynnä lintuja ja eläimiä.
Jetzt gab es kein Leben mehr, nur noch den Wind und das Eis, das sich in Pfützen bildete.
Nyt ei ollut elämää, vain tuuli ja altaisiin muodostuva jää.
Mit einem sanften, traurigen Geräusch schlugen die Wellen gegen die leeren Ufer.

Aallot liplattivat tyhjiä rantoja vasten pehmeällä, surullisella äänellä.

Ein weiterer Winter kam und sie folgten erneut schwachen, alten Spuren.
Uusi talvi tuli, ja he seurasivat jälleen vanhoja, himmeitä jälkiä.
Dies waren die Spuren von Männern, die schon lange vor ihnen gesucht hatten.
Nämä olivat niiden miesten jälkiä, jotka olivat etsineet jo kauan ennen heitä.
Einmal fanden sie einen Pfad, der tief in den dunklen Wald hineinreichte.
Kerran he löysivät polun, joka johti syvälle pimeään metsään.
Es war ein alter Pfad und sie hatten das Gefühl, dass die verlorene Hütte ganz in der Nähe war.
Se oli vanha polku, ja heistä tuntui, että kadonnut mökki oli lähellä.
Doch die Spur führte nirgendwo hin und verlor sich im dichten Wald.
Mutta polku ei johtanut mihinkään ja katosi tiheään metsään.
Wer auch immer die Spur angelegt hat und warum, das wusste niemand.
Kuka polun oli tehnyt ja miksi, sitä ei tiennyt kukaan.
Später fanden sie das Wrack einer Hütte, versteckt zwischen den Bäumen.
Myöhemmin he löysivät puiden välistä piilossa olevan majan rauniot.
Verrottende Decken lagen verstreut dort, wo einst jemand geschlafen hatte.
Mädäntyneet peitot lojuivat hajallaan paikoissa, joissa joku oli kerran nukkunut.
John Thornton fand darin ein Steinschlossgewehr mit langem Lauf.
John Thornton löysi sisältä pitkäpiippuisen piilukon.
Er wusste, dass es sich um eine Waffe von Hudson Bay aus den frühen Handelstagen handelte.

Hän tiesi, että kyseessä oli Hudson Bayn ase jo
kaupankäynnin alkuajoilta.
**Damals wurden solche Gewehre gegen Stapel von
Biberfellen eingetauscht.**
Noina päivinä tällaisia aseita vaihdettiin
majavannahkapinoihin.
**Das war alles – von dem Mann, der die Hütte gebaut hatte,
gab es keine Spur mehr.**
Siinä kaikki – majan rakentaneesta miehestä ei ollut jäljellä
mitään johtolankaa.

**Der Frühling kam wieder und sie fanden keine Spur von der
verlorenen Hütte.**
Kevät tuli jälleen, eivätkä he löytäneet merkkiäkään
Kadonneesta Mökistä.
**Stattdessen fanden sie ein breites Tal mit einem seichten
Bach.**
Sen sijaan he löysivät leveän laakson, jossa oli matala puro.
Gold lag wie glatte, gelbe Butter auf dem Pfannenboden.
Kulta lepäsi pannujen pohjilla kuin sileää, keltaista voita.
Sie hielten dort an und suchten nicht weiter nach der Hütte.
He pysähtyivät siihen eivätkä etsineet mökkiä enempää.
Jeden Tag arbeiteten sie und fanden Tausende in Goldstaub.
Joka päivä he työskentelivät ja löysivät tuhansia kultapölyä.
**Sie packten das Gold in Säcke aus Elchhaut, jeder Fünfzig
Pfund schwer.**
He pakkasivat kullan hirvennahkasäkkeihin, viisikymmentä
puntaa kappale.
**Die Säcke waren wie Brennholz vor ihrer kleinen Hütte
gestapelt.**
Laukut oli pinottu kuin polttopuut heidän pienen majansa
ulkopuolella.
**Sie arbeiteten wie Giganten und die Tage vergingen wie im
Flug.**
He työskentelivät kuin jättiläiset, ja päivät kuluivat kuin
nopeasti unissa.

Sie häuften Schätze an, während die endlosen Tage schnell vorbeizogen.
He kasasivat aarteita loputtomien päivien vieridessä nopeasti.
Außer ab und zu Fleisch zu schleppen, gab es für die Hunde nicht viel zu tun.
Koirilla ei ollut juurikaan tekemistä, paitsi silloin tällöin kuljettaa lihaa.
Thornton jagte und tötete das Wild, und Buck lag am Feuer.
Thornton metsästi ja tappoi riistan, ja Buck makasi tulen ääressä.
Er verbrachte viele Stunden schweigend, versunken in Gedanken und Erinnerungen.
Hän vietti pitkiä tunteja hiljaisuudessa, uppoutuneena ajatuksiinsa ja muistoihinsa.
Das Bild des haarigen Mannes kam Buck immer häufiger in den Sinn.
Karvaisen miehen kuva tuli yhä useammin Buckin mieleen.
Jetzt, wo es kaum noch Arbeit gab, träumte Buck, während er ins Feuer blinzelte.
Nyt kun työtä oli vähän, Buck unelmoi räpytellen silmiään tulelle.
In diesen Träumen wanderte Buck mit dem Mann in eine andere Welt.
Noissa unissa Buck vaelsi miehen kanssa toisessa maailmassa.
Angst schien das stärkste Gefühl in dieser fernen Welt zu sein.
Pelko tuntui olevan voimakkain tunne tuossa kaukaisessa maailmassa.
Buck sah, wie der haarige Mann mit gesenktem Kopf schlief.
Buck näki karvaisen miehen nukkuvan pää painuksissa.
Seine Hände waren gefaltet und sein Schlaf war unruhig und unterbrochen.
Hänen kätensä olivat ristissä, ja hänen unensa oli levotonta ja katkonaista.
Er wachte immer ruckartig auf und starrte ängstlich in die Dunkelheit.

Hän heräsi usein säpsähtäen ja tuijotti pelokkaasti pimeyteen.
Dann warf er mehr Holz ins Feuer, um die Flamme hell zu halten.
Sitten hän heitti lisää puuta tuleen pitääkseen liekin kirkkaana.
Manchmal spazierten sie an einem Strand entlang, der an einem grauen, endlosen Meer entlangführte.
Joskus he kävelivät hiekkarantaa pitkin harmaan, loputtoman meren äärellä.
Der haarige Mann sammelte Schalentiere und aß sie im Gehen.
Karvainen mies poimi äyriäisiä ja söi niitä kävellessään.
Seine Augen suchten immer nach verborgenen Gefahren in den Schatten.
Hänen silmänsä etsivät aina varjoista piilossa olevia vaaroja.
Seine Beine waren immer bereit, beim ersten Anzeichen einer Bedrohung loszusprinten.
Hänen jalkansa olivat aina valmiina juoksemaan ensimmäisen uhkan merkistä.
Sie schlichen still und vorsichtig Seite an Seite durch den Wald.
He hiipivät metsän läpi hiljaa ja varovaisesti, rinnakkain.
Buck folgte ihm auf den Fersen und beide blieben wachsam.
Buck seurasi hänen kannoillaan, ja molemmat pysyivät valppaina.
Ihre Ohren zuckten und bewegten sich, ihre Nasen schnüffelten in der Luft.
Heidän korvansa nykivät ja liikkuivat, heidän nenänsä nuuhkivat ilmaa.
Der Mann konnte den Wald genauso gut hören und riechen wie Buck.
Mies kuuli ja haistoi metsän yhtä tarkasti kuin Buck.
Der haarige Mann schwang sich mit plötzlicher Geschwindigkeit durch die Bäume.
Karvainen mies syöksyi puiden läpi äkillisellä vauhdilla.
Er sprang von Ast zu Ast, ohne jemals den Halt zu verlieren.
Hän hyppi oksalta oksalle, otteestaan huolimatta.

Er bewegte sich über dem Boden genauso schnell wie auf ihm.
Hän liikkui yhtä nopeasti maanpinnan yläpuolella kuin sen päälläkin.
Buck erinnerte sich an lange Nächte, in denen er unter den Bäumen Wache hielt.
Buck muisti pitkät yöt puiden alla, jolloin hän piti vahtia.
Der Mann schlief auf seiner Stange in den Zweigen und klammerte sich fest.
Mies nukkui oksissa tiukasti roikkuen yöllä.
Diese Vision des haarigen Mannes war eng mit dem tiefen Ruf verbunden.
Tämä karvaisen miehen näky oli läheisesti sidoksissa syvään kutsuun.
Der Ruf klang noch immer mit eindringlicher Kraft durch den Wald.
Kutsu kaikui yhä metsän läpi aavemaisen voimakkaasti.
Der Anruf erfüllte Buck mit Sehnsucht und einem rastlosen Gefühl der Freude.
Kutsu täytti Buckin kaipauksella ja levottomalla ilon tunteella.
Er spürte seltsame Triebe und Regungen, die er nicht benennen konnte.
Hän tunsi outoja mielitekoja ja tunteita, joita hän ei osannut nimetä.
Manchmal folgte er dem Ruf tief in die Stille des Waldes.
Joskus hän seurasi kutsua syvälle hiljaiseen metsään.
Er suchte nach dem Ruf und bellte dabei leise oder scharf.
Se etsi kutsuääntä haukkuen hiljaa tai terävästi kulkiessaan.
Er roch am Moos und der schwarzen Erde, wo die Gräser wuchsen.
Hän nuuhki sammalta ja mustaa multaa, missä ruohot kasvoivat.
Er schnaubte entzückt über den reichen Geruch der tiefen Erde.
Hän huokaisi ihastuksesta syvän maan rikkaille tuoksuille.
Er hockte stundenlang hinter pilzbefallenen Baumstämmen.
Hän kyykistyi tuntikausia sienen peittämien runkojen takana.

Er blieb still und lauschte mit großen Augen jedem noch so kleinen Geräusch.
Hän pysyi paikallaan, kuunnellen silmät suurina jokaista pientä ääntä.
Vielleicht hoffte er, das Wesen, das den Ruf auslöste, zu überraschen.
Hän on ehkä toivonut yllättävänsä sen, joka soitti.
Er wusste nicht, warum er so handelte – er tat es einfach.
Hän ei tiennyt, miksi hän toimi näin – hän yksinkertaisesti ymmärsi.
Die Triebe kamen aus der Tiefe, jenseits von Denken und Vernunft.
Ne himot tulivat syvältä sisimmästä, ajatuksen tai järjen tuolta puolen.
Unwiderstehliche Triebe überkamen Buck ohne Vorwarnung oder Grund.
Vastustamattomat halut valtasivat Buckin varoittamatta tai syytä.
Manchmal döste er träge im Lager in der Mittagshitze.
Välillä hän torkkui laiskasti leirissä keskipäivän kuumuudessa.
Plötzlich hob er den Kopf und stellte aufmerksam die Ohren auf.
Yhtäkkiä hänen päänsä nousi ja korvat nousivat pystyyn valppaina.
Dann sprang er auf und stürmte ohne Pause in die Wildnis.
Sitten hän hyppäsi ylös ja syöksyi tauotta erämaahan.
Er rannte stundenlang durch Waldwege und offene Flächen.
Hän juoksi tuntikausia metsäpolkuja ja avoimia paikkoja pitkin.
Er liebte es, trockenen Bachläufen zu folgen und Vögel in den Bäumen zu beobachten.
Hän rakasti seurata kuivia purouomia ja vakoilla lintuja puissa.
Er könnte den ganzen Tag versteckt liegen und den Rebhühnern beim Herumstolzieren zusehen.

Hän voisi maata piilossa koko päivän ja katsella peltopyiden
tepastelevan ympäriinsä.
**Sie trommelten und marschierten, ohne Bucks Anwesenheit
zu bemerken.**
He rummuttivat ja marssivat tietämättöminä Buckin yhä
läsnäolosta.
**Doch am meisten liebte er das Laufen in der
Sommerdämmerung.**
Mutta eniten hän rakasti juosta kesähämärässä.
**Das schwache Licht und die schläfrigen Waldgeräusche
erfüllten ihn mit Freude.**
Hämärä valo ja uneliaat metsän äänet täyttivät hänet ilolla.
**Er las die Zeichen des Waldes so deutlich, wie ein Mann ein
Buch liest.**
Hän luki metsän merkkejä yhtä selvästi kuin mies lukee kirjaa.
Und er suchte immer nach dem seltsamen Ding, das ihn rief.
Ja hän etsi aina sitä outoa asiaa, joka häntä kutsui.
**Dieser Ruf hörte nie auf – er erreichte ihn im Wachzustand
und im Schlaf.**
Tuo kutsu ei koskaan lakannut – se tavoitti hänet sekä
valveilla että nukkuessaan.

**Eines Nachts erwachte er mit einem Ruck, die Augen waren
scharf und die Ohren gespitzt.**
Eräänä yönä hän heräsi säpsähtäen, silmät terävät ja korvat
pystyssä.
**Seine Nasenlöcher zuckten, während seine Mähne in Wellen
sträubte.**
Hänen sieraimensa nytkähtivät harjan aaltojen pörrössä.
Aus der Tiefe des Waldes ertönte erneut der alte Ruf.
Syvältä metsästä kuului taas ääni, vanha kutsu.
**Diesmal war der Ton klar und deutlich zu hören, ein langes,
eindringliches, vertrautes Heulen.**
Tällä kertaa ääni kaikui selkeästi, pitkä, kummitteleva, tuttu
ulvonta.
**Es klang wie der Schrei eines Huskys, aber mit einem
seltsamen und wilden Ton.**

Se oli kuin huskyn huuto, mutta ääneltään outo ja villi.
Buck erkannte das Geräusch sofort – er hatte das genaue Geräusch vor langer Zeit gehört.
Buck tunsi äänen heti – hän oli kuullut saman äänen kauan sitten.
Er sprang durch das Lager und verschwand schnell im Wald.
Hän hyppäsi leirin läpi ja katosi nopeasti metsään.
Als er sich dem Geräusch näherte, wurde er langsamer und bewegte sich vorsichtig.
Äänen lähestyessä hän hidasti vauhtia ja liikkui varovasti.
Bald erreichte er eine Lichtung zwischen dichten Kiefern.
Pian hän saapui aukiolle tiheiden mäntyjen väliin.
Dort saß aufrecht auf seinen Hinterbeinen ein großer, schlanker Timberwolf.
Siellä, kyykyssään pystyssä, istui pitkä, laiha puumainen susi.
Die Nase des Wolfes zeigte zum Himmel und hallte noch immer den Ruf wider.
Suden kuono osoitti taivasta kohti, yhä toistaen kutsua.
Buck hatte keinen Laut von sich gegeben, doch der Wolf blieb stehen und lauschte.
Buck ei ollut päästänyt ääntäkään, mutta susi pysähtyi ja kuunteli.
Der Wolf spürte etwas, spannte sich an und suchte die Dunkelheit ab.
Aistiessaan jotakin susi jännittyi ja etsi pimeyttä.
Buck schlich ins Blickfeld, mit gebeugtem Körper und ruhigen Füßen auf dem Boden.
Buck hiipi näkyviin, vartalo matalana, jalat liikkumatta maassa.
Sein Schwanz war gerade, sein Körper vor Anspannung zusammengerollt.
Hänen häntänsä oli suora ja ruumis jännityksestä tiukasti kiertynyt.
Er zeigte sowohl eine bedrohliche als auch eine Art raue Freundschaft.
Hän osoitti sekä uhkaa että eräänlaista karua ystävyyttä.

Es war die vorsichtige Begrüßung, die wilde Tiere einander entgegenbrachten.
Se oli varovainen tervehdys, jonka villieläimet jakavat.
Aber der Wolf drehte sich um und floh, sobald er Buck sah.
Mutta susi kääntyi ja pakeni heti nähtyään Buckin.
Buck nahm die Verfolgung auf und sprang wild um sich, begierig darauf, es einzuholen.
Buck lähti takaa-ajoon hyppien villisti, innokkaana saavuttamaan sen.
Er folgte dem Wolf in einen trockenen Bach, der durch einen Holzstau blockiert war.
Hän seurasi sutta kuivaan puroon, jonka puupato oli tukkinut.
In die Enge getrieben, wirbelte der Wolf herum und blieb stehen.
Nurkkaan ajettuna susi pyörähti ympäri ja pysyi ennallaan.
Der Wolf knurrte und schnappte wie ein gefangener Husky im Kampf.
Susi murahti ja ärähti kuin tappelussa loukkuun jäänyt huskykoira.
Die Zähne des Wolfes klickten schnell, sein Körper strotzte vor wilder Wut.
Suden hampaat naksahtivat nopeasti, sen ruumis täynnä villiä raivoa.
Buck griff nicht an, sondern umkreiste den Wolf mit vorsichtiger Freundlichkeit.
Buck ei hyökännyt, vaan kiersi suden varovaisen ystävällisesti.
Durch langsame, harmlose Bewegungen versuchte er, seine Flucht zu verhindern.
Hän yritti estää pakoaan hitailla, vaarattomilla liikkeillä.
Der Wolf war vorsichtig und verängstigt – Buck war dreimal so schwer wie er.
Susi oli varovainen ja peloissaan – Buck oli sitä kolme kertaa painavampi.
Der Kopf des Wolfes reichte kaum bis zu Bucks massiver Schulter.
Suden pää ulottui tuskin Buckin massiiviseen olkapäähän asti.

Der Wolf hielt Ausschau nach einer Lücke, rannte los und die Jagd begann von neuem.
Susi tähyili aukkoa, karkasi ja takaa-ajo alkoi uudelleen.
Buck drängte ihn mehrere Male in die Enge und der Tanz wiederholte sich.
Buck ajoi hänet nurkkaan useita kertoja, ja tanssi toistui.
Der Wolf war dünn und schwach, sonst hätte Buck ihn nicht fangen können.
Susi oli laiha ja heikko, tai muuten Buck ei olisi saanut sitä kiinni.
Jedes Mal, wenn Buck näher kam, wirbelte der Wolf herum und sah ihn voller Angst an.
Joka kerta kun Buck lähestyi, susi pyörähti ympäri ja kääntyi peloissaan häntä kohti.
Dann rannte er bei der ersten Gelegenheit erneut in den Wald.
Sitten ensimmäisen tilaisuuden tullen hän syöksyi jälleen metsään.
Aber Buck gab nicht auf und schließlich fasste der Wolf Vertrauen zu ihm.
Mutta Buck ei luovuttanut, ja lopulta susi alkoi luottaa häneen.
Er schnüffelte an Bucks Nase und die beiden wurden verspielt und aufmerksam.
Hän nuuhki Buckin nenää, ja heistä tuli leikkisiä ja valppaita.
Sie spielten wie wilde Tiere, wild und doch schüchtern in ihrer Freude.
Ne leikkivät kuin villieläimet, raivokkaita mutta ilossaan ujoja.
Nach einer Weile trabte der Wolf zielstrebig und ruhig davon.
Hetken kuluttua susi ravaili pois rauhallisen määrätietoisena.
Er machte Buck deutlich, dass er beabsichtigte, verfolgt zu werden.
Hän osoitti selvästi Buckille, että tätä seurattiin.
Sie rannten Seite an Seite durch die Dämmerung.
He juoksivat rinnakkain hämärän hämärtyessä.
Sie folgten dem Bachbett hinauf in die felsige Schlucht.

He seurasivat purouomaa ylös kallioiseen rotkoon.
Sie überquerten eine kalte Wasserscheide, wo der Bach entsprungen war.
He ylittivät kylmän vedenjakajan siitä, mistä virta oli alkanut.
Am gegenüberliegenden Hang fanden sie ausgedehnte Wälder und viele Bäche.
Kaukaiselta rinteeltä he löysivät laajan metsän ja monia puroja.
Durch dieses weite Land rannten sie stundenlang ohne Pause.
Tämän valtavan maan halki he juoksivat tuntikausia pysähtymättä.
Die Sonne stieg höher, die Luft wurde wärmer, aber sie rannten weiter.
Aurinko nousi korkeammalle, ilma lämpeni, mutta he jatkoivat juoksuaan.
Buck war voller Freude – er wusste, dass er seiner Berufung folgte.
Buck oli täynnä iloa – hän tiesi vastaavansa kutsumukseensa.
Er rannte neben seinem Waldbruder her, näher an die Quelle des Rufs.
Hän juoksi metsäveljensä rinnalla, lähemmäs kutsun lähdettä.
Alte Gefühle kehrten zurück, stark und schwer zu ignorieren.
Vanhat tunteet palasivat, voimakkaina ja vaikeasti sivuutettavissa.
Dies waren die Wahrheiten hinter den Erinnerungen aus seinen Träumen.
Nämä olivat totuudet hänen uniemuistojensa takana.
All dies hatte er schon einmal in einer fernen, schattenhaften Welt getan.
Hän oli tehnyt kaiken tämän aiemminkin kaukaisessa ja varjoisassa maailmassa.
Jetzt tat er es wieder und rannte wild herum, während der Himmel über ihm frei war.
Nyt hän teki tämän taas, juosten villisti avoimen taivaan alla.

Sie hielten an einem Bach an, um aus dem kalten, fließenden Wasser zu trinken.
He pysähtyivät puroon juomaan kylmää, virtaavaa vettä.
Während er trank, erinnerte sich Buck plötzlich an John Thornton.
Juodessaan Buck muisti yhtäkkiä John Thorntonin.
Er saß schweigend da, hin- und hergerissen zwischen der Anziehungskraft der Loyalität und der Berufung.
Hän istuutui hiljaa, uskollisuuden ja kutsumuksen hurmaamana.
Der Wolf trabte weiter, kam aber zurück, um Buck anzutreiben.
Susi jatkoi ravaamistaan, mutta palasi takaisin kannustamaan Buckia eteenpäin.
Er rümpfte die Nase und versuchte, ihn mit sanften Gesten zu beruhigen.
Hän nuuhkaisi tämän nenää ja yritti houkutella tätä pehmeillä eleillä.
Aber Buck drehte sich um und machte sich auf den Rückweg.
Mutta Buck kääntyi ympäri ja lähti takaisin samaa tietä.
Der Wolf lief lange Zeit neben ihm her und winselte leise.
Susi juoksi pitkään hänen vierellään hiljaa vinkuen.
Dann setzte er sich hin, hob die Nase und stieß ein langes Heulen aus.
Sitten hän istuutui alas, nosti kuonoaan ja päästi pitkän ulvonnan.
Es war ein trauriger Schrei, der leiser wurde, als Buck wegging.
Se oli surullinen huuto, joka pehmeni Buckin kävellessä pois.
Buck lauschte, als der Schrei langsam in der Stille des Waldes verklang.
Buck kuunteli, kuinka huudon ääni hitaasti vaimeni metsän hiljaisuuteen.
John Thornton aß gerade zu Abend, als Buck ins Lager stürmte.
John Thornton söi päivällistä, kun Buck ryntäsi leiriin.

Buck sprang wild auf ihn zu, leckte, biss und warf ihn um.
Buck hyökkäsi villisti hänen kimppuunsa nuoleskellen, purren ja kaataen häntä.
Er warf ihn um, kletterte darauf und küsste sein Gesicht.
Hän kaatoi hänet, kiipesi hänen päälleen ja suukotti hänen kasvojaan.
Thornton nannte dies liebevoll „den allgemeinen Narren spielen".
Thornton kutsui tätä kiintymyksellä "yleisen typeryksen leikkimiseksi".
Die ganze Zeit verfluchte er Buck sanft und schüttelte ihn hin und her.
Koko ajan hän kirosi Buckia lempeästi ja ravisteli tätä edestakaisin.
Zwei ganze Tage und Nächte lang verließ Buck das Lager kein einziges Mal.
Kahteen kokonaiseen päivään ja yöhön Buck ei poistunut leiristä kertaakaan.
Er blieb in Thorntons Nähe und ließ ihn nie aus den Augen.
Hän pysytteli lähellä Thorntonia eikä koskaan päästänyt tätä näkyvistä.
Er folgte ihm bei der Arbeit und beobachtete ihn beim Essen.
Hän seurasi häntä tämän työskennellessä ja katseli häntä syödessään.
Er begleitete Thornton abends in seine Decken und jeden Morgen wieder heraus.
Hän näki Thorntonin peittojensa sisällä öisin ja ulkona joka aamu.
Doch bald kehrte der Ruf des Waldes zurück, lauter als je zuvor.
Mutta pian metsän kutsu palasi, kovempana kuin koskaan ennen.
Buck wurde wieder unruhig, aufgewühlt von Gedanken an den wilden Wolf.
Buck levottomaksi tuli jälleen, ajatusten herättämänä villisusesta.

Er erinnerte sich an das offene Land und daran, wie sie Seite an Seite gelaufen waren.
Hän muisti avoimen maan ja rinnakkain juoksemisen.
Er begann erneut, allein und wachsam in den Wald zu wandern.
Hän alkoi jälleen vaeltaa metsään, yksin ja valppaana.
Aber der wilde Bruder kam nicht zurück und das Heulen war nicht zu hören.
Mutta villiveli ei palannut, eikä ulvontaa kuulunut.
Buck begann, draußen zu schlafen und blieb tagelang weg.
Buck alkoi nukkua ulkona, pysyen poissa päiväkausia kerrallaan.
Einmal überquerte er die hohe Wasserscheide, wo der Bach entsprungen war.
Kerran hän ylitti korkean vedenjakajan, josta puro oli alkanut.
Er betrat das Land des dunklen Waldes und der breiten, fließenden Ströme.
Hän astui tumman puun ja leveiden purojen maahan.
Eine Woche lang streifte er umher und suchte nach Spuren seines wilden Bruders.
Viikon ajan hän vaelteli etsien merkkejä villistä veljestään.
Er tötete sein eigenes Fleisch und reiste mit langen, unermüdlichen Schritten.
Hän teurasti oman saaliinsa ja kulki pitkin, väsymättömin askelin.
Er fischte in einem breiten Fluss, der bis ins Meer reichte, nach Lachs.
Hän kalasti lohta leveässä joessa, joka ulottui mereen.
Dort kämpfte er gegen einen von Insekten verrückt gewordenen Schwarzbären und tötete ihn.
Siellä hän taisteli ja tappoi ötököiden raivostuttaman mustakarhun.
Der Bär war beim Angeln und rannte blind durch die Bäume.
Karhu oli kalastanut ja juossut sokkona puiden läpi.
Der Kampf war erbittert und weckte Bucks tiefen Kampfgeist.

Taistelu oli raju ja herätti Buckin syvän taistelutahtoisuuden.
Als Buck zwei Tage später zurückkam, fand er Vielfraße an seiner Beute vor.
Kaksi päivää myöhemmin Buck palasi ja löysi saaliiltaan ahmoja.
Ein Dutzend von ihnen stritten sich lautstark und wütend um das Fleisch.
Tusina heistä riiteli lihasta äänekkäästi ja raivokkaasti.
Buck griff an und zerstreute sie wie Blätter im Wind.
Buck hyökkäsi ja hajotti heidät kuin lehdet tuuleen.
Zwei Wölfe blieben zurück – still, leblos und für immer regungslos.
Kaksi sutta jäi jäljelle – hiljaa, elottomasti ja liikkumatta ikuisesti.
Der Blutdurst wurde stärker denn je.
Verenhimo voimistui entisestään.
Buck war ein Jäger, ein Killer, der sich von Lebewesen ernährte.
Buck oli metsästäjä, tappaja, joka söi eläviä olentoja.
Er überlebte allein und verließ sich auf seine Kraft und seine scharfen Sinne.
Hän selvisi yksin, luottaen voimiinsa ja teräviin aisteihinsa.
Er gedieh in der Wildnis, wo nur die Zähesten überleben konnten.
Hän viihtyi luonnossa, jossa vain kestävimmät pystyivät elämään.
Daraus erwuchs ein großer Stolz, der Bucks ganzes Wesen erfüllte.
Tästä nousi suuri ylpeys ja täytti koko Buckin olemuksen.
Sein Stolz war in jedem seiner Schritte und in der Anspannung jedes einzelnen Muskels zu erkennen.
Hänen ylpeytensä näkyi jokaisella askeleella, jokaisen lihaksen väreilyssä.
Sein Stolz war so deutlich wie seine Sprache und spiegelte sich in seiner Haltung wider.
Hänen ylpeytensä oli yhtä selkeä kuin sanat, ja se näkyi hänen käyttäytymisessään.

Sogar sein dickes Fell sah majestätischer aus und glänzte heller.
Jopa hänen paksu turkkinsa näytti majesteettisemmalta ja kiilsi kirkkaammin.
Man hätte Buck mit einem riesigen Timberwolf verwechseln können.
Buckia olisi voitu erehtyä luulemaan jättimäiseksi metsäsudeksi.
Außer dem Braun an seiner Schnauze und den Flecken über seinen Augen.
Paitsi ruskea kuonossa ja täplät silmien yläpuolella.
Und der weiße Fellstreifen, der mitten auf seiner Brust verlief.
Ja valkoinen karvajuova, joka kulki hänen rintansa keskeltä.
Er war sogar größer als der größte Wolf dieser wilden Rasse.
Hän oli jopa suurempi kuin tuon raivokkaan rodun suurin susi.
Sein Vater, ein Bernhardiner, verlieh ihm Größe und einen schweren Körperbau.
Hänen isänsä, bernhardiinikoira, antoi hänelle koon ja rotevan rungon.
Seine Mutter, eine Schäferin, formte diesen Körper zu einer wolfsähnlichen Gestalt.
Hänen äitinsä, paimen, muovasi tuon massan suden kaltaiseksi.
Er hatte die lange Schnauze eines Wolfes, war allerdings schwerer und breiter.
Hänellä oli suden pitkä kuono, vaikkakin painavampi ja leveämpi.
Sein Kopf war der eines Wolfes, aber von massiver, majestätischer Gestalt.
Hänen päänsä oli suden, mutta rakennettu massiiviseen, majesteettiseen mittakaavaan.
Bucks List war die List des Wolfes und der Wildnis.
Buckin viekkaus oli suden ja erämaan viekkautta.
Seine Intelligenz hat er sowohl vom Deutschen Schäferhund als auch vom Bernhardiner.

Hänen älykkyytensä tuli sekä saksanpaimenkoiralta että
bernhardiinkoiralta.
**All dies und harte Erfahrungen machten ihn zu einer
furchterregenden Kreatur.**
Kaikki tämä ja karut kokemukset tekivät hänestä pelottavan
olennon.
**Er war so furchterregend wie jedes andere Tier, das in der
Wildnis des Nordens umherstreifte.**
Hän oli yhtä pelottava kuin mikä tahansa pohjoisen erämaassa
vaeltava peto.
**Buck ernährte sich ausschließlich von Fleisch und erreichte
den Höhepunkt seiner Kraft.**
Pelkästään lihaa syöden Buck saavutti voimiensa huipun.
**Jede Faser seines Körpers strotzte vor Kraft und männlicher
Stärke.**
Hän pursui voimaa ja miehistä voimaa jokaisessa solussaan.
**Als Thornton seinen Rücken streichelte, funkelten seine
Haare vor Energie.**
Kun Thornton silitti hänen selkäänsä, karvat leimahtivat
energiasta.
**Jedes Haar knisterte, aufgeladen durch die Berührung
lebendigen Magnetismus.**
Jokainen hius rätinöi, latautuneena elävän magnetismin
kosketuksesta.
**Sein Körper und sein Gehirn waren auf die höchstmögliche
Tonhöhe eingestellt.**
Hänen kehonsa ja aivonsa olivat viritetty parhaalle
mahdolliselle sävelkorkeudelle.
**Jeder Nerv, jede Faser und jeder Muskel arbeitete in
perfekter Harmonie.**
Jokainen hermo, säie ja lihas toimivat täydellisessä
harmoniassa.
**Auf jedes Geräusch oder jeden Anblick, der eine Aktion
erforderte, reagierte er sofort.**
Kaikkiin ääniin tai näkyihin, jotka vaativat toimenpiteitä, hän
reagoi välittömästi.

Wenn ein Husky zum Angriff ansetzte, konnte Buck doppelt so schnell springen.
Jos husky hyppäsi hyökkäämään, Buck pystyi hyppäämään kaksi kertaa nopeammin.
Er reagierte schneller, als andere es sehen oder hören konnten.
Hän reagoi nopeammin kuin muut ehtivät nähdä tai kuulla.
Wahrnehmung, Entscheidung und Handlung erfolgten alle in einem fließenden Moment.
Havainto, päätös ja toiminta tapahtuivat kaikki yhdessä sulavassa hetkessä.
Tatsächlich geschahen diese Handlungen getrennt voneinander, aber zu schnell, um es zu bemerken.
Todellisuudessa nämä teot olivat erillisiä, mutta liian nopeita huomatakseen.
Die Abstände zwischen diesen Akten waren so kurz, dass sie wie ein einziger Akt wirkten.
Näiden tekojen väliset tauot olivat niin lyhyitä, että ne tuntuivat yhdeltä.
Seine Muskeln und sein Körper waren wie straff gespannte Federn.
Hänen lihaksensa ja olemuksensa olivat kuin tiukasti kierrettyjä jousia.
Sein Körper strotzte vor Leben, wild und freudig in seiner Kraft.
Hänen ruumiinsa sykki elämää, villinä ja iloisena voimassaan.
Manchmal hatte er das Gefühl, als würde die Kraft völlig aus ihm herausbrechen.
Välillä hänestä tuntui kuin voima purkautuisi hänestä kokonaan.
„So einen Hund hat es noch nie gegeben", sagte Thornton eines ruhigen Tages.
"Ei ole koskaan ollut sellaista koiraa", Thornton sanoi yhtenä hiljaisena päivänä.
Die Partner sahen zu, wie Buck stolz aus dem Lager schritt.
Parit katselivat Buckin astelevan ylpeänä leiristä ulos.

„Als er erschaffen wurde, veränderte er, was ein Hund sein kann", sagte Pete.

"Kun hänet luotiin, hän muutti sitä, mitä koira voi olla", Pete sanoi.

„Bei Gott! Das glaube ich auch", stimmte Hans schnell zu.

"Jeesuksen nimeen! Luulenpa niin itsekin", Hans myönsi nopeasti.

Sie sahen ihn abmarschieren, aber nicht die Veränderung, die danach kam.

He näkivät hänen marssivan pois, mutta eivät sitä muutosta, joka tapahtui sen jälkeen.

Sobald er den Wald betrat, verwandelte sich Buck völlig.

Metsään astuttuaan Buck muuttui täysin.

Er marschierte nicht mehr, sondern bewegte sich wie ein wilder Geist zwischen den Bäumen.

Hän ei enää marssinut, vaan liikkui kuin villi aave puiden keskellä.

Er wurde still, katzenpfotenartig, ein Flackern, das durch die Schatten huschte.

Hänestä tuli hiljainen, kissanjalkainen, välähdys välähti varjojen läpi.

Er nutzte die Deckung geschickt und kroch wie eine Schlange auf dem Bauch.

Hän käytti suojaa taitavasti ryömimällä vatsallaan kuin käärme.

Und wie eine Schlange konnte er lautlos nach vorne springen und zuschlagen.

Ja käärmeen tavoin hän saattoi hypätä eteenpäin ja iskeä hiljaa.

Er könnte ein Schneehuhn direkt aus seinem versteckten Nest stehlen.

Hän voisi varastaa kiirunan suoraan sen piilopesästä.

Er tötete schlafende Kaninchen, ohne ein einziges Geräusch zu machen.

Hän tappoi nukkuvia kaneja äänettömästi.

Er konnte Streifenhörnchen mitten in der Luft fangen, wenn sie zu langsam flohen.

Hän voisi napata maaoravat ilmassa, kun ne pakenivat liian hitaasti.
Selbst Fische in Teichen konnten seinen plötzlichen Angriffen nicht entkommen.
Edes kalat lammikoissa eivät voineet välttyä hänen äkillisiltä iskuiltaan.
Nicht einmal schlaue Biber, die Dämme reparierten, waren vor ihm sicher.
Edes patoja korjaavat ovelat majavat eivät olleet turvassa häneltä.
Er tötete, um Nahrung zu bekommen, nicht zum Spaß – aber seine eigene Beute gefiel ihm am besten.
Hän tappoi ruoakseen, ei huvikseen – mutta piti eniten omista tappamisistaan.
Dennoch war bei manchen seiner stillen Jagden ein hintergründiger Humor spürbar.
Silti ovela huumori leijui hänen hiljaisten metsästystensä läpi.
Er schlich sich dicht an Eichhörnchen heran, ließ sie aber dann entkommen.
Hän hiipi aivan oravien lähelle, vain päästääkseen ne karkuun.
Sie wollten in die Bäume fliehen und schnatterten voller Angst und Empörung.
He aikoivat paeta puiden sekaan, lörpötellen kauhuissaan ja raivoissaan.
Mit dem Herbst kamen immer mehr Elche.
Syksyn saapuessa hirviä alkoi näkyä runsain määrin.
Sie zogen langsam in die tiefer gelegenen Täler, um dem Winter entgegenzukommen.
He siirtyivät hitaasti mataliin laaksoihin kohtaamaan talven.
Buck hatte bereits ein junges, streunendes Kalb erlegt.
Buck oli jo kaatanut yhden nuoren, harhailevan vasikan.
Doch er sehnte sich danach, einer größeren, gefährlicheren Beute gegenüberzutreten.
Mutta hän kaipasi suurempaa ja vaarallisempaa saalista.
Eines Tages fand er an der Wasserscheide, an der Quelle des Baches, seine Chance.

Eräänä päivänä virran latvalla, hän löysi tilaisuutensa.
Eine Herde von zwanzig Elchen war aus bewaldeten Gebieten herübergekommen.
Metsäisiltä mailta oli ylittänyt tien kaksikymmentä hirveä.
Unter ihnen war ein mächtiger Stier, der Anführer der Gruppe.
Heidän joukossaan oli mahtava härkä; ryhmän johtaja.
Der Bulle war über ein Meter achtzig Meter groß und sah grimmig und wild aus.
Härkä oli yli kaksi metriä korkea ja näytti raivoisalta ja villiltä.
Er warf sein breites Geweih hin und her, dessen vierzehn Enden sich nach außen verzweigten.
Hän heitti leveät sarvensa, joista neljätoista haarautui ulospäin.
Die Spitzen dieser Geweihe hatten einen Durchmesser von sieben Fuß.
Noiden sarvien kärjet ulottuivat seitsemän jalan levyisiksi.
Seine kleinen Augen brannten vor Wut, als er Buck in der Nähe entdeckte.
Hänen pienet silmänsä paloivat raivosta, kun hän huomasi Buckin lähellä.
Er stieß ein wütendes Brüllen aus und zitterte vor Wut und Schmerz.
Hän päästi raivoisan karjaisun, täristen raivosta ja tuskasta.
Nahe seiner Flanke ragte eine gefiederte und scharfe Pfeilspitze hervor.
Läheltä hänen kylkeään törrötti höyhenpeitteinen ja terävä nuolenpää.
Diese Wunde trug dazu bei, seine wilde, verbitterte Stimmung zu erklären.
Tämä haava auttoi selittämään hänen rajua, katkeraa mielialaansa.
Buck, geleitet von seinem uralten Jagdinstinkt, machte seinen Zug.
Muinaisen metsästysvaiston ohjaamana Buck teki siirtonsa.
Sein Ziel war es, den Bullen vom Rest der Herde zu trennen.
Hän pyrki erottamaan härän muusta laumasta.

Dies war keine leichte Aufgabe – es erforderte Schnelligkeit und messerscharfe List.
Tämä ei ollut helppo tehtävä – se vaati nopeutta ja hurjaa oveluutta.
Er bellte und tanzte in der Nähe des Stiers, gerade außerhalb seiner Reichweite.
Hän haukkui ja tanssi härän lähellä, juuri kantaman ulkopuolella.
Der Elch stürzte sich mit riesigen Hufen und tödlichem Geweih auf ihn.
Hirvi syöksyi eteenpäin valtavilla kavioilla ja tappavilla sarvilla.
Ein Schlag hätte Bucks Leben im Handumdrehen beenden können.
Yksi isku olisi voinut lopettaa Buckin hengen silmänräpäyksessä.
Der Stier konnte die Bedrohung nicht hinter sich lassen und wurde wütend.
Koska härkä ei pystynyt jättämään uhkaa taakseen, se suuttui.
Er stürmte wütend auf ihn zu, doch Buck entkam ihm jedes Mal.
Hän hyökkäsi raivoissaan, mutta Buck livahti aina karkuun.
Buck täuschte Schwäche vor und lockte ihn weiter von der Herde weg.
Buck teeskenteli heikkoutta houkutellen hänet kauemmas laumasta.
Doch die jungen Bullen wollten zurückstürmen, um den Anführer zu beschützen.
Mutta nuoret sonnit aikoivat rynnätä takaisin suojellakseen johtajaa.
Sie zwangen Buck zum Rückzug und den Bullen, sich wieder der Gruppe anzuschließen.
He pakottivat Buckin perääntymään ja härän liittymään takaisin ryhmään.
In der Wildnis herrscht eine tiefe und unaufhaltsame Geduld.
Villissä on kärsivällisyyttä, syvää ja pysäyttämätöntä.

Eine Spinne wartet unzählige Stunden bewegungslos in ihrem Netz.
Hämähäkki odottaa liikkumatta verkossaan lukemattomia tunteja.
Eine Schlange rollt sich ohne zu zucken zusammen und wartet, bis es Zeit ist.
Käärme kiemurtelee nykimättä ja odottaa, kunnes on aika.
Ein Panther liegt auf der Lauer, bis der Moment gekommen ist.
Pantteri väijyy, kunnes hetki koittaa.
Dies ist die Geduld von Raubtieren, die jagen, um zu überleben.
Tämä on selviytyäkseen metsästävien saalistajien kärsivällisyyttä.
Dieselbe Geduld brannte in Buck, als er in seiner Nähe blieb.
Sama kärsivällisyys paloi Buckin sisällä hänen pysytellessään lähellä.
Er blieb in der Nähe der Herde, verlangsamte ihren Marsch und schürte Angst.
Hän pysytteli lauman lähellä hidastaen sen kulkua ja herättäen pelkoa.
Er ärgerte die jungen Bullen und schikanierte die Mutterkühe.
Hän kiusoitteli nuoria sonneja ja ahdisteli emolehmiä.
Er trieb den verwundeten Stier in eine noch tiefere, hilflose Wut.
Hän ajoi haavoittuneen härän syvemmälle, avuttomampaan raivoon.
Einen halben Tag lang zog sich der Kampf ohne Pause hin.
Puoli päivää taistelu jatkui ilman minkäänlaista lepoa.
Buck griff aus jedem Winkel an, schnell und wild wie der Wind.
Buck hyökkäsi joka suunnasta, nopeasti ja raivokkaasti kuin tuuli.
Er hinderte den Stier daran, sich auszuruhen oder sich bei seiner Herde zu verstecken.

Hän esti härkää lepäämästä tai piiloutumasta laumansa kanssa.
Buck zermürbte den Willen des Elchs schneller als seinen Körper.
Buck kulutti hirven tahdon nopeammin kuin sen ruumis.
Der Tag verging und die Sonne sank tief am nordwestlichen Himmel.
Päivä kului ja aurinko laski matalalle luoteistaivaalla.
Die jungen Bullen kehrten langsamer zurück, um ihrem Anführer zu helfen.
Nuoret sonnit palasivat hitaammin auttamaan johtajaansa.
Die Herbstnächte waren zurückgekehrt und die Dunkelheit dauerte nun sechs Stunden.
Syksyn yöt olivat palanneet, ja pimeys kesti nyt kuusi tuntia.
Der Winter drängte sie bergab in sicherere, wärmere Täler.
Talvi painoi heitä alamäkeen turvallisempiin, lämpimämpiin laaksoihin.
Aber sie konnten dem Jäger, der sie zurückhielt, immer noch nicht entkommen.
Mutta silti he eivät päässeet pakoon metsästäjää, joka pidätteli heitä.
Es stand nur ein Leben auf dem Spiel – nicht das der Herde, sondern nur das ihres Anführers.
Vain yhden ihmisen henki oli vaakalaudalla – ei lauman, vaan sen johtajan.
Dadurch wurde die Bedrohung in weite Ferne gerückt und ihre dringende Sorge wurde aufgehoben.
Se teki uhkasta etäisen eikä heidän kiireellisestä huolenaiheestaan.
Mit der Zeit akzeptierten sie diesen Preis und überließen Buck die Übernahme des alten Bullen.
Ajan myötä he hyväksyivät tämän hinnan ja antoivat Buckin ottaa vanhan härän.
Als die Dämmerung hereinbrach, stand der alte Bulle mit gesenktem Kopf da.
Hämärän laskeutuessa vanha härkä seisoi pää painuksissa.

Er sah zu, wie die Herde, die er geführt hatte, im schwindenden Licht verschwand.
Hän katseli, kuinka hänen johdattamansa lauma katosi himmenevään valoon.
Es gab Kühe, die er gekannt hatte, Kälber, deren Vater er einst gewesen war.
Siellä oli lehmiä, jotka hän oli tuntenut, vasikoita, jotka hän oli kerran siittänyt.
Es gab jüngere Bullen, gegen die er in vergangenen Saisons gekämpft und die er beherrscht hatte.
Hän oli taistellut nuorempia sonneja vastaan ja hallinnut niitä menneinä kausina.
Er konnte ihnen nicht folgen, denn vor ihm kauerte Buck wieder.
Hän ei voinut seurata heitä – sillä hänen edessään kyykistyi Buck jälleen.
Der gnadenlose Schrecken mit den Reißzähnen versperrte ihm jeden Weg.
Armoton, hampaiden peittämä kauhu esti kaikki hänen tiensä.
Der Bulle brachte mehr als drei Zentner geballte Kraft auf die Waage.
Härkä painoi yli kolmesataa kiloa tiheää voimaa.
Er hatte ein langes Leben geführt und in einer Welt voller Kämpfe hart gekämpft.
Hän oli elänyt kauan ja taistellut lujasti kamppailun täyttämässä maailmassa.
Doch nun, am Ende, kam der Tod von einem Tier, das weit unter ihm stand.
Silti nyt, lopussa, kuolema tuli petoeläimen luota, joka oli paljon hänen alapuolellaan.
Bucks Kopf erreichte nicht einmal die riesigen, mit Knöcheln besetzten Knie des Bullen.
Buckin pää ei edes noussut härän valtavien, rystysten peittämien polvien tasolle.
Von diesem Moment an blieb Buck Tag und Nacht bei dem Bullen.
Siitä hetkestä lähtien Buck pysyi härän luona yötä päivää.

Er gönnte ihm keine Ruhe, erlaubte ihm nie zu grasen oder zu trinken.
Hän ei koskaan antanut hänelle lepoa, ei koskaan antanut hänen laiduntaa tai juoda.
Der Stier versuchte, junge Birkentriebe und Weidenblätter zu fressen.
Härkä yritti syödä nuoria koivunversoja ja pajunlehtiä.
Aber Buck verjagte ihn, immer wachsam und immer angreifend.
Mutta Buck ajoi hänet pois, aina valppaana ja aina hyökkäävänä.
Sogar an plätschernden Bächen blockte Buck jeden durstigen Versuch ab.
Jopa tihkuvien purojen kohdalla Buck torjui kaikki janoiset yritykset.
Manchmal floh der Stier aus Verzweiflung mit voller Geschwindigkeit.
Joskus härkä pakeni epätoivoissaan täyttä vauhtia.
Buck ließ ihn laufen und lief ruhig direkt hinter ihm her, nie weit entfernt.
Buck antoi hänen juosta, loikki rauhallisesti aivan takana, ei koskaan kaukana.
Als der Elch innehielt, legte sich Buck hin, blieb aber bereit.
Kun hirvi pysähtyi, Buck kävi makuulle, mutta pysyi valmiina.
Wenn der Bulle versuchte zu fressen oder zu trinken, schlug Buck mit voller Wut zu.
Jos härkä yritti syödä tai juoda, Buck iski täydellä raivolla.
Der große Kopf des Stiers sank tiefer unter sein gewaltiges Geweih.
Härän suuri pää painui alemmas valtavien sarviensa alle.
Sein Tempo verlangsamte sich, der Trab wurde schwerfällig, ein stolpernder Schritt.
Hänen vauhtinsa hidastui, ravi muuttui raskaaksi, kompuroivaksi kävelyksi.
Er stand oft still mit hängenden Ohren und der Nase am Boden.

Hän seisoi usein paikallaan korvat painuksissa ja kuono maassa.
In diesen Momenten nahm sich Buck Zeit zum Trinken und Ausruhen.
Noina hetkinä Buck otti aikaa juoda ja levätä.
Mit heraushängender Zunge und starrem Blick spürte Buck, wie sich das Land veränderte.
Kieli ulkona, silmät kiinteästi, Buck aisti maan muuttuvan.
Er spürte, wie sich etwas Neues durch den Wald und den Himmel bewegte.
Hän tunsi jotain uutta liikkuvan metsän ja taivaan halki.
Mit der Rückkehr der Elche kehrten auch andere Wildtiere zurück.
Hirvien palatessa palasivat myös muut villieläimet.
Das Land fühlte sich lebendig an, mit einer Präsenz, die man nicht sieht, aber deutlich wahrnimmt.
Maa tuntui elävältä ja läsnäolevalta, näkymättömältä mutta vahvasti tunnetulta.
Buck wusste dies weder am Geräusch, noch am Anblick oder am Geruch.
Buck ei tiennyt tätä kuulo-, näkö- eikä hajuaistimuksen perusteella.
Ein tieferes Gefühl sagte ihm, dass neue Kräfte im Gange waren.
Syvempi aisti kertoi hänelle, että uusia voimia oli liikkeellä.
In den Wäldern und entlang der Bäche herrschte seltsames Leben.
Outoa elämää kuhisi metsissä ja purojen varrella.
Er beschloss, diesen Geist zu erforschen, nachdem die Jagd beendet war.
Hän päätti tutkia tätä henkeä metsästyksen päätyttyä.
Am vierten Tag erlegte Buck endlich den Elch.
Neljäntenä päivänä Buck sai viimein hirven kaatumaan.
Er blieb einen ganzen Tag und eine ganze Nacht bei der Beute, fraß und ruhte sich aus.
Hän pysyi saaliin luona koko päivän ja yön, syöden ja leväten.

Er aß, schlief dann und aß dann wieder, bis er stark und satt war.
Hän söi, nukkui ja söi taas, kunnes oli vahva ja kylläinen.
Als er fertig war, kehrte er zum Lager und nach Thornton zurück.
Kun hän oli valmis, hän kääntyi takaisin leiriä ja Thorntonia kohti.
Mit gleichmäßigem Tempo begann er die lange Heimreise.
Tasaisella vauhdilla hän aloitti pitkän paluumatkan kotiin.
Er rannte in seinem unermüdlichen Galopp Stunde um Stunde, ohne auch nur ein einziges Mal vom Weg abzukommen.
Hän juoksi väsymätöntä loitsuaan tunti toisensa jälkeen, kertaakaan harhautumatta.
Durch unbekannte Länder bewegte er sich schnurgerade wie eine Kompassnadel.
Tuntemattomien maiden läpi hän kulki suoraan kuin kompassin neula.
Sein Orientierungssinn ließ Mensch und Karte im Vergleich schwach erscheinen.
Hänen suuntavaistonsa sai ihmisen ja kartan näyttämään heikoilta verrattuna niihin.
Während Buck rannte, spürte er die Bewegung in der Wildnis stärker.
Juostessaan Buckin tunsi yhä voimakkaammin villin maan hälinän.
Es war eine neue Art zu leben, anders als in den ruhigen Sommermonaten.
Se oli uudenlaista elämää, toisin kuin tyynien kesäkuukausien aikana.
Dieses Gefühl kam nicht länger als subtile oder entfernte Botschaft.
Tämä tunne ei enää tullut hienovaraisena tai etäisenä viestinä.
Nun sprachen die Vögel von diesem Leben und Eichhörnchen plapperten darüber.
Nyt linnut puhuivat tästä elämästä ja oravat höpöttivät siitä.

Sogar die Brise flüsterte Warnungen durch die stillen Bäume.
Tuulikin kuiskasi varoituksia hiljaisten puiden läpi.
Mehrmals blieb er stehen und schnupperte die frische Morgenluft.
Useita kertoja hän pysähtyi haistelemaan raikasta aamuilmaa.
Dort las er eine Nachricht, die ihn schneller nach vorne springen ließ.
Hän luki sieltä viestin, joka sai hänet hyppäämään eteenpäin nopeammin.
Ein starkes Gefühl der Gefahr erfüllte ihn, als wäre etwas schiefgelaufen.
Raskas vaaran tunne täytti hänet, aivan kuin jokin olisi mennyt pieleen.
Er befürchtete, dass ein Unglück bevorstünde – oder bereits eingetreten war.
Hän pelkäsi, että onnettomuus oli tulossa – tai oli jo tullut.
Er überquerte den letzten Bergrücken und betrat das darunterliegende Tal.
Hän ylitti viimeisen harjanteen ja astui alla olevaan laaksoon.
Er bewegte sich langsamer und war bei jedem Schritt aufmerksamer und vorsichtiger.
Hän liikkui hitaammin, valppaammin ja varovaisemmin jokaisella askeleella.
Drei Meilen weiter fand er eine frische Spur, die ihn erstarren ließ.
Kolmen mailin päässä hän löysi uuden polun, joka kangisti hänet.
Die Haare in seinem Nacken stellten sich auf und sträubten sich vor Schreck.
Hänen kaulansa hiukset aaltoilivat ja nousivat pystyyn pelästyksestä.
Die Spur führte direkt zum Lager, wo Thornton wartete.
Polku johti suoraan leiriin, jossa Thornton odotti.
Buck bewegte sich jetzt schneller, seine Schritte waren lautlos und schnell zugleich.

Buck liikkui nyt nopeammin, hänen askeleensa oli sekä hiljainen että nopea.

Seine Nerven lagen blank, als er Zeichen las, die andere übersehen würden.

Hänen hermonsa kiristyivät, kun hän luki merkkejä, jotka muut tulisivat olemaan huomaamatta.

Jedes Detail der Spur erzählte eine Geschichte – außer dem letzten Stück.

Jokainen polun yksityiskohta kertoi tarinan – paitsi viimeinen pala.

Seine Nase erzählte ihm von dem Leben, das hier vorbeigezogen war.

Hänen nenänsä kertoi hänelle elämästä, joka oli kulunut tällä tiellä.

Der Duft vermittelte ihm ein wechselndes Bild, als er dicht hinter ihm folgte.

Tuoksu muutti hänen mielikuvaansa hänen seuratessaan aivan kannoilla.

Doch im Wald selbst war es still geworden, unnatürlich still.

Mutta metsä itse oli hiljentynyt; luonnottoman liikkumaton.

Die Vögel waren verschwunden, die Eichhörnchen hatten sich versteckt, waren still und ruhig.

Linnut olivat kadonneet, oravat olivat piilossa, hiljaa ja liikkumatta.

Er sah nur ein einziges Grauhörnchen, das flach auf einem toten Baum lag.

Hän näki vain yhden harmaaoravan, makaamassa kuolleella puulla.

Das Eichhörnchen fügte sich steif und reglos in den Wald ein.

Orava sulautui joukkoon, jäykkänä ja liikkumattomana kuin osa metsää.

Buck bewegte sich wie ein Schatten, lautlos und sicher durch die Bäume.

Buck liikkui kuin varjo, hiljaa ja varmasti puiden läpi.

Seine Nase zuckte zur Seite, als würde sie von einer unsichtbaren Hand gezogen.

Hänen nenänsä nytkähti sivulle aivan kuin näkymätön käsi olisi vetänyt häntä.
Er drehte sich um und folgte der neuen Spur tief in ein Dickicht hinein.
Hän kääntyi ja seurasi uutta tuoksua syvälle pensaikkoon.
Dort fand er Nig tot daliegend, von einem Pfeil durchbohrt.
Sieltä hän löysi Nigin makaamasta kuolleena, nuolen lävistämänä.
Der Schaft durchdrang seinen Körper, die Federn waren noch zu sehen.
Nuoli lävisti hänen ruumiinsa, höyhenet yhä näkyvissä.
Nig hatte sich dorthin geschleppt, war jedoch gestorben, bevor er Hilfe erreichen konnte.
Nig oli raahannut itsensä sinne, mutta kuoli ennen kuin ehti apuun.
Hundert Meter weiter fand Buck einen weiteren Schlittenhund.
Sadan jaardin päässä Buck löysi toisen rekikoiran.
Es war ein Hund, den Thornton in Dawson City gekauft hatte.
Se oli koira, jonka Thornton oli ostanut Dawson Citystä.
Der Hund befand sich in einem tödlichen Kampf und schlug heftig auf dem Weg um sich.
Koira kävi kuolemanvaaraa ja rimpuili lujaa polulla.
Buck ging um ihn herum, blieb nicht stehen und richtete den Blick nach vorne.
Buck ohitti hänet pysähtymättä, katse eteenpäin tuijotettuna.
Aus Richtung des Lagers ertönte in der Ferne ein rhythmischer Gesang.
Leirin suunnalta kuului kaukainen, rytmikäs laulu.
Die Stimmen schwoll in einem seltsamen, unheimlichen Singsangton an und ab.
Äänet nousivat ja laskivat oudolla, aavemaisella, laulavalla sävyllä.
Buck kroch schweigend zum Rand der Lichtung.
Buck ryömi hiljaa aukion reunalle.

Dort sah er Hans mit dem Gesicht nach unten liegen, von vielen Pfeilen durchbohrt.
Siellä hän näki Hansin makaavan kasvot alaspäin, monien nuolien lävistämänä.
Sein Körper sah aus wie der eines Stachelschweins und war mit gefiederten Schäften bestückt.
Hänen ruumiinsa näytti piikkisialta, täynnä höyhenpeitteisiä varsia.
Im selben Moment blickte Buck in Richtung der zerstörten Hütte.
Samalla hetkellä Buck katsoi raunioitunutta majaa kohti.
Bei diesem Anblick stellten sich ihm die Nacken- und Schulterhaare auf.
Näky sai hiukset jäykiksi nousemaan pystyyn hänen niskallaan ja hartioillaan.
Ein Sturm wilder Wut durchfuhr Bucks ganzen Körper.
Villin raivon myrsky pyyhkäisi läpi koko Buckin ruumiin.
Er knurrte laut, obwohl er nicht wusste, dass er es getan hatte.
Hän murahti ääneen, vaikka ei tiennyt sitä.
Der Klang war rau, erfüllt von furchterregender, wilder Wut.
Ääni oli raaka, täynnä kauhistuttavaa, villiä raivoa.
Zum letzten Mal in seinem Leben verlor Buck den Verstand und die Gefühle.
Viimeisen kerran elämässään Buck menetti järkensä tunteiden tieltä.
Es war die Liebe zu John Thornton, die seine sorgfältige Kontrolle brach.
Rakkaus John Thorntonia kohtaan mursi hänen huolellisen itsehillintänsä.
Die Yeehats tanzten um die zerstörte Fichtenhütte.
Yeehatit tanssivat raunioituneen kuusimajan ympärillä.
Dann ertönte ein Brüllen – und ein unbekanntes Tier stürmte auf sie zu.
Sitten kuului karjunta – ja tuntematon peto ryntäsi heitä kohti.
Es war Buck, eine aufbrausende Furie, ein lebendiger Sturm der Rache.

Se oli Buck; liikkeessä oleva raivo; elävä kostonhimoinen myrsky.
Wahnsinnig vor Tötungsdrang stürzte er sich mitten unter sie.
Hän heittäytyi heidän keskelleen, hulluna tappamisen tarpeesta.
Er sprang auf den ersten Mann, den Yeehat-Häuptling, und traf zielsicher.
Hän hyppäsi ensimmäisen miehen, yeehat-päällikön, kimppuun ja osui naulan kantaan.
Seine Kehle war aufgerissen und Blut spritzte in einem Strom.
Hänen kurkkunsa revittiin auki ja veri pursui virtana.
Buck blieb nicht stehen, sondern riss dem nächsten Mann mit einem Sprung die Kehle durch.
Buck ei pysähtynyt, vaan repäisi yhdellä loikalla seuraavan miehen kurkun irti.
Er war nicht aufzuhalten – er riss, schlug und machte nie eine Pause, um sich auszuruhen.
Hän oli pysäyttämätön – repi, viilsi, eikä koskaan pysähtynyt lepäämään.
Er schoss und sprang so schnell, dass ihre Pfeile ihn nicht treffen konnten.
Hän syöksyi ja hyppäsi niin nopeasti, etteivät heidän nuolensa osuneet häneen.
Die Yeehats waren in ihrer eigenen Panik und Verwirrung gefangen.
Yeehatit olivat oman paniikkinsa ja hämmennyksensä vallassa.
Ihre Pfeile verfehlten Buck und trafen stattdessen einander.
Heidän nuolensa osuivat toisiinsa ohi Buckin.
Ein Jugendlicher warf einen Speer nach Buck und traf einen anderen Mann.
Yksi nuori heitti keihään Buckiin ja osui toiseen mieheen.
Der Speer durchbohrte seine Brust und die Spitze durchbohrte seinen Rücken.
Keihäs lävisti hänen rintansa ja iski selkäänsä.

Die Yeehats wurden von Panik erfasst und zogen sich umgehend zurück.
Kauhu valtasi Yeehatit, ja he murtautuivat täyteen perääntymiseen.
Sie schrien vor dem bösen Geist und flohen in die Schatten des Waldes.
He huusivat Pahaa Henkeä ja pakenivat metsän varjoihin.
Buck war wirklich wie ein Dämon, als er die Yeehats jagte.
Buck oli todellakin kuin demoni ajaessaan Yeehateja takaa.
Er raste hinter ihnen durch den Wald her und erlegte sie wie Rehe.
Hän juoksi heidän perässään metsän läpi ja kaatoi heidät kuin peurat.
Für die verängstigten Yeehats wurde es ein Tag des Schicksals und des Terrors.
Siitä tuli kohtalon ja kauhun päivä peloissaan oleville Yeehateille.
Sie zerstreuten sich über das Land und flohen in alle Richtungen.
He hajaantuivat pitkin maata, pakenivat kauas joka suuntaan.
Eine ganze Woche verging, bevor sich die letzten Überlebenden in einem Tal trafen.
Kokonainen viikko kului ennen kuin viimeiset eloonjääneet tapasivat laaksossa.
Erst dann zählten sie ihre Verluste und sprachen über das Geschehene.
Vasta sitten he laskivat tappionsa ja puhuivat tapahtuneesta.
Nachdem Buck die Jagd satt hatte, kehrte er zum zerstörten Lager zurück.
Väsyttyään takaa-ajosta Buck palasi raunioituneeseen leiriin.
Er fand Pete, noch in seine Decken gehüllt, getötet beim ersten Angriff.
Hän löysi Peten, yhä huopissaan, kuolleena ensimmäisessä hyökkäyksessä.
Spuren von Thorntons letztem Kampf waren im Dreck in der Nähe zu sehen.

Thorntonin viimeisen kamppailun merkit näkyivät läheisessä mullassa.
Buck folgte jeder Spur und erschnüffelte jede Markierung bis zum letzten Punkt.
Buck seurasi jokaista jälkeä ja nuuhki jokaisen merkin viimeiseen pisteeseen asti.
Am Rand eines tiefen Teichs fand er den treuen Skeet, der still dalag.
Syvän lammen reunalla hän löysi uskollisen Skeetin makaamasta liikkumatta.
Skeets Kopf und Vorderpfoten lagen regungslos im Wasser, er lag tot da.
Skeetin pää ja etutassut olivat vedessä, liikkumattomina kuollessa.
Der Teich war schlammig und durch das Abwasser aus den Schleusenkästen verunreinigt.
Uima-allas oli mutainen ja tahraantunut sulkulaatikoiden valumavesistä.
Seine trübe Oberfläche verbarg, was darunter lag, aber Buck kannte die Wahrheit.
Sen pilvinen pinta peitti alleen sen, mitä sen alla oli, mutta Buck tiesi totuuden.
Er folgte Thorntons Spur bis in den Pool – doch die Spur führte nirgendwo anders hin.
Hän seurasi Thorntonin hajua altaaseen asti – mutta haju ei johtanut minnekään muualle.
Es gab keinen Geruch, der hinausführte – nur die Stille des tiefen Wassers.
Ulos ei kuulunut hajua – vain syvän veden hiljaisuus.
Den ganzen Tag blieb Buck in der Nähe des Teichs und ging voller Trauer im Lager auf und ab.
Koko päivän Buck pysytteli altaan lähellä ja käveli edestakaisin leirissä surun murtamana.
Er wanderte ruhelos umher oder saß regungslos da, in tiefe Gedanken versunken.
Hän vaelteli levottomasti tai istui hiljaa, vaipuneena raskaisiin ajatuksiin.

Er kannte den Tod, das Ende des Lebens, das Verschwinden aller Bewegung.
Hän tunsi kuoleman; elämän lopun; kaiken liikkeen katoamisen.
Er verstand, dass John Thornton weg war und nie wieder zurückkehren würde.
Hän ymmärsi, että John Thornton oli poissa eikä koskaan palaisi.
Der Verlust hinterließ eine Leere in ihm, die wie Hunger pochte.
Menetys jätti häneen tyhjän tilan, joka jyskyttää kuin nälkä.
Doch dieser Hunger konnte durch Essen nicht gestillt werden, egal, wie viel er aß.
Mutta ruoka ei voinut helpottaa tätä nälkää, vaikka hän söisi kuinka paljon tahansa.
Manchmal, wenn er die toten Yeehats ansah, ließ der Schmerz nach.
Ajoittain, kun hän katsoi kuolleita Yeehateja, kipu laantui.
Und dann stieg ein seltsamer Stolz in ihm auf, wild und vollkommen.
Ja sitten hänen sisällään nousi outo ylpeys, raju ja täydellinen.
Er hatte den Menschen getötet, das höchste und gefährlichste Wild von allen.
Hän oli tappanut ihmisen, korkeimman ja vaarallisimman pelin kaikista.
Er hatte unter Missachtung des alten Gesetzes von Keule und Reißzahn getötet.
Hän oli tappanut uhmaten muinaista nuijan ja hampaiden lakia.
Buck schnüffelte neugierig und nachdenklich an ihren leblosen Körpern.
Buck nuuhki heidän elottomia ruumiitaan uteliaana ja mietteliäänä.
Sie waren so leicht gestorben – viel leichter als ein Husky in einem Kampf.
Ne olivat kuolleet niin helposti – paljon helpommin kuin husky taistelussa.

Ohne ihre Waffen waren sie weder wirklich stark noch stellten sie eine Bedrohung dar.
Ilman aseitaan heillä ei ollut todellista voimaa tai uhkaa.
Buck würde sie nie wieder fürchten, es sei denn, sie wären bewaffnet.
Buck ei koskaan enää peläisi heitä, elleivät he olisi aseistettuja.
Nur wenn sie Keulen, Speere oder Pfeile trugen, war er vorsichtig.
Vain silloin, kun heillä oli nuijat, keihäät tai nuolet, hän varoi.

Die Nacht brach herein und ein Vollmond stieg hoch über die Baumwipfel.
Yö laskeutui, ja täysikuu nousi korkealle puiden latvojen yläpuolelle.
Das blasse Licht des Mondes tauchte das Land in einen sanften, geisterhaften Schein wie am Tag.
Kuun haalea valo kylpi maan pehmeässä, aavemaisessa loisteessa kuin päivällä.
Als die Nacht hereinbrach, trauerte Buck noch immer am stillen Teich.
Yön pimetessä Buck suri yhä hiljaisen lammen rannalla.
Dann bemerkte er eine andere Regung im Wald.
Sitten hän huomasi metsässä erilaisen hälinän.
Die Aufregung kam nicht von den Yeehats, sondern von etwas Älterem und Tieferem.
Liian voimakas ääni ei tullut Yeehatien suvusta, vaan jostakin vanhemmasta ja syvemmästä.
Er stand auf, spitzte die Ohren und prüfte vorsichtig mit der Nase die Brise.
Hän nousi seisomaan, korvat pystyssä, nenä testasi varovasti tuulta.
Aus der Ferne ertönte ein schwacher, scharfer Aufschrei, der die Stille durchbrach.
Kaukaa kuului heikko, terävä kiljahdus, joka rikkoi hiljaisuuden.
Dann folgte dicht auf den ersten ein Chor ähnlicher Schreie.

Sitten samanlaisten huutojen kuoro seurasi aivan ensimmäisen perässä.
Das Geräusch kam näher und wurde mit jedem Augenblick lauter.
Ääni lähestyi, voimistuen hetki hetkeltä.
Buck kannte diesen Schrei – er kam aus dieser anderen Welt in seiner Erinnerung.
Buck tunsi tämän huudon – se tuli tuosta toisesta maailmasta, joka oli hänen muistoissaan.
Er ging in die Mitte des offenen Platzes und lauschte aufmerksam.
Hän käveli avoimen tilan keskelle ja kuunteli tarkkaan.
Der Ruf ertönte vielstimmig und kraftvoller denn je.
Kutsu kajahti, moniäänisenä ja voimakkaampana kuin koskaan.
Und jetzt war Buck mehr denn je bereit, seiner Berufung zu folgen.
Ja nyt, enemmän kuin koskaan ennen, Buck oli valmis vastaamaan kutsuunsa.
John Thornton war tot und hatte keine Bindung mehr an die Menschheit.
John Thornton oli kuollut, eikä hänessä ollut enää mitään sidettä ihmiseen.
Der Mensch und alle menschlichen Ansprüche waren verschwunden – er war endlich frei.
Ihminen ja kaikki inhimilliset vaatimukset olivat poissa – hän oli vihdoin vapaa.
Das Wolfsrudel jagte Fleisch, wie es einst die Yeehats getan hatten.
Susilauma jahtasi lihaa kuten Yeehatit aikoinaan.
Sie waren Elchen aus den Waldgebieten gefolgt.
He olivat seuranneet hirviä alas metsämailta.
Nun überquerten sie, wild und hungrig nach Beute, sein Tal.
Nyt he ylittivät laaksonsa, villinä ja saalista nälkäisinä.
Sie kamen auf die mondbeschienene Lichtung und flossen wie silbernes Wasser.

Kuun valaisemaan aukioon ne saapuivat, virtaten kuin hopeinen vesi.
Buck stand regungslos in der Mitte und wartete auf sie.
Buck seisoi keskellä liikkumattomana ja odotti heitä.
Seine ruhige, große Präsenz versetzte das Rudel in Erstaunen und ließ es kurz verstummen.
Hänen tyyni, suuri läsnäolonsa hiljensi lauman hetkeksi.
Dann sprang der kühnste Wolf ohne zu zögern direkt auf ihn zu.
Sitten rohkein susi hyppäsi suoraan häntä kohti epäröimättä.
Buck schlug schnell zu und brach dem Wolf mit einem einzigen Schlag das Genick.
Buck iski nopeasti ja mursi suden kaulan yhdellä iskulla.
Er stand wieder regungslos da, während der sterbende Wolf sich hinter ihm wand.
Hän seisoi jälleen liikkumattomana, kuoleva susi kiertyi hänen takanaan.
Drei weitere Wölfe griffen schnell nacheinander an.
Kolme muuta sutta hyökkäsi nopeasti, yksi toisensa jälkeen.
Jeder von ihnen zog sich blutend zurück, die Kehle oder die Schultern waren aufgeschlitzt.
Jokainen perääntyi verta vuotaen, kurkku tai hartiat viillettyinä.
Das reichte aus, um das ganze Rudel zu einem wilden Angriff zu provozieren.
Se riitti laukaisemaan koko lauman villiin rynnäköön.
Sie stürmten gemeinsam hinein, waren zu eifrig und zu dicht gedrängt, um einen guten Schlag zu erzielen.
He ryntäsivät sisään yhdessä, liian innokkaina ja tungoksissa iskeäkseen hyvin.
Dank seiner Schnelligkeit und Geschicklichkeit war Buck in der Lage, dem Angriff immer einen Schritt voraus zu sein.
Buckin nopeus ja taito antoivat hänelle mahdollisuuden pysyä hyökkäyksen edellä.
Er drehte sich auf seinen Hinterbeinen und schnappte und schlug in alle Richtungen.
Hän pyörähti takajaloillaan, napsahti ja iski joka suuntaan.

Für die Wölfe schien es, als ob seine Verteidigung nie geöffnet oder ins Wanken geraten wäre.
Susien mielestä tämä tuntui siltä, ettei hänen puolustuslinjansa koskaan avautunut tai horjunut.
Er drehte sich um und schlug so schnell zu, dass sie nicht hinter ihn gelangen konnten.
Hän kääntyi ja iski niin nopeasti, etteivät he päässeet hänen taakseen.
Dennoch zwang ihn ihre Übermacht zum Nachgeben und Zurückweichen.
Siitä huolimatta heidän lukumääränsä pakotti hänet antamaan periksi ja perääntymään.
Er ging am Teich vorbei und hinunter in das steinige Bachbett.
Hän ohitti altaan ja laskeutui kiviseen purouomaan.
Dort stieß er auf eine steile Böschung aus Kies und Erde.
Siellä hän törmäsi jyrkkään sora- ja maapenkereeseen.
Er ist bei den alten Grabungen der Bergleute in einen Eckeinschnitt geraten.
Hän livahti nurkkaan kaivostyöläisten vanhan kaivun aikana.
Jetzt war Buck von drei Seiten geschützt und stand nur noch dem vorderen Wolf gegenüber.
Nyt kolmelta suunnalta suojattuna Buck kohtasi vain etummaisen suden.
Dort stand er in der Enge, bereit für die nächste Angriffswelle.
Siinä hän seisoi loitolla, valmiina seuraavaan hyökkäysaaltoon.
Buck blieb so hartnäckig standhaft, dass die Wölfe zurückwichen.
Buck piti pintansa niin raivokkaasti, että sudet vetäytyivät.
Nach einer halben Stunde waren sie erschöpft und sichtlich besiegt.
Puolen tunnin kuluttua he olivat uupuneita ja näkyvästi tappion kokeneita.
Ihre Zungen hingen heraus, ihre weißen Reißzähne glänzten im Mondlicht.

Heidän kielensä roikkuivat ulkona, heidän valkoiset kulmahampaansa loistivat kuunvalossa.

Einige Wölfe legten sich mit erhobenem Kopf hin und spitzten die Ohren in Richtung Buck.

Muutamat sudet makasivat alas päät pystyssä, korvat höröllään Buckia kohti.

Andere standen still, waren wachsam und beobachteten jede seiner Bewegungen.

Muut seisoivat paikoillaan, valppaina ja tarkkailivat hänen jokaista liikettään.

Einige gingen zum Pool und schlürften kaltes Wasser.

Muutama käveli uima-altaalle ja joi kylmää vettä.

Dann schlich ein großer, schlanker grauer Wolf sanft heran.

Sitten yksi pitkä, laiha harmaa susi hiipi lempeästi eteenpäin.

Buck erkannte ihn – es war der wilde Bruder von vorhin.

Buck tunnisti hänet – se oli se villi veli edelliseltä päivältä.

Der graue Wolf winselte leise und Buck antwortete mit einem Winseln.

Harmaa susi vinkui hiljaa, ja Buck vastasi vinkumalla.

Sie berührten ihre Nasen, leise und ohne Drohung oder Angst.

He koskettivat neniään hiljaa ja ilman uhkaa tai pelkoa.

Als nächstes kam ein älterer Wolf, hager und von vielen Kämpfen gezeichnet.

Seuraavaksi tuli vanhempi susi, laiha ja monien taisteluiden arpeuttama.

Buck wollte knurren, hielt aber inne und schnüffelte an der Nase des alten Wolfes.

Buck alkoi murahtaa, mutta pysähtyi ja nuuhki vanhan suden kuonoa.

Der Alte setzte sich, hob die Nase und heulte den Mond an.

Vanha istuutui, nosti kuonoaan ja ulvoi kuulle.

Der Rest des Rudels setzte sich und stimmte in das langgezogene Heulen ein.

Loput laumasta istuutuivat alas ja liittyivät pitkään ulvontaan.

Und nun ertönte der Ruf an Buck, unmissverständlich und stark.

Ja nyt kutsu tuli Buckille, kiistatta ja voimakkaasti.
Er setzte sich, hob den Kopf und heulte mit den anderen.
Hän istuutui alas, nosti päätään ja ulvoi muiden kanssa.
Als das Heulen aufhörte, trat Buck aus seinem felsigen Unterschlupf.
Kun ulvonta lakkasi, Buck astui ulos kivisestä suojastaan.
Das Rudel umringte ihn und beschnüffelte ihn zugleich freundlich und vorsichtig.
Lauma sulkeutui hänen ympärilleen nuuhkien sekä ystävällisesti että varovaisesti.
Dann stießen die Anführer einen lauten Schrei aus und rannten in den Wald.
Sitten johtajat kiljahtivat ja syöksyivät metsään.
Die anderen Wölfe folgten und jaulten im Chor, wild und schnell in der Nacht.
Muut sudet seurasivat perässä kuorossa ulvoen, villisti ja nopeasti yössä.
Buck rannte mit ihnen, neben seinem wilden Bruder her, und heulte dabei.
Buck juoksi heidän kanssaan, villin veljensä rinnalla, ulvoen juostessaan.

Hier geht die Geschichte von Buck gut zu Ende.
Tässä Buckin tarina päättyy hyvin.
In den folgenden Jahren bemerkten die Yeehats seltsame Wölfe.
Seuraavina vuosina Yeehatit huomasivat outoja susia.
Einige hatten braune Flecken auf Kopf und Schnauze und weiße Flecken auf der Brust.
Joillakin oli ruskea päässä ja kuonossa, valkoinen rinnassa.
Doch noch mehr fürchteten sie sich vor einer geisterhaften Gestalt unter den Wölfen.
Mutta vielä enemmän he pelkäsivät susien joukossa olevaa aavemaista hahmoa.
Sie sprachen flüsternd vom Geisterhund, dem Anführer des Rudels.
He puhuivat kuiskaten Aavekoirasta, lauman johtajasta.

Dieser Geisterhund war schlauer als der kühnste Yeehat-Jäger.
Tällä aavekoiralla oli enemmän oveluutta kuin rohkeimmallakaan Yeehat-metsästäjällä.
Der Geisterhund stahl im tiefsten Winter aus Lagern und riss ihre Fallen auseinander.
Aavekoira varasteli leireiltä syvän talven aikana ja repi niiden ansat auki.
Der Geisterhund tötete ihre Hunde und entkam ihren Pfeilen spurlos.
Aavekoira tappoi heidän koiransa ja pakeni heidän nuoliensa läpi jäljettömiin.
Sogar ihre tapfersten Krieger hatten Angst, diesem wilden Geist gegenüberzutreten.
Jopa heidän urheimmat soturinsa pelkäsivät kohdata tämän villin hengen.
Nein, die Geschichte wird im Laufe der Jahre in der Wildnis immer düsterer.
Ei, tarina synkkenee entisestään vuosien vieriessä erämaassa.
Manche Jäger verschwinden und kehren nie in ihre entfernten Lager zurück.
Jotkut metsästäjät katoavat eivätkä koskaan palaa kaukaisiin leireihinsä.
Andere werden mit aufgerissener Kehle erschlagen im Schnee gefunden.
Toiset löydetään kurkku auki revittyinä, surmattuina lumesta.
Um ihren Körper herum sind Spuren – größer als sie ein Wolf hinterlassen könnte.
Niiden ruumiiden ympärillä on jälkiä – suurempia kuin mikään susi pystyisi tekemään.
Jeden Herbst folgen die Yeehats der Spur des Elchs.
Joka syksy yeehatit seuraavat hirven jälkiä.
Aber ein Tal meiden sie, weil ihnen die Angst tief im Herzen eingegraben ist.
Mutta he välttelevät yhtä laaksoa, jonka pelko on kaiverrettu syvälle heidän sydämiinsä.

Man sagt, dass der böse Geist dieses Tal als seine Heimat ausgewählt hat.
He sanovat, että Paha Henki on valinnut laakson kodikseen.
Und wenn die Geschichte erzählt wird, weinen einige Frauen am Feuer.
Ja kun tarina kerrotaan, jotkut naiset itkevät tulen ääressä.
Aber im Sommer kommt ein Besucher in dieses ruhige, heilige Tal.
Mutta kesällä yksi vierailija saapuu tuohon hiljaiseen, pyhään laaksoon.
Die Yeehats wissen nichts von ihm und können es auch nicht verstehen.
Yeehatit eivät tiedä hänestä eivätkä voineet ymmärtää.
Der Wolf ist großartig und mit einer Pracht überzogen wie kein anderer seiner Art.
Susi on suuri, loistokkaasti pukeutunut, ainutlaatuinen.
Er allein überquert den grünen Wald und betritt die Waldlichtung.
Hän yksin ylittää vihreän metsän ja astuu metsäaukiolle.
Dort sickert goldener Staub aus Elchhautsäcken in den Boden.
Siellä hirvennahkasäkeistä tihkuu kultaista pölyä maaperään.
Gras und alte Blätter haben das Gelb vor der Sonne verborgen.
Ruoho ja vanhat lehdet ovat peittäneet keltaisen auringolta.
Hier steht der Wolf still, denkt nach und erinnert sich.
Tässä susi seisoo hiljaa, miettii ja muistelee.
Er heult einmal – lang und traurig – bevor er sich zum Gehen umdreht.
Hän ulvoo kerran – pitkään ja murheellisesti – ennen kuin kääntyy lähteäkseen.
Doch er ist nicht immer allein im Land der Kälte und des Schnees.
Silti hän ei ole aina yksin kylmän ja lumen maassa.
Wenn lange Winternächte über die tiefer gelegenen Täler hereinbrechen.
Kun pitkät talviyöt laskeutuvat alempien laaksojen ylle.

Wenn die Wölfe dem Wild durch Mondlicht und Frost folgen.
Kun sudet seuraavat riistaa kuunvalossa ja pakkasessa.
Dann rennt er mit großen, wilden Sprüngen an der Spitze des Rudels entlang.
Sitten hän juoksee lauman kärjessä hyppien korkealle ja villisti.
Seine Gestalt überragt die anderen, aus seiner Kehle erklingt Gesang.
Hänen hahmonsa kohoaa muiden yläpuolelle, kurkku elossa laulusta.
Es ist das Lied der jüngeren Welt, die Stimme des Rudels.
Se on nuoremman maailman laulu, lauman ääni.
Er singt, während er rennt – stark, frei und für immer wild.
Hän laulaa juostessaan – vahvana, vapaana ja ikuisesti villinä.

www.ingramcontent.com/pod-product-compliance
Lightning Source LLC
Chambersburg PA
CBHW010030040426
42333CB00048B/2784